Romance de uma Rainha

(La reine Hatasou)

ATENÇÃO: Além das notas do Autor (original francês), constantes nas respectivas páginas de cada volume, há, ainda, às do Tradutor, chamadas de nºs 1 a 24, colocadas no final deste segundo volume.

Vista do conjunto monumental de Deir-El-Bahari, ousada edificação faraônica de Hatasu (no alto, à esquerda, segundo antiqüíssima estátua em granito — 18.ª dinastia — existente no Museu de Belas-Artes, de Boston, E.U.A.). De estilo excepcional, único que se conhece na longa e rica história arquitetônica do Antigo Egito. A descrição do templo funerário consta do volume I

Wera Krijanowski

Romance de uma Rainha

(La reine Hatasou)

Pelo Espírito

J. W. Rochester

VOLUME II

FEDERAÇÃO ESPÍRITA BRASILEIRA
DEPARTAMENTO EDITORIAL E GRÁFICO
Rua Souza Valente, 17
20941-040 — Rio-RJ — Brasil

ISBN 85-7328-305-X

14ª edição – *83º milheiro*

Tradução de
ALMERINDO MARTINS DE CASTRO

11-AA; 000.1-O; 12/2006

Capa de JOÃO RENATO

Composição e editoração:
Departamento Editorial e Gráfico – Rua Souza Valente, 17
20941-040 – Rio de Janeiro (RJ) – Brasil
CNPJ nº 33.644.857/0002-84 *I.E. nº 81.600.503*

Pedidos de livros à FEB – Departamento Editorial:
Tel: (21) 2187-8282, FAX: (21) 2187-8298.

CIP-BRASIL. CATALOGAÇÃO-NA-FONTE
SINDICATO NACIONAL DOS EDITORES DE LIVROS, RJ.

R581r
14. ed.
v. 2

Rochester, John Wilmot (Espírito)

Romance de uma rainha, volume 2 / pelo Espírito J. W. Rochester; [psicografado por] Wera Krijanowski; [tradução de Almerindo Martins de Castro]. – 14. ed. – Rio de Janeiro: Federação Espírita Brasileira, 2006
344p.: v. 2

Tradução de: La reine Hatasou
ISBN 85-7328-305-X

1. Romance espírita. 2. Obras psicografadas. I. Krijarowski, Wera. II. Federação Espírita Brasileira. III. Título.

02-2193.
CDD 133.93
CDU 133.7

09.12.02 11.12.02 002308

ÍNDICE

DO

VOLUME SEGUNDO

TERCEIRA PARTE

NEITH EM PODER DO FEITICEIRO

I

ANTIGOS CONHECIDOS

> As lágrimas da mulher atraem o fogo celeste sobre aqueles que as causarem.
>
> (VEDAS)

> Desgraçado de quem ri dos sofrimentos das mulheres; Deus rirá das suas preces.
>
> (MANU)

A alguma distância de Tebas, por entre vinhedos e vastos jardins, erguia-se pequena e elegante habitação, escondida dos olhares curiosos por espessa verdura de sicômoros, palmeiras e acácias que a rodeavam. Neste atraente retiro, vivia Neftis, juntamente com Ísis, moça aparentada de Antef, que a ela muito se afeiçoara e que partilhava prazerosamente tal solitude. Neftis, com efeito, vivia muito retirada, evitando, tanto quanto possível, atrair atenção, e recebendo raros visitantes, entre os quais o príncipe Tutmés, o mais freqüente, dado pelos maldizentes por seu amante. Para tornar compreensíveis essa mudança de posição e diversos acontecimentos subseqüentes, é mister retroceder de alguns meses e retomar a narrativa desde o dia seguinte ao da fuga de Tutmés da fortaleza de Bouto.

Após a fugida de Antef, Mentchu tombara gravemente enferma, mas seu estado não a salvaguardou da cruel lei egípcia, que estendia a toda a família a punição do culpado, sem atender a idade ou sexo. A esposa do comandante desertor foi assim aprisionada, e bem assim Neftis, que, corroída de remorsos, não a quis abandonar.

Quando veio de Tebas a ordem de cessar procedimentos e não prosseguir o processo sobre a fuga de Tutmés, as duas mulheres foram postas em liberdade, o Grande Sacerdote do templo de Ouazit se interessou pela sorte de ambas, e, quando afinal Mentchu se restabeleceu, facilitada lhe foi a volta a Tebas, sob a proteção de um velho padre. Antes do regresso, tiveram uma entrevista secreta com Antef, que, não procurado, nem perseguido, apesar disso não se animava a aparecer abertamente, por omitir o rescrito real qualquer disposição especial a seu respeito. Enquanto isso, a reconciliação de Hatasu com Tutmés propiciava aos três nova esperança, e, a conselho de Neftis, Antef decidiu ocultar-se na casa do velho parente, que vivia solitário num prédio isolado, e ali aguardar o momento favorável para obter da rainha graça completa.

Com terror natural, Neftis soube, logo à chegada, que Horemseb estava na Capital, e uma casualidade a informou, alguns dias depois, de que Hapzefaá, o homem da confiança, fazia secretas e ativas diligências para reencontrá-la. Estaria perdida, se descoberta, sem sombra de dúvida para ela, e, temerosa, pensou, sem detença, em colocar-se imediatamente sob a salvaguarda do seu poderoso cúmplice, ao qual mandou suplicar, em expressões compreensíveis apenas por ele, mencionando seu regresso e solicitando uma entrevista secreta para fazê-lo ciente do perigo que a ambos ameaçava.

Tutmés, reconhecido e generoso por índole, e também desejando, tanto quanto Neftis, não fosse divulgado o segredo do perfume enfeitiçador que de tanto lhe servira, foi ocultamente à casa de Mentchu, e, assegurando a Neftis guardar inalterável lembrança do quanto Antef por ele fizera durante o exílio, prometeu aproveitaria o primeiro ensejo favorável para obter mercê da rainha.

Em novo encontro com Neftis, fez-lhe doação da bela casa de campo, situada não distante da Capital, e bem assim de vultosa soma que tornava a jovem mulher independente e rica, circunstância que à própria Mentchu deu a idéia de que ela fosse amante do príncipe.

Sem citar o nome de Horemseb, Neftis explicou a Tutmés haver adquirido o segredo do perfume-feitiço durante a sua misteriosa desaparição, que durara um ano, e que indispensável lhe era permanecer oculta por certo período, sob pena de ser tudo descoberto. Implorou, pois, que a ajudasse a conservar-se assim escondida, coisa bem difícil depois que perdera o seguro asilo proporcionado pela fortaleza de Bouto. Apesar de todas essas reticências, Tutmés, dotado de sutileza e penetração bem acima da sua idade, compreendeu imediatamente que o primitivo e misterioso possuidor do perfume-feitiço devia ser o príncipe Horemseb, que tirava do odor encantado o domínio extraordinário que exercia sobre as mulheres e do qual tagarelava toda a cidade.

Longe de conceder qualquer gravidade à sua conclusão, o inconstante e negligente moço nela encontrou motivo para rir intimamente, e, durante alguns dias, o pensamento de que somente ele conhecia a verdade sobre os acontecimentos de Tebas divertiu-o imensamente. Depois, esqueceu o episódio, no turbilhão de todos os prazeres dos quais parecia insaciável. Com efeito, após a reconciliação com Hatasu, o jovem príncipe sentia-se feliz e só cogitava de ressarcir-se do tédio que o consumira durante o exílio. A rainha não lhe embaraçava os gostos e lhe proporcionara recursos para divertir-se regiamente, tratando-o com inalterável bondade. Invencível, mas estranho e por vezes molesto afeto a impelia para esse irmão, do qual observava, com interesse, o rápido desenvolvimento físico e intelectual.

A rainha possuía muita perspicácia para deixar de perceber nele uma alma parenta da sua própria, e o esboço de um grande rei, cujo espírito instável parecia talhado com mil facetas, e não raro, na intimidade, divertia-se, pedindo-lhe opinião sobre vários assuntos políticos, administrativos e privados, verificando sempre que as respostas de Tutmés denotavam segurança de vistas admirável, astúcia cautelosa algumas vezes, crueza mascarada de displicente generosidade, que assombravam a rainha. Sua argúcia fazia-lhe compreender que essa brilhante personalidade, dotada de tão rara destreza de espírito, de sedutor encanto e de natural eloqüência, própria para dominar e encher de entusiasmo as turbas, constituía para ela perigoso rival. Por isso, recusou sempre aquiescer a um único desejo do príncipe: ser enviado à frente de uma frota, a longínqua expedição, por isso que considerava imprudência concentrar as vistas e a admiração do povo sobre um jovem herói, regressando vitorioso e trazendo copiosos despojos.

Ela conhecia o povo egípcio, sua vaidade e avidez de riquezas fáceis, obtidas pelas conquistas, e tal auréola de triunfador considerava supérfluo e arriscado dá-la a Tutmés. Além disso, havia razões de ordem política: Hatasu detestava a guerra. Favorita do genitor, acompanhara Tutmés I na sua campanha longínqua às bordas do Eufrates, e, meio inacessível embora a qualquer sensibilidade exagerada, as cenas de morte e de carnagem que testemunhara causaram-lhe funda impressão na alma, que mal saíra da infância.

E o amor que lhe inspirara Naromath reforçou ainda mais esse sentimento de repulsa íntima pela guerra e suas conseqüências, pois viu morrer miseravelmente, degradado e prisioneiro, o homem querido, sobre cuja fronte ela quisera colocar todas as coroas; impotente, assistira ao saque, à pilhagem das cidades, à destruição do povo, à morte ou escravidão de tudo quanto fora caro ao coração do belo hiteno. Por isso, ela, ao assumir o poder, evitara a guerra, tanto quanto possível, pois desejava um reinado pacífico, cogitando de melhorar a situação do povo, com a proteção à agricultura e às artes; pondo fim às murmurações dos padres, com a restauração dos numerosos templos danificados pelos Hyksos, afagando a vaidade dos egípcios com expedições brilhantes, pacíficas, a outros países.

Com esse intuito, preparava, demoradamente e com especial cuidado, uma flotilha que devia rumar a Pouna, conduzindo, além dos guerreiros e dignitários, uma comissão de sábios e artistas. Aliás, as inclinações bélicas de Tutmés visavam, no momento, mais uma distração apenas; ele, repitamo-lo, considerava-se inteiramente ditoso: herdeiro do trono, cumulado de honrarias, tendo à sua disposição o ouro e os prazeres que almejasse; até mesmo sua vaidade de adolescente estava satisfeita, porque a rainha o fazia seu representante em várias cerimônias, proporcionando-lhe assim ser posto em destaque, sem os ônus dos serviços do Estado. Com profundo desgosto, embora secreto, os padres e os descontentes na alta nobreza compreenderam que a enérgica e astuciosa soberana havia habilmente arrancado a eles a poderosa arma que pensavam empregar por alavanca na derrubada de Hatasu. Por enquanto, deviam curvar a cerviz sob a potente mão do Faraó, e aguardar pacientemente que a idade e a saturação dos prazeres lhes reconduzisse a alma do príncipe, para então nele reacenderem o fogo da ambição e da avidez de mando.

A estranha formosura de Neftis havia, desde o início, agradado muito a Tutmés; mas, apesar do devotamento de que ela lhe dera provas, não encorajara assiduidades: dir-se-ia que secreto pesar atormentava-a, sempre sombria, gélida, misantropa, vivendo num mundo interior. O volúvel jovem nenhum esforço fez para aliviar a misteriosa melancolia de Neftis, e voltou as atenções para Ísis, a partícipe da solidão daquela.

Ísis, parenta de Antef, era, além de órfã, malquista da família, por motivos dos quais não lhe cabia culpa alguma. O pai, distinto oficial e irmão da mãe de Antef, noivara com uma parenta, mas, havendo trazido da guerra uma jovem prisioneira de rara formosura, rompeu os antigos compromissos, e desposou aquela a quem todos passaram, desde então, a chamar uma escrava. Toda a parentela voltou costas, com desprezo, ao "imbecil que elevara às honras de esposa uma criatura que, sem empecilho qualquer, podia ser sua concubina". Quanto a ela, acusaram-na abertamente de feiticeira e de haver, por meio de algum filtro amoroso, monopolizado o coração do marido.

Em conseqüência de todas essas cizânias, o militar obteve transferência para Mênfis, onde sua felicidade decorreria sem nuvens, se a morte não lhe houvesse roubado, em tenra idade, a maior parte dos filhos, restando-lhe apenas duas meninas: Senimutis, a primogênita, e Ísis, sete anos mais moça, que haviam herdado a beleza peregrina da genitora, a tez alva, cabelos louros e olhos de azul tão profundo quanto o do céu. Cruel epidemia, que assolou Mênfis, fez órfãs as duas meninas, sendo acolhidas, no grau de filhas, pela viúva de um escrivão da Corte, senhora que, ao completar Senimutis dezesseis primaveras, a fez noiva de Rui, filho único do seu findo matrimônio, esponsais que não se consumaram em casamento, porque a noiva, dias antes do consórcio, desapareceu inexplicavelmente, e jamais se soube seu paradeiro, e o jovem Rui, voluntariamente ou não, pereceu afogado ao banhar-se no Nilo. A esse desgosto, a pobre mãe, coração cruciado, não resistiu e se finou pouco depois.

Com a morte de sua protetora, Ísis ficou amparada por Antef, nomeado seu tutor, mas, porque Tachot, a irmã deste, e, por esta instigada, Mentchu a olhassem mal, denegrindo-lhe a origem em todas as oportunidades, afeiçoou-se ela a Neftis, e, quando esta se instalou na nova residência, Ísis para ali também foi, constituindo ímã do jovem herdeiro do trono à isolada mansão. À data da retomada da nossa narrativa, Neftis, Ísis e Tutmés encontravam-se reunidos num terraço sombreado por árvores. Afundada na sua poltrona de espaldar, pálida e silenciosa como de hábito, a dona da casa ouviu distraidamente as notícias e histórias de toda espécie que o príncipe narrava, enquanto se servia das frutas que Ísis, descascando-as, oferecia, rindo dos comentários cáusticos com que ele adubava os casos.

— Encontraram afinal o corpo de Neith? — interrogou Neftis, de súbito.

— Não; continua desaparecido, apesar de pescadores e mergulhadores haverem sondado o Nilo desde há seis dias — contestou Tutmés. A rainha, que consagrava grande afeto a essa inditosa moça, prometeu um "talento de Babilônia" a quem a encontrasse, infrutiferamente, até agora.

— Não sabes os detalhes desse triste acontecimento, príncipe? — indagou Ísis. Recordo-me de que, certa vez, num passeio, encontramos a nobre Neith, de regresso do palácio real. Estava muito bela, mas parecia entristecida e enferma.

— Sim, estava doente desde alguns meses, motivo que a impediu de assistir à mor parte das festas dadas por Horemseb; mas, a respeito da sua morte, ninguém sabe algo de positivo. Despedindo os familiares, ficou sozinha no terraço, e, pela manhã, viu-se sobre o último degrau da escadaria o seu véu e uma rosa vermelha: escorregou ou voluntariamente se precipitou no rio? Quem o sabe? O temor pelo regresso do marido, que uma vez a apunhalara, tê-la-ia impulsionado ao suicídio? Salvo se, à semelhança de tantas outras apaixonadas pelo enfeitiçador de Mênfis, só conseguiu afogar a sua paixão no Nilo — concluiu Tutmés, com riso sutil.

À menção da rosa rubra, achada com o véu, após a desaparição de Neith, Neftis teve um estremecimento; mas, à alusão final do príncipe, empalideceu e sinistro clarão iluminou seus esverdeados olhos. Quase imediatamente, ergueu-se e desceu ao jardim, deixando Ísis e Tutmés entretidos na palestra, e, em rápidos passos, rumou para um bosquete isolado no término do jardim, onde se deixou cair sobre um banco, escondendo a cabeça entre os braços cruzados. Mil sentimentos tumultuosos oprimiam-na, tornando-lhe quase difícil a respiração. A notícia do desaparecimento de Neith despertara-lhe vaga suspeita, agora transformada em certeza, ante o achado da flor purpurina: a formosa esposa de Sargon não morrera e sim fora raptada, com aquela habilidade demoníaca que jamais deixava traços do crime, e sumida por detrás das sólidas muradas daquele palácio, do qual as vítimas só por milagre podiam regressar. Ela própria, Neftis, não fora tida por afogada nas águas do Nilo? Mas, qual razão levara Horemseb a consumar tão perigoso rapto, em vez de contentar-se com as vítimas vulgares da burguesia ou de secundária nobreza? Ousaria torturar, associar às hórridas orgias, ou destinar a algum terrível fim a favorita do Faraó, uma das principais mulheres do Egito? Acaso Neith lhe havia agradado a ponto de levá-lo a tudo arriscar para possuí-la? Era bastante bela, ilustre bastante para incendiar mesmo o brônzeo coração do fascinador. A este último pensamento, selvagem ciúme desgarrou-lhe o peito, e surdo gemido veio-lhe do íntimo. Nesse instante, braços acariciadores envolveram-lhe os ombros, e a voz de Ísis ciciou, com afetuosa tristeza:

— Neftis, querida, que te falta? Vejo tuas mãos escaldantes e teu rosto com a palidez da morte! Estás enferma? Que secreto desgosto corrói tua existência, o que tenho em suspeita, de há muito, e sem ousar interrogar-te?

— Adivinhaste, com acerto: terrível mistério pesa sobre minha vida. Mas, por que deixaste o príncipe? Tive necessidade de buscar alguns minutos de isolamento.

— Tutmés foi embora — respondeu Ísis. E tu não podias dizer-me qual o teu pesar? Eu te amo qual a uma querida irmã, e juro fazer-me digna da tua confiança.

Neftis meneou vivamente a cabeça.

— Não; não. Isto que me mata não te posso revelar, embora saiba que me amas sinceramente, e é em retribuição a esse afeto que te vou dar um conselho: se eu morrer ou sumir, não aceites, nunca, rosas vermelhas, de perfume estonteante que oprime a respiração e transforma o corpo num braseiro ardente. Não o esqueças: queima, queima, destrói a flor maldita. És bela, e a fatalidade poderia arrastar-te ao abismo onde perecerias sem remissão.

— Que dizes?! — exclamou Ísis, num grito, empalidecendo. Que trágica reminiscência acordas na minha memória? Uma rosa rubra, de odor sufocante, fazia as delícias de minha irmã antes da sua incompreensível desaparição. De quem houvera ela tal flor? Ignoro, pois já se passou um lustro depois disso, e eu então contava nove anos de idade; mas, recordo que Rui teve ciúmes, por essa rosa, cujo perfume também aspirava, e muito interrogava minha irmã a respeito da flor. Depois, Senimutis escondeu-a num pequenino saco, que trazia ao pescoço; mas, à noite, eu a vi, mais de uma vez, abrir o saquinho, beijar a rosa, aspirando-a, e chorar. Um dia, enquanto me encontrava em visita a amigas, desapareceu, e não foi encontrada.

Parou de falar, sufocada pelas lágrimas. Depois de algum silêncio, acrescentou, com súbita energia:

— Está morta, sem dúvida, a minha pobre Senimutis, tão boa, tão afetuosa, e a sua perda também ceifou as vidas de Rui e de minha segunda mãe; mas, eu, estou viva, e, se algum dia descobrir que criminosa mão desencadeou sobre nós todas essas desgraças, vingarei as três mortes, mesmo que haja de perecer no desempenho da tarefa. O teu conselho, Neftis, deixa entrever saberes algo a respeito: dize, então, eu te suplico.

— No momento, não sei, nem te posso dizer coisa alguma — respondeu Neftis. Mas, quem sabe? Talvez bem depressa nos aliemos, e satisfarei a tua curiosidade.

Silenciosamente, reentraram em casa, dirigindo-se cada uma para seus aposentos. Por longo tempo Neftis divagou, encolhida numa cadeira, junto da janela, e, pelas rugas que se sucediam na fronte e pelos fulgores que, rápidos, acendiam seus olhos, percebia-se que alguma resolução muito séria estava sazonando no seu espírito. Afinal, endireitou-se e, com ambas as mãos, alisou para as costas os fartos e dourados cabelos.

— Monstro insaciável de sofrimentos e de jovens vidas destruídas, é feitiço ou amor que emudece a minha boca? — monologou ela. Ainda não tive coragem para te trair; mas, toma sentido, Horemseb! Se poupares a vida de Neith e ousares conceder-lhe um raio de teu amor entorpecente, não haverá piedade para contigo: denunciar-te-ei ao ódio de todo o Egito, destruir-te-ei e infligir-te-ei todas as torturas que tu causas aos outros. E a verdade, eu a saberei, introduzindo-me em teu palácio.

Seus olhos verdes cintilavam, e uma dura crueldade contraía os lábios, descobrindo-lhe os dentes alvos e pontiagudos, dando idéia, nesse momento, de uma pantera prestes a saltar sobre a presa. Sobrava razão a Horemseb para procurar com tenacidade, e temer, esse demônio destruidor que lhe conhecia os segredos.

Cabe dizer aqui algumas palavras, com referência a uma personagem da nossa narrativa, e um tanto olvidada nos precedentes últimos capítulos: Hartatef. Agraciado, por intercessão dos padres, retomara, em Tebas, sua antiga hierarquia, reintegrado que fora nas honras e dignidades, e se instalara no belo palácio que outrora fizera construir para seu lar, recomeçando os antigos hábitos sociais; o tenaz e apaixonado amor por Neith não se extinguira, mas, destituído de qualquer esperança, dissimulava esse sentimento. Compreende-se que o desejo de rever a jovem mulher era dos mais violentos, porém, a indisposição e o viver retirado da cobiçada Neith, além dos imperativos dos seus próprios encargos, ajudavam a criar sempre empecilhos, de modo que somente no ensejo da festa de despedida de Horemseb a tão desejada ocasião se apresentou, enfim. Revendo Neith, tão estranhamente transformada, embora mais bela do que nunca, paixão, raiva e desespero rugiram-lhe no coração.

Observou, a distância, os movimentos da moça, e se colocou à passagem, quando Horemseb a acompanhou à liteira. E porque o ciúme dá multiplicada perspicácia, sob as pálpebras semidescidas do príncipe, Hartatef surpreendeu um olhar que lhe atingiu fundo o coração, qual punhalada, de modo que, ao ter notícia do desaparecimento de Neith, inafastável desconfiança fez-lhe estabelecer uma relação entre Horemseb e o misterioso acontecimento.

Inspirado pela ciumenta paixão, Hartatef quase adivinhava a realidade; não admitia a morte, e sim o rapto de Neith, consumado pelo enfeitiçador de Mênfis. É certo que nenhum indício direto confirmava tal suposição, por isso que Neith e o príncipe se haviam avistado duas ou três vezes, e Horemseb ausentara-se de Tebas um mês antes da fatídica ocorrência. Assim, atacar abertamente um aparentado da família real, por simples suspeita, era atitude perigosa. Hartatef era demasiado prudente para arriscar, segunda vez, sua situação social numa aventura temerária; mas, a íntima convicção permaneceu inabalável, e resolveu pesquisar, sem alarde, e sondar, a qualquer preço, o mistério do palácio de Mênfis, e, verificada que fosse a presença de Neith ali, denunciar a verdade à rainha.

Com a paciência perseverante que lhe era peculiar, Hartatef iniciou a indagação, sem se aperceber de que, ele mesmo, era o objeto de ativa e oculta vigilância, por parte de Keniamun. Este, não acreditando igualmente na morte de Neith, admitia a probabilidade de haver sido ela raptada pelo antigo adorador, cuja violenta paixão era de todos conhecida, por isso que o considerava capaz de, por vontade ou à força, ter-se apoderado de Neith, e escondido a jovem, sob o impulso de selvagem ciúme e pelo desejo de subtraí-la ao marido. Keniamun, porém, estava bem distante de pensar que a vigilância exercida sobre o rival de Sargon deveria conduzi-lo a outra pista, de diferente gravidade e completamente imprevisível.

Ignorando todos estes acontecimentos, Sargon, coração partilhado pela esperança e pelo receio, estava a caminho de Tebas. Os vinte e quatro meses pesadamente escoados desde a sua condenação, haviam modificado muito o príncipe, moral e fisicamente; crescido e magro, seu corpo, meio débil e efeminado, bronzeara ao sol do exílio; severa ruga, gerada de amarguras, dava expressão inteiramente nova à sua fisionomia. Apesar de todas as atenções, que secretas ordens lhe proporcionavam, serviços leves que lhe poupavam desumanos tratamentos e indescritíveis privações infligidas aos outros condenados, mais de uma vez acreditou sucumbiria sob o fardo daquela existência desprovida de tudo quanto lhe era antes habitual; mas, a vontade de sobreexistir, a esperança, enraizada no coração pela promessa de Neith, sustentaram-no, dando-lhe a coragem para esperar que a bondade de Hatasu o retirasse daquele penar.

E a libertação chegara mais depressa do que o previsto, e na correspondência que trouxera o ato de mercê, para ele e outros infortunados, também viera um recado de Semnut, avisando-o de que, por assentimento de Neith, uma barca tripulada por serviçais seus, e aprovisionada de tudo necessário, aguardá-lo-ia num determinado ponto. Como que transfigurado pela alegria e pela esperança, Sargon empreendera imediatamente o regresso; mas, a reação fora demasiado forte, e perigosa enfermidade o colheu, pondo-lhe, durante semanas, a vida em risco.

Os cuidados de idoso sacerdote e a força vital da juventude triunfaram, entretanto, do mal, e, restabelecido, reencetou a viagem. No local pré-indicado por Semnut, encontrou os serviçais e a barca que o aguardavam, e foi com indizível sensação de bem-estar que vestiu as roupas da sua classe, e reentrou no conforto de que fora privado por tanto tempo. Impaciente, ordenara viajar noite e dia, permitindo fazer apenas as indispensáveis paradas, para as provisões de água fresca e alimentos. O avanço era rápido, pois a grande barca, tripulada por doze remadores que se revezavam de duas em duas horas, fazia o menor número de paradas possível.

Estendido sobre almofadas, abrigado em pequena cabina assentada sobre o costado, Sargon devaneava horas inteiras, tentando prever e positivar, na imaginação, como seria o novo primeiro encontro com a esposa, de que modo o receberia, e como combinar o futuro da vida conjugal; a exaltação, que o sustentara no período de desdita, cedera com o término dos sofrimentos; não mais duvidava de que Neith manteria a promessa, feita sob a invocação de Hator, e de que o acolheria no grau de marido, o que decerto estava confirmado pelo envio da barca. Apenas em um ponto não lhe restava ilusão: o impulso generoso da esposa era fruto do remorso e do pesar despertados pela desgraça que o alcançara, mas, esse bom sentimento já tivera tempo de arrefecer, e o mais que podia razoavelmente esperar era ser tolerado. A este pensamento, um fluxo de sangue coloriu as faces emagrecidas do príncipe, e acerba onda de desespero, impotência e orgulho ferido constringiu-lhe e pareceu rasgar o coração. Por vezes, revoltando-se, projetava forçar Neith a partilhar do seu amor; mas, regressando logo a idéias mais sãs, propunha-se conquistá-la pela paciência e pelo afeto, e, então, insensivelmente, sonhos de radioso porvir faziam-no olvidar todas as tempestades do passado.

Anoitecera, quando se avizinhou de Mênfis. Próximo da cidade, uma barca de extremo esplendor, iluminada por farol vermelho e trazendo à proa uma esfinge dourada, com olhos purpurinos, atraiu a atenção de Sargon.

— Nosso glorioso Faraó Hatasu estará por acaso em Mênfis? — perguntou, voltando-se rapidamente.

Antes, porém, que qualquer dos tripulantes respondesse, a embarcação que parecia voar sobre as águas, apropinquou-se da de Sargon, e este viu, com surpresa, que, sob um dossel de púrpura e ouro, repousava, em coxins, um moço, admiravelmente formoso e faiscante de jóias, cujo rosto, impassível qual o de uma estátua, mostrava, vivos, apenas dois grandes olhos negros, coruscantes, de expressão arrogante e sinistra. Esse olhar, plúmbeo e estranho, perpassou com gélida indiferença sobre Sargon, e as duas embarcações distanciaram-se, em seguida, uma da outra.

— Quem será? — interrogou, tentando reprimir a desagradável impressão que lhe produzira o excursionista.

— É o príncipe Horemseb, senhor — disse um dos remadores — e é bem lamentável que o encontrássemos: tem "mau-olhado" e traz desgraça a quem o encontra. Não ria, senhor, pois, o que digo todos o sabem. Talvez o nobre Horemseb conheça quanto seu olhar é funesto;

vive muito retirado e sai somente à noite. Quando recentemente esteve em Tebas, todos os infortúnios sobrevieram.

— De que gênero? — indagou o príncipe.

— Mortes de diferentes maneiras. As mulheres são principalmente sujeitas ao "mau-olhado": tomam-se de insensato amor por ele, e depois suicidam-se. Foi o que aconteceu a muitas filhas das mais nobres famílias.

E o remador enumerou os nomes de algumas das vítimas do fascinador. Sem compreender o porquê, súbita angústia invadiu o coração de Sargon: esse estranho homem perturbador estivera em Tebas, e Neith devia tê-lo visto. Resistira ela à fatal influência destruidora de tantas risonhas existências? Tão moça, abandonada a si mesma, ligada a um esposo não amado, ficava bem exposta a sucumbir. Esse pensamento, explodindo no cérebro superexcitado do hiteno, bem depressa tomou proporções de idéia fixa, de modo que não podia separar a imagem de Neith da figura de Horemseb: raiva e ciúme contra este envolveram-lhe a alma, e lamentou não possuir asas para chegar mais depressa.

O Sol mergulhara no horizonte, quando a barca do exilado chegou ao almejado término. De pé, à proa, sondava, avidamente, com o olhar, a escuridão, até que lobrigou os contornos maciços do seu palácio, a escadaria e os colossos de granito que faziam sentinela à entrada do terraço.

O coração do jovem príncipe latejava tumultuosamente: as lembranças do passado e as apreensões do porvir abalroavam-se. E quando a embarcação acostou, ele, de um salto, atingiu os degraus, antes mesmo da amarração do barco, absorvido por um único pensamento, dominante sobre todos os outros: ver Neith!

Quase a correr, atravessou o deserto terraço, depois câmaras escuras e silenciosas, detendo-se, afinal, surpreso: que significava aquela quietude, aquele abandono em que estava mergulhado todo o edifício? Neith estaria ausente ou enferma? Coração confrangido, recomeçou a andar, orientando-se na treva, sem atinar com o motivo da ausência dos servos que habitualmente populavam o agora deserto palácio. Por fim, saiu num aposento interior, iluminado por archotes, e divisou numerosos escravos que, grupados em torno de uma fonte, palestravam ruidosamente.

— Que significa a negligência que encontrei? — inquiriu, com irritado tom de voz. Conversais, enquanto a casa, deserta, permanece às escuras e à mercê do primeiro invasor, sem que estejam os vigias nos seus postos? Chamem Apopi, imediatamente!

À voz do senhor, os escravos calaram, assustados, ao mesmo tempo que um alentado homem, rechonchudo e musculoso, aparecia na porta do recinto. Crendo ter ouvido o sonoro timbre da voz de Sargon, e apercebendo-o, prosternou-se, braços cruzados.

— Perdoa-me, senhor, por não te haver preparado recepção digna de ti, pois contávamos com a tua chegada depois de amanhã. Além disso, o luto que domina teu palácio dispersou os servos desolados.

— Explica-te, Apopi: de que luto falas tu? Chorais? — perguntou o príncipe, empalidecendo. Onde está Neith, minha esposa? Nenhum luto deve impedir-vos de servi-la com zelo.

Antes que o intendente pudesse responder, Beki, a velha nutriz, se precipitou no aposento, gemendo lastimosa, vestes rasgadas, cabelos em desordem, cobertos de cinza e lodo. Avançou para Sargon, e, abraçando-lhe os joelhos, exclamou, desesperada:

— Oh! senhor, é em hora de desventura que regressas; aquela que buscas, Neith, a jóia do teu coração, o sol deste palácio, morreu!

Grito rouco eclodiu do íntimo do príncipe, que comprimiu a fronte com as mãos crispadas. O golpe fora demasiado rude para o seu depauperado organismo; cambaleou, e teria caído, não fora a intervenção dos fâmulos, que o ampararam. Sob ordens de Apopi, conduziram-no ao aposento preparado para ele, e, rapidamente, tudo se iluminou e adquiriu movimento e animação. O desacordado foi posto no leito, e Beki prodigalizou-lhe os primeiros socorros, com fricções nas têmporas e nas mãos, entremeando-as com soluços e lamentações. Mais de uma hora assim escoou; Sargon permanecia em decúbito dorsal, mudo, olhos fechados, insensível, aparentemente. Em verdade, porém, não estava desmaiado: a concentração febril de todo o seu ser, fixada sobre um pensamento único, tornava o corpo inerte, e era: — Neith morreu!

O futuro que sonhara fruir junto dela, e fora seu sustentáculo até então, desmoronava-se entre suas mãos; a realidade, horrenda e imprevista, esmagava, retorcia--lhe a alma em indizível dor física. Pouco a pouco, no entanto, a reflexão fez-se luz no caos do desespero: de que se finara a jovem criatura, plena de juventude, de força e de saúde? Sem que pudesse tal explicar, ao lado da imagem de Neith, que lhe espelhava o porvir, subitamente surgiu a sombra negra do enfeitiçador de Mênfis, o destruidor de mulheres. Como impelido por molas, Sargon ergueu-se, e, pegando o braço da velha, ajoelhada junto do leito e ainda segurando um frasco de essência, perguntou, com febril aflição:

— Quando morreu, como aconteceu tal desgraça? Conta-me tudo.

— Ah! senhor — soluçou Beki — o mais terrível é ignorarmos de que modo sucumbiu. É verdade que a nobre Neith estava doente desde algum tempo, e que não ia a parte alguma, mas, ninguém previa semelhante desenlace. Exatamente há oito dias, vários médicos, enviados pelo Faraó, visitaram a minha senhorazinha; à noite, veio o padre de Hator, Roma, irmão da nobre Roant, e, quando este se retirou, Neith despediu-nos, dizendo querer ficar ainda no terraço, o que ninguém estranhou, pois a noite estava linda e repetidas vezes Neith demorava-se a sonhar à luz da Lua, e ia deitar-se ao amanhecer. De manhã, verificamos, com estranheza, que havia desaparecido. Sobre o último degrau da escadaria apenas o seu véu e uma rosa vermelha. Segundo toda a evidência, caíra ao Nilo, mas, o corpo não foi encontrado, embora vasculhado o rio em todos os sentidos, e prometido, pela nossa gloriosa rainha, um "talento de Babilônia" de prêmio a quem descobrisse os despojos da nobre senhora.

Sargon escutara, pálido e ofegante; às últimas palavras de Beki, saltou do leito, e, agitando os punhos contraídos, bradou, olhos incendidos:

— Ah! tudo confirma as minhas desconfianças; Neith não morreu, está desaparecida, porém saberei onde reavê-la, pelas inspirações do meu coração. Dize, mulher, o príncipe Horemseb vinha muitas vezes aqui? — acrescentou, voltando-se para a nutriz, que o olhava aparvalhada.

— Oh! não, senhor, veio somente uma vez convidar Neith para a festa de despedida antes do seu regresso, e à qual devia comparecer a rainha, que os deuses conservem e cubram de glória! Minha senhorazinha foi, mas a nobre esposa de Chnumhotep a trouxe de volta muito doente: perdeu os sentidos, e não mais se restabeleceu até morrer.

Esta resposta parecia destruir pela base a suspeita do príncipe, mas, este, inabalável na sua convicção íntima, viu em tudo isso uma coisa única: a dificuldade em seguir a pista de Horemseb, pois descobri-lo para desmascaramento implicava quase sacrificar a vida. Em dias subseqüentes, Sargon teve uma entrevista com Semnut, depois com a rainha, que o acolheu com a maior benevolência. Falaram sobre Neith, mas não soube outros detalhes além dos que já eram do seu conhecimento; o amor da jovem pelo sacerdote Roma não foi assunto, nem por parte de Semnut, nem por parte de Hatasu. Uma vez tudo terminado, para que acrescer tal chaga no coração do desventurado Sargon, tão cruelmente amargurado?

Repartido entre o desespero e a raiva, excitada pela suposição do rapto de Neith, o príncipe manteve-se alguns dias recluso no palácio, mas, depois, acudiu-lhe o desejo de ver Roant e falar com ela da que lhe fora melhor amiga.

A esposa de Chnumhotep achava-se em companhia do irmão, quando ali chegou Sargon. Mostrando-se bastante compadecida, ela o acolheu muito amigavelmente, mas, na alma de Roma, a presença do príncipe desencadeou uma tormenta de sentimentos diferentes. Honesto, puro e generoso até ao imo do ser, o jovem sacerdote experimentava ciúme, piedade e remorso ante aquele homem que, ignorando estar em presença de quem lhe havia roubado o coração da mulher amada, apertava, sem reserva mental, a mão do rival feliz, do causador dos seus sofrimentos. Influenciado por esse misto de vergonha e hostilidade, Roma sentou-se afastado, para não partilhar da conversação, e simulou estar absorvido na leitura de um papiro. A palestra, como era de supor, versou exclusiva sobre Neith.

— Não compreendo coisa alguma do misterioso desgosto que a consumia, do qual me falas, de igual modo que ouvi da rainha e da nutriz — disse afinal Sargon, com sombria expressão. Ignoro se esse pesar tem qualquer relação com o estranho desaparecimento; mas, de uma coisa estou certo: Neith não morreu, é a voz do coração quem mo diz, a voz que jamais se equivoca; ela foi arrebatada, e eu a descobrirei, pacientemente, alerta, procurando até achar a pista e desmascarar o infame raptor. Apenas quero que me digas, Roant, se veio a Tebas um homem cujo olhar fatal atinge mortalmente o coração das mulheres por ele fixadas, e se Neith privou com esse enfeitiçador.

Como se fosse atingido por um raio, Roma estremeceu violentamente ao ouvir tais palavras, e levou a mão à fronte, de súbito inundada de suor. Recordou-se das expressões de Neith, no derradeiro encontro de ambos: "Salva-me de mim mesma, Roma; teu puro amor expelirá o outro... porque este é labareda que não aquece, mas devora, destrói e assassina!" Tais palavras bem podiam ter alvo além de Sargon. Fora ele tão cego, a ponto de pensar apenas no hiteno? Roant, lívida, dominando-se a custo, respondeu, num gesto negativo:

— Não te entregues a conjeturas sem fundamento algum; Neith mal conheceu Horemseb, e nunca pronunciou o nome do príncipe, que vive em Mênfis, num retiro absoluto, consagrando-se à Ciência, ao estudo; jamais distinguiu ou incitou mulher, porque um voto o prende e força a permanecer liberto.

Sargon riu, seca e estridentemente.

— Todas essas histórias nada provam. Sabes do que se trama por detrás dos muros desse enigmático palácio? Encontrei esse homem, ao passar por Mênfis, e a magnificência extravagante da embarcação e da sua personalidade é mais do que singular para um sábio, consagrado a retiro e estudo. Esse homem semeia o infortúnio e a morte pelo caminho: numerosas vítimas deram disso prova em Tebas; qualquer coisa se abalou em mim, à vista daquela face insolente, como que petrificada no orgulho e no menosprezo pelo Universo. Tal sentimento maligno não era aparentemente sem motivo.

Roant escutara, cada vez mais perturbada; com ansioso olhar, viu o semblante do jovem assírio crispado por selvagem ódio, e disse:

— Guarda-te, Sargon, de atacar Horemseb, baseado em vagas suposições; não esqueças de que esse homem poderoso é membro da família real, e que arriscarás, por segunda vez, vida e liberdade, em vão, provavelmente.

— Sei quanto a fortuna e a posição do vencido e prisioneiro são coisas frágeis, e vinte e quatro meses de humilhação e tortura desgostaram-me da vida — respondeu ele, com amargor. Sem embargo, seguirei teu conselho, Roant, e serei cauteloso, porque não quero morrer antes de vingado.

II

AS PESQUISAS

Já mencionamos que, trabalhado por secreta dúvida, Keniamun espionava ativamente Hartatef, esperançoso de, por essa vigilância, descobrir a generosa amiga, que suspeitava haver sido raptada pelo antigo noivo. Apesar disso, cerca de dois meses eram decorridos desde a desaparição da jovem, sem que houvesse descoberto a menor pista. Começava a perder a coragem, quando, certa manhã, soube que Hartatef havia partido, só, para viagem de fins desconhecidos. A notícia era grave, pois suspeitou que o raptor ia visitar secretamente a sua prisioneira. Era, portanto, necessário surpreendê-lo, no próprio local do delito. E, recordando-se de que uma vez Hanofer, a mulher de Smenkara, lhe prestara serviço, informando-o de segredos de Hartatef, foi visitá-la, e, mediante dádiva condizente, a megera narrou-lhe, sem escrúpulo, que o seu amigo viajara para Mênfis, a fim de ajudar parentes no andamento de complicado assunto de família. Era claro que Hanofer não desconfiava da verdade, e Keniamun bem se absteve de elucidá-la.

— Ah! miserável — pensou ele — arrastaste a tua vítima para tão longe, na esperança de que ninguém ali a procurasse, mas, espera! Se tal ousaste, perderás o disfarce.

Sem perda de tempo, foi a Chnumhotep solicitar uma licença para negócios de família, e, obtida, rumou para Mênfis, onde, chegado, disfarçou-se, instalando-se em local que permitia vigiar a residência de Hartatef. Bem depressa constatou que este saía à noite, sumindo-se por longas horas, e isso com habilidade, de modo que, por três vezes consecutivas, lhe perdeu as pegadas. Afinal, certa noite, o oficial conseguiu segui-lo.

Em escura ruela, viu Hartatef cobrir a cabeça com enorme cabeleira postiça, envolver-se até ao nariz em seu escuro manto, e dirigir-se, após, ao Nilo, onde pulou para uma pequena embarcação. Temeroso de mais uma vez perder a pista, Keniamun cortou a amarra de pequeno barco de pescador, e, remando vigorosamente, seguiu Hartatef, mantendo sempre a conveniente distância para não ser percebido. Atravessaram assim a cidade, rodearam em seguida o imenso muro que circundava a morada de Horemseb, e, não distante da escadaria das esfinges, Hartatef acostou, escondeu a barquinha nos vimes, depois do que desapareceu na sombra dos arbustos que cresciam ao longo da murada. A centenas de passos de distância, Keniamun também desembarcou, e, andando o mais silente possível, aproximou-se quanto pôde do local onde presumiu devia encontrar-se Hartatef.

Não demorou muito, e, do seu esconderijo, viu a barca maravilhosa sair do respectivo ancoradouro, e nela instalar-se o príncipe para fazer o passeio noturno nas águas do Nilo. Logo que a embarcação se distanciou, apareceu o vulto de Hartatef, encaminhando-se para a escadaria em cujos degraus se percebia vagamente a silhueta de um escravo acocorado. O que ocorreu depois, Keniamun não pôde ver: ouviu o indistinto murmúrio da voz profunda de Hartatef, interrompido bruscamente por grunhidos roucos e ferozes, e, afinal, o sapatear típico de luta corporal. Instantes após, o egípcio pulou por cima de uma das esfinges e correu para o seu barco, à altura do qual deslizara o oficial na intenção de tudo presenciar.

— Chacal! murmurou Hartatef, desprendendo a corda de amarra. Apesar de tudo, saberei se escondes Neith por detrás desses muros tão bem sentinelados. Não é em vão que amas a noite e o mistério, animal impuro, feiticeiro maldito!

Ergueu o punho crispado, num gesto de ameaça, e saltou para a embarcação. Keniamun imitou-o sem demora, por isso que, na escadaria, haviam aparecido muitos homens, com archotes, aprestando-se, sem dúvida, para a ronda em torno do muro. Rapidamente atingiu a margem oposta do rio, e, sem açodamento, regressou a casa.

O moço oficial estava aturdido com as palavras que ouvira e derribavam todas as suas suposições: Hartatef não fora o raptor, pois a procurava nos domínios de Horemseb, o que era tão inesperado quanto inconcebível. Keniamun, conhecendo a astúcia e prática de Hartatef, estava seguro de que este não perseguiria fantasmas, e de que só por indícios bem fundados afrontaria o risco de penetrar, a qualquer preço, no inabordável e misterioso palácio. Mas, que acaso o conduzira àquela pista, se é que um louco ciúme não o impelia para falso roteiro? Em vão o oficial torturou o cérebro para estabelecer relação entre o príncipe e o desaparecimento de Neith: não encontrou o fio condutor.

Freqüentara Horemseb, quando da sua estada em Tebas, e não lhe notara que se interessasse pela moça, não lhe ouvira louvores à beleza de Neith. Quanto a esta, esquiva a todas as festas da época, quase não freqüentava a sociedade. Keniamun recordava-se de que o estado doentio da jovem datava da chegada do príncipe, mas também coincidia com o perdão concedido pela rainha a Sargon. A silenciosa tristeza, a surda agitação que devorava Neith, o fulgor estranho e febril de seus olhos lhe haviam, então, inspirado inquietude, mas porque a jovem não pronunciara jamais o nome do príncipe, de cuja presença mais fugira do que se aproximara, não podia compreender houvesse entre ambos um vínculo secreto. Duas vezes apenas ele os vira juntos: no festim de Chnumhotep e na festa de despedida do príncipe, e numa e noutra, este, indiscutivelmente, distinguira Neith. Era, porém, natural que tão formosa mulher atraísse atenção, e, além disso, em toda parte se homenageava a protegida da rainha.

Keniamun nunca se detivera nessas circunstâncias, mas, sob a influência das suposições ora despertadas, rememorou de súbito dois incidentes, os quais a sua superexcitada imaginação interpretava, agora, de maneira nova. Encontrara o príncipe quando este, saindo dos aposentos privados, ordenara a um servo mandasse aproximar a liteira de Neith. Impressionado pela lividez e ar de perturbação, indagou sobre o que ocorrera.

— A esposa do príncipe Sargon está sentindo-se mal, e vou levá-la à liteira — respondeu Horemseb, distraidamente.

Agora, Keniamun perguntava a si mesmo se a extrema preocupação do príncipe poderia ser provocada naturalmente pelo acidente sofrido por uma jovem senhora, completamente estranha, convidada por mera polidez. O segundo incidente ocorrera cerca de meia hora depois. A poucos passos de Horemseb, o príncipe Tutmés indagara qual fora a causa da súbita indisposição da favorita de sua irmã Hatasu.

— A nobre Neith desmaiou ao regressar de um passeio no jardim. Pareceu-me enferma de alma e de corpo. É verdade — ajuntou Horemseb, com escrutador olhar e baixando a voz — que a expectativa do retorno do marido tem reagido tão desfavoravelmente sobre a sua saúde? O hiteno deve ser bem horrendo para que ela tanto tema o seu regresso.

— De modo algum! Sargon é um belo rapaz, com o defeito de ter a mão demasiado impulsiva. Boqueja-se que a bela Neith tem um fatal e irrealizável amor por um homem casado, segundo alguns, e por alguém muito abaixo do nível social dela, segundo outros — disse Tutmés, a rir.

Horemseb voltou bruscamente a cabeça e pegou um copo de vinho, e Keniamun notou que a mão estava trêmula, imperceptivelmente, e que sombrio olhar, pleno de cólera e ameaça, se mostrara através das pálpebras semifechadas do enfeitiçador. Chegado a esse ponto das suas reflexões, o militar esbarrou em outra nova e inextricável dificuldade: se Horemseb amava Neith e era correspondido, qual a necessidade de rapto, de todo esse perigoso enigma? Hatasu, que tão ostensivamente protegia a filha de Mena, teria achado plausível razão para anular o matrimônio com Sargon, ligando sua favorita a um príncipe da casa reinante. Tudo isso era incompreensível, e podia-se perder o siso em tal dédalo.

Keniamun teve uma noite de insônia, mas, quando a aurora filtrou os primeiros raios de Sol no minguado espaço que ocupava, o espírito sutil e inventivo do oficial havia obtido a solução que o acalmou: convencera-se de que, embora Neith vivesse, impossível era chegar até ela, porque a elevada hierarquia de Horemseb tornava-o inatacável, no momento. Decerto o ciumento e fero Hartatef não se deteria ante essa consideração, nada empecilharia a tenacidade na busca da mulher amada, e, se a descobrisse, o escândalo seria enorme.

Mas, longos meses se escoariam, sem dúvida, antes de tal descobrimento, e Keniamun, crivado de dívidas, não poderia esperar tanto, sob pena de ser devorado pelos credores. Não existia, porém, um homem em condições de tirá-lo de embaraços, e olhá-lo agradecido? Essa criatura era Sargon, o qual, restituído à posse de imensa riqueza, vivia solitário, e desesperado, pranteando Neith, que considerava morta. Que daria ele a quem lhe levasse nova esperança, um fio condutor, a ele que já abrigava uma desconfiança? Tendo decidido definitivamente lançar Sargon na trilha de Hartatef e do enfeitiçador, Keniamun tranqüilizou-se, readquiriu o bom humor, e, nesse mesmo dia, embarcou para Tebas.

Entristecido e desencorajado, por não haverem suas indagações produzido qualquer resultado, Sargon retomara o viver mais solitário do que nunca; revoltado e cheio de aversão contra homens e deuses, arrastava seus dias na apatia, ou fatigando o cérebro na busca de meio de alcançar o raptor de Neith, pois, tanto agora quanto anteriormente, não acreditava na morte da jovem. A visita de Keniamun causou-lhe medíocre satisfação, e ouviu, com a indiferença de homem fatigado, a loquacidade alegre do visitante. Este não mostrou reparar na fria recepção, e, interrompendo o banal assunto em foco, disse, com interesse:

— Vejo que tens a alma enferma, Sargon; a morte de tua esposa acabrunha-te, e isso seria efetivamente um terrível golpe, se tal morte estivesse suficientemente comprovada; mas, eu não a aceito, e vim confiar-te uma descoberta que fiz, e quiçá te proporcione um fio condutor para encontrar Neith.

Sargon, que se estirara displicentemente sobre um leito de repouso, retesou o busto, olhos flamejantes.

— Ah! também tu não a julgas morta. Mas, depressa, depressa, fala; que sabes tu?

— Calma! Sei pouco, mas, constitui um indício. Lembras-te de Hartatef, o antigo noivo de Neith?

— Louco, cego que fui — interrompeu o príncipe, golpeando a fronte. É ele? O miserável caro pagará a audácia!

— Sossega-te, Sargon; tu te precipitas muito, e tomas rumo errado; quis apenas relembrar que esse homem, tenaz e enérgico, amou Neith, ama ainda, e, tal qual nós, não acredita na sua morte. Não foi o raptor de tua esposa.

— Se não foi ele, quem pôde praticar o rapto? — disse o príncipe, desencorajado, pois contava já conhecer o inimigo.

— Não; Hartatef não foi, mas nos ajudará a encontrar Neith, que ele procura na casa de um homem que, sem ele, nunca seria por nós suspeitado.

E narrou quanto havia surpreendido em Mênfis; Sargon escutava, pálido, lábios contraídos. Quando Keniamun findou, disse, com a voz concentrada:

— Estou persuadido de que o ciúme bem inspirou Hartatef; a mim também a voz do coração soprou o nome desse homem nefasto. Sua figura (eu o encontrei próximo de Mênfis) perturbou-me o repouso, e eu ignorava, então, o desaparecimento de Neith. Quando seu olhar se cruzou com o meu, raiva cega invadiu-me a alma. Mas, como chegar até esse miserável, cuja hierarquia o torna inatacável? Oh! se eu tivesse qualquer prova!

— Deixa-me dizer-te, Sargon, que antes de tudo, é mister armar-se de paciência; em semelhantes assuntos, o acaso, muitas vezes, é o melhor guia. Mas, certamente, sepultando-te neste palácio não é meio de obteres um indício. Sem que ele o suspeite, temos em Hartatef um aliado astuto e intrépido, que precisamos seguir de perto; mas, tu próprio, deves ir a toda parte, ver e ouvir o que se passa, pois ninguém adivinha onde e de que modo se pode cair sobre um rastro sério. A minha aventura com ele o prova. Assim, deverás visitar Tuaá, muitas vezes, mulher que tem parentes e amizades, em Mênfis, que a procuram. Agora, precisamente, um de seus primos está aqui. Tais relações são indispensáveis a ti.

— Tens razão: irei à casa de Tuaá; esta inatividade me enerva, e não serve para coisa alguma. Tu, Keniamun, sê meu aliado; nós dois venceremos, eu o espero firmemente.

O oficial suspirou.

— Receio não te ser tão útil quanto o desejara e de acordo com a minha amizade por Neith; meus assuntos são tão deploráveis, que não sei mesmo se poderei permanecer em Tebas.

— Tens dificuldades de dinheiro? Dívidas? — perguntou vivamente o príncipe.

E vendo que Keniamun fazia gesto de confirmação, acrescentou, pegando-lhe as mãos:

— Não penses mais nessas bagatelas; sinto-me feliz por desembaraçar de tão mesquinha preocupação um amigo, que me presta um inapreciável serviço. Amanhã, enviar-te-ei um "talento de Babilônia". Bastará isso?

O oficial se fez de rogado, para depois agradecer, contente, pois a soma era o triplo do que necessitava. Uma hora mais tarde, os dois moços despediram-se grandes amigos, e Keniamun prometeu voltar, no depois de amanhã, para levá-lo à casa de Tuaá.

A reunião na residência da viúva não era numerosa; quando Sargon e seu companheiro chegaram, Nefert e alguns moços, admiradores assíduos, jogavam bola no jardim; Tuaá, velhas amizades e o primo de Mênfis agrupavam-se em redor de mesa lauta. A estes convivas juntaram-se os recém-vindos. Tuaá acolheu Sargon com grandes demonstrações de alegria, fazendo-o sentar-se a seu lado e procurou tirá-lo do taciturno mutismo. Keniamun, jovial e conversador de sempre, dirigiu habilmente a palestra e alcançou que versasse sobre Horemseb, informando-se, do residente em Mênfis, de alguma possível novidade a respeito do príncipe enfeitiçador. O interrogado, um velho padre, melancólico e rabugento, respondeu, a visível contragosto:

— Que se pode saber de um homem que vive misteriosamente, e sai apenas à noite? É de desejar que tal existência, tão cuidadosamente escondida, seja agradável aos Imortais e não receie o olhar dos vivos.

Tuaá clamou contra a opinião suspeita do parente, a quem classificou de resmungador, e, em seguida, espraiou-se sobre a formosura e encanto fascinador do príncipe, que lhe causara indelével impressão desde a primeira vista. Enlevada com as recordações, narrou pormenorizadamente seu noturno passeio em companhia de Neftis e o encontro com Horemseb, que atirara uma flor àquela. Sargon e o oficial prestaram atenção, sendo que este se lembrava de ter ouvido antes esses detalhes, pormenores que agora se revestiam de outro interesse, aliás.

— E que faz agora a moça distinguida com a lisonjeira dádiva? Guarda-a? — perguntou com aparente despreocupação.

— Em verdade! Não pensei em perguntar. Mas, meus amigos, a história desta moça tornou-se tão estranha, que eu não resisto a narrá-la.

E notando a curiosidade dos convivas, vivamente excitada, Tuaá prosseguiu, animadamente:

— Devo lembrar que, à data do encontro, Neftis era noiva de Antef, o antigo comandante de Bouto, e dispunha-se a seguir para ali, com a tia, a fim de celebrar o casamento, quando, subitamente, desapareceu, algumas semanas depois da minha partida. Acreditou-se ter-se afogado no Nilo, porque, regressando, à noite, da casa de uma das amigas, sumiu da embarcação que a conduzia. O escravo, cego, que a acompanhava, diz ter ouvido como que barulho de remadas, mas, é admissível fosse Neftis raptada sem proferir uma interjeição qualquer? O certo é que continuou desaparecida, e sua desolada irmã, Noferura, o noivo e todos choraram sua morte. Pode-se calcular o assombro geral quando, repentinamente, reapareceu. Onde passou durante quase um ano? Ninguém o sabe, pois o que ela narra sobre tal ausência é evidente patranha. Minha convicção é que esse mistério encobre tristes coisas, por isso que a felicidade não transforma assim as pessoas. Imaginai que Neftis, outrora alegre e risonha, tendo a frescura das rosas, atualmente está irreconhecível: tem a palidez da cera, olhos febricitantes e estranhos, não ri nunca, fala escassamente, esquiva-se de todos, e parece viver tão-somente para as suas quimeras. Oh! às vezes creio que o encontro com o príncipe Horemseb traz desgraça, e que o belo rapaz tem "mau-olhado". Voltemos, porém, a Neftis. Depois da reaparição, seguiu para Bouto, no propósito de desposar Antef. Uma viúva, sua parenta, Mentchu, acompanhou-a por mera conveniência; mas, imagine-se que, desde a chegada, Antef enlouqueceu de amor pela viúva, a qual, em formosura, não vale as sandálias de Neftis, e com ela casou, pois a antiga noiva desfez o compromisso assumido. Foi isso pura generosidade, ou (Tuaá baixa a voz e sorri com ar significativo) terá ela agradado a outro? O positivo é que, na atualidade, Neftis habita não longe de Tebas, bela casa, doação de Tutmés, que a visita assiduamente. Fui vê-la uma vez com Nefert, porque soube de Antef que ela estaria aqui, mas, tornada estranha, pouco sociável, tanto que não me retribuiu a visita.

Enquanto os assistentes riam e discutiam o que acabavam de ouvir, Sargon e Keniamun permutaram um compreensivo olhar. É que a ambos acudira a reminiscência da rosa rubra presa ao véu de Neith, encontrada no dia seguinte ao da desaparição.

— Com efeito! Vivemos num tempo cheio de aventuras que, outrora, não ocorreriam num largo ciclo de tempo — disse um moço, escriba real. Vou contar-te, Tuaá, uma história à qual nada falta de picante. Tu, e muitos de vós, meus amigos, conhecestes, ao menos de nome, Tatmut, a viúva do astrólogo do templo de Amon. Sua filha única, Chonsu, é linda, e a genitora fazia grandes projetos com relação a essa filha, contando matrimoniá-la com Bock-en-Ptah, que a rainha nomeou chefe dos pintores que trabalham no seu túmulo em construção. Tudo estava quase concluído, as famílias de acordo, quando a noiva mudou de preferência e se apaixonou doidamente... adivinhai de quem? De um escravo, de um impuro amonita. Paixão tenaz, contra a qual são inúteis castigos, persuasão, orações. Tatmut tudo envidou para que o escândalo não transpirasse; eu, porém, o soube por intermédio da irmã de Bock-en-Ptah, furiosa que está com a ofensa feita ao irmão.

Essa história suscitou ainda maiores comentários do que a precedente, mas, a entrada de Nefert e dos acompanhantes do jogo distraiu a atenção, e mudou o tema da palestra. Saindo da casa de Tuaá, Sargon propôs a Keniamun levá-lo no seu carro, e, para maior liberdade, despediu o condutor. Durante o trajeto, e após discutirem os incidentes da tarde, disse o príncipe, animadamente:

— Devo avistar Neftis, porque tudo indica existir correlação entre o seu desaparecimento e estranha mudança e o miserável nigromante, que semeia morte e loucura em seu caminho. Talvez por ela apreendamos alguma coisa. A melhor maneira de chegarmos à sua casa, seria o intermédio de Antef. Consegue isso, se o conheces.

— Creio que sim. Antes de ir para Bouto, servimos ambos no mesmo destacamento, no qual, aliás, foi reintegrado, depois do seu regresso, situação que não lhe deve ter agradado, tendo em vista o posto anteriormente exercido. Fui muito ligado ao pobre rapaz, e, se depender dele aproximarmo-nos da ex-noiva, ele o fará. Fica tranqüilo, Sargon. Amanhã, avistar-me-ei com ele.

Dando cumprimento à promessa, Keniamun foi, no dia seguinte, à morada do antigo comandante de Bouto, que encontrou bem alterado. Embora restituído à fria calma e destreza enérgica que lhe eram características, estava triste e visivelmente ferido no seu orgulho, por haver sido rebaixado do posto que deixara, quando já esperava atingir o primeiro degrau de brilhante carreira. Os dois jovens sentaram-se à mesa, saboreando um bom vinho. Keniamun sabia inspirar confiança, e Antef transbordava de amargor, pois toda a família, Semnut inclusive, não lhe poupava censuras, nem perdoava a louca imprudência que poderia tê-lo atirado aos trabalhos forçados; o ministro negava-se a dar-lhe qualquer emprego, e a sua reintegração fora de iniciativa e ordem diretas da rainha. Sob o império de tais sentimentos, Antef usou de desacostumada franqueza.

— Não posso compreender — disse Keniamun — qual o espírito impuro que se apossou de ti; sei que não és volúvel, de teu natural, mas, no entanto, abandonaste muito depressa a noiva, que amavas desde havia tanto tempo, por um novo amor, que te levou mesmo ao esquecimento dos teus deveres.

Antef apoiou a fronte nas mãos.

— Eu próprio não posso compreender o que, então, se passou em mim — ciciou ele em voz abafada —, estava enfeitiçado, pois teria renunciado à vida antes de privar-me de Mentchu. Atualmente, não posso atinar como havê-la amado, nem ela compreende a transitória paixão que teve por mim. Desse tempo de insânia, guardo apenas vaga reminiscência, e só me ficou o sentimento do que sofri horrorosamente: meu sangue parecia transmudado em fogo, minha cabeça dir-se-ia prestes a eclodir, e um aroma, suave quanto atordoador, perseguia-me por toda parte. Sabes que bebo sempre moderadamente, e, dadas as minhas responsabilidades, mais sóbrio eu me fizera. Pois bem: a sede então me devorava, e no dia do meu desastrado matrimônio bebi, dizem, desmesuradamente. Nessa mesma noite Tutmés fugiu, o que constitui estranha coincidência. Ah! o malefício foi bem calculado, e não é menos estranho que Mentchu experimentasse idênticas sensações, embora me confessasse que, malgrado a paixão por mim, não se sentia satisfeita, pois, nos sonhos, via sempre um homem, belo, de grandes olhos sombrios, curvar-se sobre ela e sufocá-la com ardente hálito. E mais estranho ainda é que, segundo ela, o desconhecido dos seus sonhos é o príncipe Horemseb. Quando, certa vez, o encontrou, nas águas do Nilo, a impressão teve a violência de fazê-la perder os sentidos, sem embargo de jamais haver visto o príncipe, nem ouvido pronunciar seu nome.

— Sempre esse homem, ligado a algum mistério malfazejo, a algum malefício impossível de identificar — pensou Keniamun. Decididamente, começo a crer que Horemseb farejou a boa vida.

Tendo obtido de Antef a promessa de fazer a apresentação desejada a Neftis, caso fosse possível vencer a relutância da jovem em permitir novos conhecidos, Keniamun despediu-se. Alguns dias mais tarde, o oficial recebeu tabuinhas escritas por Antef, anunciando estar tudo combinado e fixando a data em que ele e o amigo podiam ir à casa de Neftis, que acedera contrariada, pois o consentimento fora obtido pelas rogativas de Ísis, empenhada em conhecer o príncipe hiteno.

Desde o reencontro com Sargon, Roma vivia mais arredio ainda, dedicando-se exclusivamente aos serviços do templo. A desconfiança, oriunda das palavras do hiteno, haviam-lhe envenenado o sossego; não mais conseguia prantear Neith por morta, e, à idéia de que ela fora arrebatada e sofria talvez, longe dele, ficava desesperado; a hipótese de que ela amasse Horemseb fervilhava-lhe o sangue. Nos momentos de calma, tentava persuadir-se de que aquela trama, inverossímil, não passava de criação do enfermo cérebro de Sargon; logo depois, aprofundava-se, avidamente, nas circunstâncias que haviam precedido a desaparição da bem-amada, e nelas descobria mil indícios da verdade das asserções do jovem príncipe. Sob o império de tão penosa preocupação, Roma insulava-se de todos, evitando mesmo os parentes.

Por isso, grande surpresa foi, ao reentrar no templo, encontrar alguém que o aguardava: era um velho amigo da família, o venerável Penbesa, pastóforo do templo de Amon, e que não avistava desde havia muitas semanas. O aspecto do ancião era profundamente aflito, de modo que Roma, no momento, olvidou seu próprio desgosto, para indagar, com verdadeiro interesse, do que assim angustiava o encanecido padre.

— É uma desgraça de família que me traz a ti, Roma; venho rogar-te ajuda e conselho — disse Penbesa. Trata-se de Chonsu, a filha do meu finado filho; algum ciumento ter-lhe-ia atirado terrível malefício, ou espírito impuro, de poder extraordinário, dominando a infortunada criança? Obstinadamente, tomou-se de amor por um de nossos escravos, da imunda raça dos amonitas, e nenhuma persuasão, nenhum remédio produz efeito, pois ela não pode passar sem avistar esse rapaz. Vendo-nos intransigente na recusa a semelhante matrimônio, quer, evidentemente, morrer, e seu estado piora, de dia para dia.

— É mister afastar esse homem que a empolga e excita, sem dúvida.

— Difícil se torna qualquer compreensão: Neftali tem dezoito de idade, é tímido, dócil, governável com um simples olhar. Entretanto, também ele foi atingido por igual loucura: em vão o castigamos a pancadas, com prisão; ele tudo arrosta para encontrá-la, e o mais extraordinário é que muitas mulheres da casa estão cativadas por ele. Vim, pois, suplicar-te, Roma, vás a nossa casa falar a Chonsu, e vê se consegues repelir o espírito mau que a consome; tu, o sacerdote da grande deusa que dirige os corações dos mortais; tu, cuja rígida virtude se impôs a todos, talvez tenhas a força que nos falece — terminou Penbesa, com desolação.

Muito a contragosto, Roma aquiesceu, embora convencido de que não conseguiria persuadir a jovem louca; prometeu atender, porque lhe faltou coragem para negar tão simples auxílio ao velho amigo. No dia imediato, compareceu ao lar de Tatmut, a nora do pastóforo. A pobre mãe, desfeita em lágrimas, detalhou a triste aventura. Interessado por alguns pormenores verdadeiramente estranhos, o jovem sacerdote pediu fosse levado junto à doente e que o deixassem a sós com ela. Tatmut obedeceu, açodadamente, e, chegados ao aposento, fez sinal a duas escravas vigilantes para que se retirassem, e saiu também.

Roma ficou junto da porta, e dali observou, atento, a adolescente, acocorada num almofadão, não parecendo ter-se apercebido da presença de alguém: era uma quase menina, de doze a treze de idade, frágil e emaciada; o fino rosto e a lassidão do corpo denotavam completo esgotamento; fechados os olhos, a cabeça mal apoiada sobre o estofado de uma cadeira posta por detrás; rubor febril tingia-lhe as faces, pesado respirar, entrecortado, saía-lhe dos lábios entreabertos e descorados. Profundo suspiro de comiseração arfou o peito do sacerdote: aquela vítima, involuntariamente, recordava-lhe Neith, também presa desse mesmo aspecto exausto e arquejante, com um mal misterioso na alma. Roma levou uma cadeira para junto de Chonsu, sentou-se e lhe pôs uma das mãos na fronte. Imediatamente a adolescente abriu os olhos e tomou posição.

— Vim conversar contigo — disse, curvando-se, amigável.

Mas, no mesmo instante, estremeceu, e a palavra se lhe parou nos lábios. É que do agitado peito da enferma se evolava em ondas um suave aroma, agradabilíssimo de respirar sempre, mas, simultaneamente, acre, atordoador, que apertava o coração e derramava fogo nas veias. A respiração se lhe embaraçou, um arrepio escaldante percorreu-lhe o corpo e uma nuvem ígnea ascendeu-lhe ao cérebro. Saltando da cadeira, correu para a janela, desviou a cortina e absorveu ávido o ar fresco do jardim, e, após, avistando uma bacia cheia de água, banhou o rosto e as mãos. Refazendo-se, ainda que lívido e trêmulo, apoiou-se à parede: identificara o perfume fatal, que outrora lhe dominara a razão e o sossego, acorrentando-o a uma vergonhosa paixão. Tal aroma não mais o sentira em parte alguma, desde a morte de Noferura: que acaso o ressuscitara ali?

— Que te acontece, venerável padre? — perguntou Chonsu, que, espantada, olhos desmesuradamente abertos, acompanhara o inusitado procedimento de Roma.

— Dize-me, filha, de onde houveste esse perfume que exalas?

— Suave e raro, não é verdade? Veio-me da pobre amiga Moéris, que se afogou nas águas do Nilo: sua mãe doou-me, em lembrança, seu cofre de jóias, e nele encontrei muitos saquinhos iguais a este.

Ergueu-se e tirou do seio um saquinho, preso a leve corrente, o qual, aproximando-se, estendeu a Roma.

— Dá-me também o cofrezinho de Moéris, o qual te devolverei mais tarde.

Recebendo-o, nele encerrou o saquinho, colocando tudo no parapeito da janela aberta, depois do que, reavizinhando-se de Chonsu, a fez sentar-se e lhe disse, bondosamente:

— Agora falemos do que me trouxe aqui, do amor desarrazoado que sentes por um serviçal, homem impuro, tão abaixo do teu nível. Dize-me desde quando começou essa paixão, do momento em que tiveste a idéia de desposar Neftali: sê franca, cara menina, pois desejo o teu bem, e, com a ajuda de Hator, eu te restituirei a saúde e a felicidade.

A adolescente parecia mais tranqüila; ergueu o olhar receoso para o sacerdote, mas, sem dúvida, a bela e calma fisionomia deste inspirou-lhe confiança, porque respondeu sem hesitar:

— Não sei, eu mesma, como aconteceu isso. Conheço Neftali desde a infância, brincamos juntos, sempre me serviu e sempre o estimei, de modo diferente de agora. Quando recebi o cofrezinho de Moéris, eu lho mostrei e bem assim as jóias, e o perfume agradou-lhe a ponto de não mais poder separar-se dele. Então lhe fiz presente de um saquinho e eu também passei a trazer um comigo. Depois disso, não podemos passar um dia sem nos avistarmos, e, quando não está junto de mim, sinto-me morrer. A seguir, fiquei doente, desde há tempo; não posso esquecer Moéris, e, quando durmo, vejo sempre o belo príncipe Horemseb, que ela amou e por quem se atirou ao Nilo.

Depois de haver feito muitas perguntas e palestrado um pouco, Roma deixou Chonsu e foi ao encontro de Tatmut e Penbesa, que o esperavam ansiosos e a quem tranqüilizou, recomendando banhassem muito bem a doente, a vestissem com roupas completamente novas e a levassem por algumas semanas para longe de Tebas. Em seguida, foi ter com Neftali, de quem tomou o saquinho do perfume e a quem recomendou fosse feito igual tratamento. Afinal, despediu-se. Às instantes interrogações do velho pastóforo, respondeu apenas que julgava ter sido inspirado pela grande deusa para destruir o malefício.

Regressando a casa, Roma sentou-se ao ar livre, ligou ao rosto um pano úmido, de modo a proteger as narinas e a boca, abriu a caixeta que trouxera e dela retirou os saquinhos, em número de quatro. Curioso de saber que continham, rasgou o tecido com uma faca, e apenas encontrou murcha rosa vermelha, não desfolhada, cujas pétalas, amolgadas e ligeiramente viscosas, pareciam embebidas de um suco incolor que umedecia as paredes do saquinho. Nos outros três, idêntico conteúdo.

Roma, apoiando-se nos cotovelos, meditou demoradamente. Por qual acaso as estranhas flores tinham chegado ao poder da insensata moça, cujo fatal amor por Horemseb a arrastara ao suicídio? Erguendo-se bruscamente, rumou ao aposento, para buscar o escrínio de marfim no qual conservava as derradeiras lembranças de Neith, o véu e a rosa presa nele. Desprendendo o pano que lhe defendia o olfato, abriu o escrínio e começou a retirar o véu; mas, tão logo foi desfazendo as finas dobras do transparente tecido, estremeceu: não havia dúvida, o olor suave, porém, atordoador que se evolou, era igual ao dos saquinhos; a rubra flor, úmida e emurchecida, era irmã das conservadas pela jovem vítima de inexplicável sortilégio. Fremente de amargura e de indignação, o sacerdote descaiu numa cadeira. Que ligação existia entre essas rosas malditas e o desaparecimento de Neith, a demente paixão de Chonsu e o suicídio da filha do escriba real? Quem fora o doador das flores funestas? Após meditação, guardou o véu e os saquinhos no escrínio de marfim, que encerrou em móvel bem fechado.

— É mister guardar estas provas do crime e haurir informações com as famílias das outras vítimas — monologou ele. Claro está que as desgraçadas não se podem separar do veneno até o final. Quem sabe, se, na busca das rosas, encontrarei talvez um traço do malfeitor, remetente dessas mensagens de fatalidade e morte?

Mais depressa do que pudera prever, teve Roma oportunidade de novas descobertas. Desde alguns dias, ouvira falar, no templo, de uma ocorrência inexplicável, verificada na cidade-morta e referente a dois embalsamadores. No seu estado de espírito, não dera maior atenção a essas histórias cochichadas misteriosamente, mas, de pronto, o caso repercutiu. O indiscreto permaneceu incógnito, porém, toda a cidade soube que dois embalsamadores se haviam apaixonado de múmias de mulheres nas quais trabalhavam, recusando, obstinados, separarem-se delas e restituí-las às famílias a quem pertenciam. Perturbação e terror espalharam-se no povo, e enorme afluência de gente intransitou a cidade-morta, sendo necessário isolar o quarteirão dos embalsamadores para impedir a invasão pela turba. Houvera, através dos tempos, alguns escândalos naquele local, mas, tais casos, extremamente raros e cruelmente punidos, diferiam do atual, que alvorotava e espavoria a população. Narrava-se que os dois homens, como que cravados aos cadáveres, já em termos de sepultamento, nem sequer cogitavam de comer e beber, e, armados, ambos ameaçavam matar quem lhes tentasse arrebatar as múmias. Semelhante aberração mental era atribuída à influência de espíritos impuros, que, indubitavelmente, haviam tomado posse dos corpos das mulheres, mortas, uma e outra, por suicídio. As murmurações que transbordavam na capital não permitiram ficasse Roma alheio a elas, principalmente porque os detalhes, ouvidos de Ranseneb, excitaram de imediato todo o seu interesse: a causa de todo o alvoroço era serem as múmias de duas moças que se haviam suicidado por amor a Horemseb.

— Ah! — pensou ele — o maldito aroma deve ter desempenhado algum papel na tragédia. Alguma jóia ou adorno enviados pela família, para ornar as mortas, não estaria impregnado?

Sem mesmo regressar a casa, o sacerdote atravessou o rio e rumou para a cidade-morta. Por toda parte, agrupamentos de curiosos, mantidos a distância por soldados e policiais. Suas vestes de padre e as tabuinhas com a assinatura de Ranseneb deram-lhe livre ingresso. Falou inicialmente com um dos funcionários, segundo o qual, de uma nova tentativa para afastar os dois furiosos, resultara sair ferido gravemente um dos servos do templo. Contemporizava-se ainda, antes de usar de medidas extremas, porque os dois possessos haviam sido, até então, exemplares trabalhadores, além de mestres em sua arte.

A seu pedido, o funcionário conduziu o sacerdote de Hator à sala dos últimos retoques nas múmias, onde se viam numerosos bancos de pedra sobre os quais eram estendidos os cadáveres para o enfaixamento em tiras. No momento, os bancos estavam vazios, exceto os dois ocupados pelas múmias enfeitiçadas, junto das quais se acocoravam os seus adoradores. Todos haviam sido afastados pelos padres, temerosos de contágio da bizarra loucura. Roma deteve-se, não distante da porta, e examinou atentamente todas as minúcias da cena: um dos embalsamadores era idoso, e seu olhar habitualmente discreto e plácido, ardia como em febre, e os olhos, injetados de sangue, mostravam vigiar o audacioso que ousasse vir desalojá-lo; empunhava a faca que ferira o servo do templo. O segundo enfeitiçado era um belo rapaz, pálido e visivelmente exausto. Pendido para a múmia, meio enfaixada de tiras, ele a fixava com adoração típica de demência, e parecia, na ocasião, não ver, nem ouvir. Sobre o peito de uma das mortas ostentava-se um colar de amuletos, e, próximo de ambas, cofrezinhos abertos, visivelmente cheios de jóias, colocados sobre banquetas. Não mais duvidando da verdade de suas suspeitas, o jovem aproximou-se do moço embalsamador, e, tocando-o na espádua, disse, suavemente:

— Não temas coisa alguma, Nebenhari, não quero arrebatar a que amas, e sim apenas vê-la.

— E crês que a deixarão comigo? — indagou, olhando ansiosamente o sacerdote.

— É possível que os parentes se deixem vencer pelo teu amor.

Sempre falando, Roma esquadrinhara a caixeta de onde o aroma venenoso se evolava abundante, e, no fundo, sob as jóias, descobriu duas úmidas rosas, envoltas num pedaço de fino tecido. Com o asco que sentiria se tocasse em víboras, repeliu o achado, e, voltando-se para o embalsamador, disse:

— Para que a família te conceda a múmia, precisa convencer-se do teu desinteresse, pelo que levarei estas jóias para restituí-las.

Sem aguardar resposta aquiescente, retirou o colar de amuletos e o meteu na caixinha, levando-a e confiando-a ao funcionário que o esperava.

— Os desgraçados estão sob o império de terrível malefício, que julgo haver descoberto — disse Roma. Manda trazer-me um pano bem encharcado de água, e ordena aos servos que encham vários baldes na sala contígua. Feito isso, que dois me acompanhem. Reaproximando-se de Nebenhari, que recaíra na contemplação, envolveu-lhe bruscamente a fronte com o pano molhado.

Antes que pudesse oferecer resistência, os servos arrastaram-no para o pátio, onde, desembaraçado do pano, lhe inundaram a cabeça com a água dos baldes.

— Que significa isto, que me fazeis? — gritou Nebenhari, meio sufocado e enceguecido pelas cargas de água que o encharcavam, atirando-se a um banco, logo que lho permitiram.

— Significa que era indispensável que te refrigerasses um pouco. Agora, vós outros, enxugai-o, dêem-lhe vestimenta nova e conduzi-o para o seu alojamento para que se alimente e descanse.

Com espanto de todos, o rapaz deixou-se levar, sem qualquer objeção. Parecendo esfalfado e como que ébrio, seguiu docilmente seus condutores. Animados por esse primeiro êxito, Roma e os servos regressaram para o segundo embalsamador. Um grande jacto de água que lhe atiraram de improviso sobre a cabeça atordoou-o suficientemente para que o pudesse agarrar e desarmar. Levado para ar livre e amplamente refrigerado também, o velho desmaiou. Depois de recomendar que dessem os idênticos cuidados prescritos para Nebenhari, Roma voltou para junto do guardião dos embalsamadores, o qual, maravilhado de tão pronto êxito, o felicitou e lhe agradeceu.

— Consente o menos possível que se toque nas múmias enfeitiçadas e faz sepultá-las com a maior brevidade. Quanto a estas caixetas, eu as levarei, se tal me autorizas, para restituí-las, pessoalmente, aos parentes das mortas.

— Antecipas meu desejo, nobre Roma. Compreendo que esses objetos estão igualmente contaminados, e estou certo de que os restituirás purificados pelas tuas preces.

A repercussão dessa estrondosa cura, de tão incrível enfeitiçamento, foi total na cidade, e a cura de Chonsu igualmente se tornou pública; mas, porque Roma silenciara absolutamente quanto aos meios pelos quais penetrara no segredo do sortilégio, atribuíram o êxito à sua rígida virtude e exemplar piedade. Em poucos dias, o jovem sacerdote tornou-se personagem célebre, venerado e alvo de supersticiosa admiração pelo povo, e de distinção e honraria para os da sua casta. O herói de tão súbita nomeada não teve alegria alguma, e quase a ignorava, buscando a solitude mais do que nunca; o desejo de penetrar no mistério das rosas funestas absorvia-o cada vez mais. A cada uma das flores que descobria ligava-se o nome do príncipe Horemseb; todas essas criaturas moças, que nefasto amor havia vitimado, possuíam-na... Mas, que acaso doara a Noferura uma rosa daquelas, e com a força da qual ela o fascinara? Onde a escondera então? Jamais lhe notara portadora de um dos agora conhecidos saquinhos... Instantaneamente, porém, lhe acudiu à recordação um colar de placas esmaltadas que Noferura usava sempre, desde o seu regresso de Mênfis, em lembrança da irmã, jóia que Neftis lhe reclamara após a reaparição, e que não aparecera, possivelmente roubada ou perdida no fundo do Nilo.

Chegado a esse ponto das reflexões, estremeceu: Noferura caíra no rio no momento em que passava a barca de Horemseb, e os remeiros lhe haviam descrito a estranha agitação da jovem mulher, e atribuído a súbita loucura ao "mau-olhado" do príncipe. Podia ser mera coincidência; mas, porque perdera o equilíbrio justamente ao ver o homem misterioso para o qual convergiam todas as ramificações do bruxedo? E esse colar suspeito pertencera a Neftis, cuja desaparição e regresso estavam acobertados por insondável mistério. Nisso também, talvez, se escondesse algum elo com Horemseb, Roma o sentia instintivamente, mas faltava o fio condutor a esse dédalo, e quanto a obter um esclarecimento da cunhada, a gélida estátua animada por sinistro fogo, ele de tal não cogitava. Por isso, entregou-se à procura de novos indícios.

III

A CONJURA

Sargon e Keniamun se haviam tornado hóspedes assíduos da casa de Neftis. Prudentemente, para não a espantar, observavam atentamente a jovem mulher, que, silenciosa, sombria, indiferente, os tolerava, sem encorajar novas visitas. Às vezes, eles se encontravam com Tutmés, que, igualmente, visitava Neftis com freqüência, mas, Keniamun depressa se convenceu de que, apesar das aparências de íntimas relações, não existiam laços de amor; Tutmés não era cioso de Neftis, nem esta representava algo para ele, indiscutivelmente. Que elo, então, poderia haver entre o poderoso herdeiro do trono e a desvalida filha de um mercador? Teria sido uma ligação passageira a causa de haver o príncipe tão ricamente a recompensado? A hipótese era admissível, e em parte indiferente ao oficial, pois, qualquer que fosse a origem da sólida riqueza de Neftis, esta a possuía, circunstância que inspirara a Keniamun uma variante nova no seu plano primitivo.

Desejoso de casar e de garantir, por um conveniente matrimônio, um futuro rico e tranqüilo, acudira-lhe a idéia de desposar Neftis. A mulher agradava-lhe e o passado misterioso devia fazê-la aspirar a casamento honroso; mas, contra toda a expectativa, mostrou-se ela indiferente e acolheu as inequívocas assiduidades do rapaz com reservas quase irônicas. Estimulado no amor próprio, o oficial redobrou as atenções, e, às pesquisas das pegadas de Neith, se associou o propósito de saber se não era também, no caso, o bruxo de Mênfis que lhe barrava o caminho. Por duas vezes, constatara que, ao nome de Horemseb, pronunciado inopinadamente na presença dela, um súbito lampejo alterara os olhos ternos de Neftis, e, à menção da vida dissoluta que o príncipe mantivera em Tebas, indefinível expressão de raiva e de sofrimento revelara-se no seu rosto pálido e impassível. Sobre tal ciumenta conjetura, Keniamun arquitetou um plano de prova decisiva: se alguma coisa podia levar Neftis a trair-se e deixar transparecer uma parte do íntimo segredo, era decerto esse sentimento onipotente — o ciúme — que cega as criaturas e desencadeia todas as paixões.

A ocasião almejada fez-se esperar um pouco; mas, numa tarde em que Sargon e ele eram os únicos visitantes, achou propício o momento para desfechar o golpe definitivo. Ísis, que se tomara de grande amizade pelo assírio, talvez mesmo de secreto amor, e que muito gostava de palestrar com ele discretamente, convidou-o para ver uma rara flor desabrochada no jardim. Keniamun, presumindo que não regressassem sem demora, resolveu aproveitar o bom momento. A conversação arrastava-se e Neftis, no seu mutismo, não se dava ao trabalho de mantê-la. Assim, decorrido longo silêncio, Keniamun curvou-se bruscamente para ela, e disse, pegando-lhe a mão:

— Neftis, por que sempre tão pálida, tão sombria? Por que mostras só indiferença àquele cujo coração está cheio de fiel afeto por ti?

Estremeceu, e seus grandes olhos esverdeados fixaram o oficial, com ironia não disfarçada.

— Creio que não serás tu, Keniamun, volúvel e galante borboleta, o penetrado de tão belos sentimentos de fidelidade. Aliás, seria em pura perda: meu coração morreu para o amor, desde quando tive de renunciar a Antef, pois, semelhantes sacrifícios petrificam as mais ardentes almas.

— Tua resposta é áspera, porém, não a tenho por definitiva — respondeu, com bonomia. Sabes que da pedra se tira fogo, quando se sabe atritá-la, e não se deve confiar no próprio coração. Conheci um homem que parecia invulnerável, pelo qual as mulheres morriam sem lhe alcançar o brônzeo peito. Pois bem: o amor venceu-o igual a qualquer outro, e disso me convenci por uma pequena aventura que me aconteceu em Mênfis, ao tempo de minha recente viagem ali.

Como que absorvido pelas recordações, silenciou, e ingeriu um gole de vinho; sua fisionomia espelhava franca jovialidade, inocente malícia, de modo a excluir a idéia do ardil. À citação de Mênfis, sombreou-se o semblante de Neftis, e, com um gesto nervoso, aproximou um copo de cristal, que encheu, dizendo, com alterada voz:

— Isso promete ser interessante: conta, Keniamun. Quem é esse homem que conheces?

— Guardarás segredo? Trata-se de uma grande personagem — respondeu, sempre jovial.

A um gesto afirmativo da interlocutora, prosseguiu:

— Pois bem: confesso-te que o príncipe Horemseb, por tudo quanto dele se diz, sempre me despertou viva curiosidade. Achando-me em Mênfis, passei muitas vezes próximo do muro que circunda sua habitação, e a vista desses misteriosos jardins, desse palácio perdido entre sombras, aguçou mais a minha curiosidade. Resolvi ali penetrar, a todo custo, e certa noite, não sem esforço, confesso, subi pelo muro.

— E conseguiste sair de lá vivo? — interrompeu Neftis, em voz rouca. Estava lívida e os lábios tremiam-lhe nervosamente.

— Pelos deuses *Ra* e Osíris, não se trata de um antro de bandidos! — respondeu, simulando não reparar na emoção. Demais, não me aventurei até muito longe, e tudo estava deserto; mas, a sorte levou-me direto ao fim. Em uma aléia, ao termo da qual cintilava a água de grande lago ou tanque, vi um banco e nele sentado um casal. No homem, reconheci imediatamente o nosso invulnerável herói; a mulher não identifiquei, não a pude ver porque enlaçara os braços em volta do pescoço do príncipe e ocultava o rosto no peito deste. Notei apenas que era delicada e tinha cabelos escuros. Como que para dissipar minhas derradeiras dúvidas, ele se fez ouvir, e nas palavras pronunciadas vibrava tão intensa paixão que...

Interrompeu-se, pasmo, ele mesmo, do efeito da ousada mentira. Neftis pulara, emitindo rouquenho grito, enquanto o copo, desprendendo-se-lhe dos dedos, se espatifava com estrépito no chão. Seus olhos verdes pareciam vomitar chamas; o semblante, tornado violáceo, crispara-se na exteriorização de selvagem paixão; o peito arfava: a personificação do ciúme devorante, prestes a destruir e a matar.

— Ah! ele pode amar! — explodiu ela, em tom sofreado.

E, recaindo sobre a cadeira, cobriu o rosto com as mãos. Refeito do seu primeiro receio e espanto, Keniamun aproximou-se, vivamente: conseguira muito além da expectativa, e disso queria tirar toda a vantagem.

— Cara Neftis, teria eu involuntariamente te feito sofrer? Tua perturbação faz-me suspeitar tenhas estado por detrás desse muro enfeitiçado e ali sido vítima de grave ofensa. Dize-me tudo, em tal caso; acredita-me teu dedicado, capaz de te vingar, mesmo de Horemseb!

Neftis ergueu a cabeça.

— Se me ofendeu? — disse, num rir desesperado. — Ele me torturou, destruiu, arrancou o coração, e, todavia, aniquilei-me, tudo tenho sofrido em silêncio, porque acreditava ser ele incapaz de amar, pensei que a bebida mágica por ele usada lhe havia paralisado a alma; mas, sabendo agora, Horemseb, que teu olhar gélido pode incendiar-se de amor; tua boca, fria e zombeteira, preme-se em beijos apaixonados de mulher, não mais terei piedade de ti, e denunciar-te-ei, aniquilarei, arrancarei a bruxaria que te ganha corações, e farei pagares todos os meus sofrimentos!

Calou, sufocada. Indefinível expressão de ódio, de desespero e de selvática obsessão crispava-lhe todo o rosto.

— Calma-te, Neftis, e conta com o meu auxílio, em qualquer iniciativa que tomes. Possa o meu devotamento provar a sinceridade do meu amor por ti.

— Creio e agradeço, Keniamun, e, a meu turno, juro que, no dia em que Horemseb, destruído, degradado, preso a corrente, for arrastado pelas ruas de Tebas para comparecer ante os juízes, nesse dia, serei tua esposa. Possam Hator e todos os Imortais punir-me e negar-me as moradas da felicidade, se eu faltar a este juramento.

Keniamun apertou fortemente a tremente mão da jovem mulher.

— Para tal conseguir — disse ele —, é indispensável saber o que se pratica sob as sombras misteriosas dos sicômoros, nesse palácio onde se consomem mulheres...

— Onde também se tragou Neith — interrompeu Neftis. Quanto aos segredos do feiticeiro, conheço uma parte...

E narrou sucintamente tudo quanto testemunhara. O oficial ficou aturdido, pois jamais suspeitara tão inauditos crimes. E falou:

— Para libertar Neith e desmascarar um criminoso tão temível e tão altamente colocado, não te parece que nós ambos somos insuficientes? Se perecermos, é preciso que outros prossigam nossa tarefa; nessa intenção, ofereço-te Sargon por aliado, pois é seguro, ousado e já suspeitou a verdade.

— Muito bem. E de minha parte proponho inteirar Ísis do assunto: também ela é enérgica e fiel, e tem três mortos a vingar.

— De acordo que estamos — rematou o oficial, levantando-se —, permite que vá buscar nossos dois aliados, para formarmos conselho e assentar um plano de ação: quanto mais depressa melhor.

Meia hora mais tarde, os quatro conjurados reuniram-se em aposento cuidadosamente garantido contra indiscrições, e Neftis, concentrada e resoluta, minudenciando desta vez, narrou de que forma havia caído em poder do nigromante, descreveu a vida estranha que se mantinha na vivenda de Horemseb, a indigna mutilação de quase todos os fâmulos, as orgias noturnas, o poder das rosas enfeitiçadas e o do contraveneno, o pavilhão inescrutável onde o príncipe desaparecia para trabalhar com um sábio desconhecido, enfim, o que lhe havia dito o jovem escravo a respeito da horripilante morte infligida a vítimas inocentes. Suor álgido porejara a fronte dos ouvintes ante a inacreditável narrativa. Ísis agora compreendia o que teria acontecido à irmã, morta quiçá por entre atrozes sofrimentos. E ao pensamento de que Neith estava nesse inferno, e de que sua alma, pura e inocente, encontrava-se enodoada pela vista de tais misérias, pungente dor física feria o coração de Sargon, que foi o primeiro a romper o silêncio, perturbado apenas pelo soluçar de Ísis, pelos dolorosos suspiros de sua amiga e a respiração ofegante e refreada dos dois homens.

— Pois que se trata, em primeiro lugar, da libertação de um ser que me está ligado e a quem amo — disse o hiteno, erguendo o busto, pálido e de olhar incendido —, é a mim que incumbem o direito e o dever de penetrar, antes de todos, nesse local de morte e dissolução, e, porque ali só se aceitam mudos, serei surdo e mudo. Embora simular isso não seja fácil, mas possível, triunfarei, fazendo-me comprar por escravo. Seu intendente, segundo se diz, compra muitos, pois necessita renovar o gado humano dizimado pelas orgias! E, uma vez dentro da praça, vigiarei Horemseb e encontrarei minha mulher, se ali se acha.

— E se te reconhecem? — interrogou Ísis, murmurante.

— Quem me pode reconhecer? O príncipe nunca me viu, e eu posso evitar Neith. Além disso, estou bastante mudado, e o seu orgulhoso olhar não descerá até um mísero escravo.

— E de que maneira nos comunicaremos, para estarmos ao corrente do que descobrires? — perguntou Keniamun.

— Combinaremos, quando chegados lá; teremos de descobrir ou escavar no muro um buraco ou fenda onde eu possa depositar, cada dia, um pequeno rolo de papiro, e, se este faltar, significa ter sido eu descoberto. Dareis então o alarme.

— Irei contigo, Sargon: tenho três mortos a vingar sobre esse miserável, e não quero permanecer inativa — disse, energicamente, Ísis.

E, ao notar o sinal negativo feito bruscamente pelos outros, acrescentou:

— Não temais coisa alguma, pois, perigo conhecido, já está por metade evitado, e a tarefa de Sargon será bem facilitada não estando ele sozinho na goela do leão. Nós nos ajudaremos reciprocamente, e, se um perecer, ficará o outro para vos dar a notícia; esforçar-me-ei para ser enfeitiçada pelo bruxo, pois não ignoro ser bastante bela para constituir seu divertimento. Apenas não terá poder algum sobre mim, porque destruirei todas as rosas e porei fora a bebida enfeitiçada. Não tenteis dissuadir-me: minha resolução é inabalável.

Após curto debate, o oferecimento de Ísis foi aceito, de igual modo que a proposição de Keniamun, de obter uma licença de meses para acompanhar seus aliados a Mênfis.

— O comandante das tropas etíopes é amigo, e, em caso de necessidade, dele obterei soldados para cercar o palácio, ou forçar a entrada — acrescentou.

— Resta-nos apenas fixar o dia da partida — disse Neftis, de olhar coruscante — porque eu, meus amigos, posso oferecer-vos abrigo seguro, onde ninguém nos procurará. Possuo, do chefe de meu pai, pequena moradia, situada em paupérrimo quarteirão de Mênfis, não distante do mercado de escravos. Tal habitação, simples e modesta, mas adequada às nossas necessidades, fica em centro de jardim, quase inculto, e foi residência de uma parenta falecida recentemente. Velho escravo, fiel e devotado qual um cão, nela reside, só, atualmente, e ninguém o conhece, porque está de pouco tempo em Mênfis, vindo de um vinhedo pequeno que possuo. Servir-nos-á, e será o vendedor de Sargon no mercado. Asseguro que não nos trairá.

Depois de assim haverem decidido a perdição do nigromante, os conjurados separaram-se. As duas mulheres, a sós, ainda conversaram longamente.

— Uma coisa ainda me horroriza e gela de terror o peito: é a tua deliberação, Ísis — frisou Neftis, com um suspiro. Confessa-o, é por amor do hiteno que vais segui-lo ao antro do leão; mas, se o feiticeiro, apesar de tudo, envenenar tua alma e te destruir? Não desdenhes da grandeza do perigo; ainda é tempo de desistir; tu não conheces o poder da feitiçaria e a força fascinadora de Horemseb. Que vale Sargon, comparado a ele? Senti sobre mim esse olhar que gela e queima; vi o sorriso que zomba e, apesar disso, prende para sempre a ele. Eu o abomino, e, no entanto, não o esquecerei jamais, e é porque ninguém o possui, e eu não o possuí, é por isso que eu o traio e destruo.

— Tens razão: deixei-me prender a Sargon, sem segunda intenção, porém, visto que é casado, pretendo apenas ajudá-lo a reaver a esposa. No que concerne a Horemseb, não temas por mim, Neftis, porque não amarei nunca esse homem horripilante, cuja alma tem o negrume dos abismos, que a ninguém ama e que destrói, por prazer, inocentes criaturas, que jamais lhe causaram mal algum. A tal monstro, por formoso que seja, não encadearei minha alma: quero vingar minha pobre irmã, e fazer Horemseb pagar os sofrimentos de tantas desgraçadas.

Uma tarde, quinze dias, aproximadamente, após o memorável conciliábulo em que, arrebatada pelo ciúme, Neftis havia traído o nigromante e jurado sua perda, o príncipe Tutmés, deitado num leito de repouso, jogava damas com um oficial das guardas. O herdeiro do trono estava visivelmente entediado e de mau humor. É que, três semanas antes, em grande caçada, uma das rodas do seu carro, incidindo num baixio da estrada, quebrou, fazendo com que, pelo desequilíbrio, fosse projetado violentamente no chão, luxando um braço e ferindo um joelho. Seu estado não apresentava gravidade, mas forçava repouso, em casa, além de severíssimo regímen alimentar. Por isso, à proporção que as dores diminuíam, o turbulento e vivaz príncipe mais e mais se impacientava, e, na manhã do dia citado, o aborrecimento e o mau humor haviam atingido o apogeu. Descontente de tudo, maltratara os familiares, e, para ver cara nova (segundo textual expressão sua), convidou para uma partida de damas o oficial de serviço, coincidindo que era Mena. De resto, o jogo não o entreteve por muito tempo: repelindo o tabuleiro, pousou as costas no leito.

— Não quero jogar mais; vai, Mena, e dize que me enviem os objetos que comprei ontem no mercador estrangeiro; depois, conta-me uma história bem picante, das muitas que deves saber, pois, ao que se diz de ti, és assíduo onde florescem as mais escandalosas aventuras.

— Procurarei contentar-te, príncipe. É certo que sei muitas coisas, digo-o sem me gabar, porque são as aventuras que correm para mim — respondeu Mena, com fatuidade, inclinando-se profundamente.

Em seguida, ordenou a vinda dos objetos reclamados, e, enquanto Tutmés se distraía em examinar os ricos tecidos estrangeiros, jóias e armas trazidas do país de Kewa (Fenícia), Mena desfiou uma série de anedotas, algumas menos e outras mais arriscadas, o que restituiu o bom humor ao príncipe, pois riu perdidamente. Como que em retribuição, presenteou Mena com soberbo punhal, de cabo cinzelado, escolhido de entre os objetos ali esparsos. Subitamente, recordou que, em uma das recentes visitas, Ísis mostrara desejo de possuir uma jóia fenícia, do gênero da que vira em Nefert, a filha de Tuaá, e resolveu enviá-la, para o que escolheu um colar e um prendedor que lhe pareceram adaptar-se à descrição que ouvira, ajuntando mais um lenço bordado e franjado de ouro, objetos que encerrou em elegante cofrezinho de marfim. Mas, para não descontentar Neftis, preparou para esta um segundo cofrezinho de presentes, e disse, fechando-o:

— Pronto! Amanhã, enviá-los-ei, e creio que Ísis e Neftis ficarão satisfeitas.

Mena, que ajudara Tutmés, alcançando-lhe os objetos que iam sendo escolhidos, prestou atenção a este segundo nome.

— Não poderia eu ser o teu mensageiro, príncipe? Seria prazer para mim — disse, obsequioso.

— Tu farejas as mulheres belas, tal qual o cão um bom osso mas, para recompensar as tuas boas histórias, acedo à solicitação: leva as caixinhas, e amanhã cedo vai ao subúrbio de Tebas (e indicou o local) onde está a moradia de Neftis; saúda-a em meu nome, e bem assim sua amiga, a formosa Ísis, e entrega-lhes os presentes, dizendo-lhes, outrossim, que irei vê-las, tão logo possa sair.

Para compreender o interesse que o nome de Neftis despertara no oficial, é mister retroceder a sete meses antes, à época da estada de Horemseb em Tebas. Mena, cujo natural, baixo e interesseiro, o levava a rastejar ante os ricos e altamente colocados, fizera enormes esforços para imiscuir-se na intimidade do fascinador, conseguindo-o, em parte. O príncipe compreendera que o servil personagem poderia ser-lhe útil, em vários sentidos, e que, não estando os hábitos e gostos de Mena no nível dos recursos pecuniários, seria fácil, por dinheiro, fazê-lo instrumento do que conviesse. Para comprovar se poderia usá-lo no fim a que se propunha, o príncipe empregou Mena primeiramente em pequenos serviços, não oficiais, que saldou prodigamente, e, convencido de que nenhum escrúpulo constrangia a consciência do oficial, convidou-o para solitário passeio, dias antes do regresso a Mênfis. E, quando se distanciaram para sítios sem ouvidos indiscretos, o príncipe, abaixando a voz, disse, sem preâmbulos:

— Notei que gostas de mulheres e de jogo, belas coisas, porém caras, mais caras do que podes pagar. Queres ganhar, cada lua, uma redonda soma, em retribuição de serviço que me prestarás?

Um clarão de cúpida avidez iluminou os fulvos olhos de Mena.

— Que posso fazer para te servir, Horemseb? Não duvides da minha boa-vontade.

— Desejo algo fácil de ti — disse lentamente o príncipe. Informar-me-ás de tudo quanto de interessante ocorrer na Corte de Tebas e do que se diga de mim; mas, principalmente, tratarás de saber se aparece em Tebas certa mulher chamada Neftis, bela, ruiva, pele alva, olhos esverdeados. Se a descobres, avisar-me-ás, e dar-te-ei recompensa especial por isso. A cada lua, um homem, a meu serviço, virá buscar um relatório teu, entregando-te, ao mesmo tempo, a soma que combinaremos.

O acordo estava concluído, e Mena, que não encontrava nada de humilhante no seu papel de espião, de vez que isso lhe rendia dinheiro, havia mantido Horemseb fielmente informado das novidades da Corte e da cidade, faltando apenas descobrir Neftis. Ouvindo Tutmés pronunciar esse nome, tratou logo de obter meios de ver a mulher em questão, pois, se acaso fosse a que tão encarniçadamente o príncipe buscava, poderia reclamar a prometida soma extra, da qual estava em grande carência, por isso que a falta de dinheiro em Mena era um mal crônico.

No dia imediato, rumou para a designada habitação. De início, o escravo guarda-porta não lhe quis dar entrada, alegando que a senhora, indisposta, não recebia ninguém; mas, Mena declinou a qualidade de enviado do herdeiro do trono, e insistiu em ser admitido. O nome de Tutmés produziu efeito, e a porta abriu amplamente para o carro do visitante. Quinze minutos depois, estava em presença da dona da casa e de sua amiga. Desculpou-se, em escolhidas frases, da insistência, transmitiu as mensagens e as dádivas principescas, e, após pequena refeição que lhe foi oferecida, retirou-se radioso, não duvidando de que favorável acaso conduzira-o direto ao fim: a bela mulher de tez pálida, cabeleira dourada, devia ser a que Horemseb buscava. Mas, que ligação existiria entre eles? Teria ela preferido Tutmés, entrando em jogo o ciúme?

Devendo o enviado do príncipe tardar oito dias ainda, Mena tomou outras informações e redigiu seu relatório, farto em citações dos custosos e árduos esforços que lhe acarretara a descoberta de Neftis. A seguir, relatou ser a jovem mulher amante de Tutmés, o qual, depois da reconciliação com Hatasu, a beneficiara ricamente. Por fim, pedia instruções ulteriores sobre o assunto.

Mena jamais poderia suspeitar que, precisamente na noite da data da sua visita, a residência ficaria desabitada, sob a guarda de alguns escravos zeladores, transferidos todos os outros servos a distante propriedade, para outros afazeres. Ao anoitecer, Neftis e Ísis, cuidadosamente protegidas por espessos véus, saíram, pelo jardim, alcançaram, a pé, o Nilo, e subiram para uma embarcação de aparência comum. Dois homens, vestidos de modestos burgueses, ali as aguardavam: Sargon e Keniamun. Este último, tendo dito a Chnumhotep necessitar atender a um velho parente de que era herdeiro, obteve licença de alguns meses.

Atingiram Mênfis, sem embaraços, e instalaram-se na pequena casa de Neftis. Esta comunicou imediatamente ao escravo guardião o necessário, e bem assim o papel que lhe estava destinado, na venda de Sargon. O velho Cheops era um desses servos que obedecem cegamente, sem nunca discutir ou examinar as ordens dos senhores; por isso, apenas pensou em bem executar o que dele se esperava. Além de tudo, ignorava a qualidade dos dois homens, que conservavam as vestes do povo e guardavam nas conversações a maior discrição.

O príncipe e o oficial trataram, no primeiro tempo da sua estada, de uma indispensável preparação: cada noite, encaminhavam-se às proximidades da moradia de Horemseb, e cavavam dois orifícios no muro que a rodeava, aberturas que deveriam servir para a correspondência de ligação entre Sargon e seus aliados. Lá depositariam as folhas de papiros, dando notícia do que fosse descoberto, e seriam recebidas as respostas e novas do exterior. A fim de orientar-se mais facilmente, o assírio transpôs o muro, com auxílio de escadas, aproveitando-se da propícia escuridão de uma noite, preparou alguns sinais que lhe facilitariam reconhecer o local, e escondeu, na espessura de um bosque, sob monte de folhas, um punhal, um machado de cabo curto e uma longa corda com anel corrediço. Terminados tais preparativos, restava aguardar que o intendente do príncipe viesse ao mercado dos escravos, o que era fácil de saber, dada a proximidade da casa.

Todavia, muitas semanas se escoaram sem que se apresentasse a almejada oportunidade. Desesperado e impaciente, Sargon começava a perder ânimo, quando, afinal, certa manhã o velho Cheops acorreu esbaforido, anunciando que Hapzefaá aparecera, e estava fazendo grandes compras. Sombrio e resoluto, Sargon preparou-se para partir. Por última vez apertou as mãos amigas dos que o rodeavam, emocionados, obrigando-os a jurar prudência e imediatas notícias suas. Depois, seguiu Cheops. Na tarde desse mesmo dia, Ísis realizaria sua primeira excursão ao Nilo, no intuito de encontrar o bruxo.

Cheops, completamente senhor do papel a representar, levava após si o falso escravo, oferecendo-o a quantos encontrava, e aproximando-se, sem ostentação, do ponto onde Hapzefaá adquiria algumas raparigas. Muitos compradores detiveram-se a examinar Sargon, mas, informados de que era surdo-mudo, recusaram-no ou ofereceram preço ínfimo, dando lugar a que Cheops voltasse costas, cuspindo, colérico:

— Que vamos fazer deste animal estúpido e inútil?

Depois, esticando-se, berrou, a toda força dos pulmões:

— Quem precisa de muito hábil servo, entendido em todos os trabalhos caseiros, e cujo defeito único é ser surdo-mudo?

A voz aguda e ganida chegou ao ouvido de Hapzefaá, que, concluídas suas compras e aproximando-se dos dois homens, encarou Sargon, com escrutador olhar.

— É um mudo que estás vendendo, velho? Quê! É surdo também? Triplo trabalho, então, para lhe explicar o que tenha a fazer — engrolou o intendente, sacudindo os ombros.

— Oh! Um simples aceno basta para que entenda: Karapusa é hábil e diligente servo. Não tem rival para entrançar guirlandas, ajeitar flores em jarras e corbelhas, alimentar os tripés de perfumes, limpar e ter em ordem os apartamentos, servir e alumiar os hóspedes, carregar fardos e abanar contra as moscas. Por outro mérito, tem o de não escutar às portas e abusar da língua para caluniar os senhores — clamou Cheops com espantosa volubilidade, agitando os braços.

— Calma! Crês tu, velho imbecil, ser o primeiro escravo que compro na minha vida, para me aturdires assim? É certo que o galhardo parece robusto, e eu o comprarei, se tu te contentas com um preço razoável, e se me convenceres de que sua inteligência não é muito obtusa.

Para atrair a atenção de Sargon, que parecia mergulhado na indiferença mais estúpida, Hapzefaá lhe aplicou um pontapé, e, gesticulando com os braços ao ar, simulou os movimentos de quem colhe flores e as ajeita para uma corbelha. O falso Karapusa demonstrou animar-se alegremente, mostrando os brancos dentes e movendo a cabeça em sinal de haver compreendido. Pegando uma corbelha e um feixe de flores começou a confeccioná-la, apesar dos gritos e protestos da dona vendedora. Sem poder represar o riso, Hapzefaá gesticulou para que cessasse a tarefa, pagou a soma pedida por Cheops, e acenou a Sargon para que se reunisse ao grupo de alguns homens igualmente comprados.

Meia hora depois, Sargon, coração agitado, carregando pesada ânfora, e seus companheiros, tão silenciosos quanto ele, entravam no vasto domínio de Horemseb, cuja maciça porta se fechou após. Hapzefaá entregou os novos escravos ao subintendente, retendo apenas Sargon, que guiou, através de longos corredores, até uma outra ala do palácio, introduzindo-o numa câmara onde alentado homem, de flácidas bochechas, escrevia.

— Chamus, trago-te o homem que me encomendaste para substituir Chnum — disse Hapzefaá. Olha! Creio ter feito boa compra para o serviço íntimo do amo: este rapaz se chama Karapusa, é surdo-mudo e me parece expedito e cuidadoso.

O chefe dos eunucos, erguendo-se, examinou atentamente Sargon, que simulava a maior e perfeita indiferença.

— Podia ser mais moço, porém não importa! É suficientemente delgado e bem parecido — comentou Chamus. Vou acomodá-lo, e começará seu serviço hoje, na refeição da noite.

Depois de permutarem acertos sobre as tarefas domésticas, separaram-se os dois homens, e Chamus conduziu o novo servo a ampla sala onde havia, ao centro, grande tanque cheio de água, e o confiou a outro eunuco. Este fê-lo entrar num pequeno aposento contíguo, pôs à sua disposição substancioso repasto, e fechou a porta. Decorridas muitas horas, escoadas com bem compreensível agitação para o príncipe, a porta foi reaberta, e o eunuco o reconduziu à sala do tanque, acenando-lhe para despir-se e fazer um mergulho na água. Sargon obedeceu, sem hesitar, e, depois de banhado, dois escravos enxugaram-no esmeradamente, esfregando-o com óleo aromático, e pondo-lhe um avental de fina lã bordado a ouro, além de amplo colar de ourivesaria ao pescoço e largas pulseiras nos braços e tornozelos, terminando por assentar-lhe à cabeça um "claft" listrado de azul e ouro.

— É evidente que Horemseb deseja ver em seu redor riqueza e elegância; tudo que se aproxima desse monstro sangüinário deve recrear seu embotado olhar e acariciar o olfato — pensou Sargon, pleno de raiva e amargura.

Concluída a "toilette", o eunuco levou-o à presença de Chamus, que o examinou, com satisfação e um balancear de cabeça aprobativo.

— Os outros estão aprestados?

— Sim; esperam na galeria.

Chamus escolheu uma vestimenta leve, ornou de jóias o pescoço e os braços, e saiu, fazendo aceno a Sargon para que o seguisse. Anoitecera. Atravessaram muitas e silenciosas câmaras, iluminadas por tochas, depois uma galeria onde sete jovens escravos, com vestimentas idênticas à de Sargon, se incorporaram. Ao longo de extenso corredor, Chamus se deteve, puxou um reposteiro de couro e abriu, com a chave que levava, alta grade dourada. Uma série de apartamentos, mobilados com realengo luxo, fartamente iluminados, seguia-se ante ele; por toda parte, viam-se móveis preciosos, objetos de arte e custosos vasos atestados de flores raras. Moços, ricamente trajados, transitavam, sem ruído, alimentando os tripés com aromas suaves, mas sufocantes.

O coração de Sargon batia desordenadamente; parecia-lhe entrar em mundo encantado e novo; naquela casa de suntuosidades, silenciosa qual um templo, vivia, pois, Horemseb e, junto dele, Neith, talvez amando e feliz nos braços do rival. A semelhante pensamento, cólera e ciúme turbilhonavam na alma do assírio. Teria sido para libertar uma ingrata que ele descera ao nível de escravo, entregue, de mãos e pés ligados, a esse chacal para quem a vida humana valia menos do que a do animal? Não! Esse homem, frio e cruel, não dava a nenhum ser nem amor nem felicidade; se Neith ali estava, devia sofrer, e a vingança aproximava-se. O punho se lhe crispou; o momento em que Horemseb, preso a correntes e degradado, fosse de rastos pelas ruas, esse momento pagaria tudo quanto ele, Sargon, estava arriscando e padecendo.

Logo em seguida, Chamus e seu séquito penetraram em grande sala, que, por uma das faces, abria para o jardim; brandões e lâmpadas acesos iluminavam profusamente; muitos domésticos, sob a direção de mordomo, terminavam, céleres, os preparativos de uma refeição para duas pessoas. Sobre largo degrau dourado, viam-se mesa e soberba poltrona; duas esfinges de metal sustentavam esta, de alto espaldar, forrado de estofo púrpura com ramagens de ouro; um tamborete de marfim, fronteiro, destinava-se ao conviva do senhor. O eunuco indicou a Sargon o posto, por detrás da poltrona, e lhe deu soberba ânfora cinzelada, explicando, por gestos, que deveria encher o copo do amo, toda a vez que este lho estendesse.

A seguir, Chamus ergueu enorme e pesado pano suspenso a um lado da sala, e o hiteno percebeu, através da tapeçaria, dourado gradil que separava este recinto de um aposento ou galeria parcamente iluminada, na sombra da qual se viam mulheres vestidas de branco e trazendo harpas. Nesse momento, prolongado e vibrante som fez-se ouvir, vindo do fundo do palácio. Chamus deixou cair vivamente o reposteiro, e, ajeitando uma fisionomia de adoração quase estúpida, correu para junto da mesa, em torno da qual vieram postar-se, em semicírculo, dez homens munidos de tochas, enquanto servos, trazendo os pratos, escalonavam prestes, segundo as ordens do mordomo. Houve um momento de silêncio solene; depois, ruído de passos, e, da sala contígua, saíram dois adolescentes, empunhando tochas, e se detiveram imóveis como se fossem estátuas, e, sucedendo-os, caminhou Horemseb, acompanhado de esbelta mulher e muitos escravos. Desde o aparecimento do amo, Chamus e o mordomo prosternaram-se e beijaram o chão; todos os demais servidores ajoelharam, e Sargon, fremindo de raiva, teve de imitá-los. Mas, quase instantaneamente, tudo esqueceu: na mulher, que se avizinhava e que se instalou afinal no tamborete, reconheceu Neith. Dominando, num quase super-humano esforço, o desfalecimento que por um instante ameaçou atirá-lo ao solo, inteiriçou-se na posição do seu posto, observando avidamente a jovem mulher, a qual, e assim Horemseb, não dirigira olhar aos escravos de serviço.

Neith trajava uma veste de lã branca ricamente bordada a ouro; jóias de elevado preço cintilavam no pescoço e braços, e uma coroa de flores ornava-lhe os lindos e negros cabelos; mas, seu rosto encantador estava pálido e emagrecido; taciturna tristeza velava-lhe os olhos, e a boca, em recalcitrante mudez, denotava sofrimento e exaustão. Com tanta surpresa, quanto satisfação íntima, Sargon constatou que nenhuma palavra, nenhum olhar de amor foram permutados: com expressão fria e altanada, o príncipe servia sua companheira, que, vez alguma, ergueu o olhar para ele.

Coincidindo com o início do repasto, suave canto se elevou, por detrás do pano, melodia estranha, algo monótona, parecendo embalar os convivas, provocando um descanso voluptuoso e contemplativo. Neith de quase nada se serviu, e bem depressa se apoiou na mesa como que absorvida pela música, enquanto Horemseb comia com apetite, erguendo muitas vezes o copo, que Sargon enchia, deplorando no imo da alma não ser veneno aquele líquido.

Por momentos, louco desejo o invadiu: erguer a pesada ânfora e esmigalhar o crânio do miserável sentado diante dele, mas, a cada impulso, o ódio espelhava-lhe ante o espírito vingança mais requintada. Oh! matar, apenas, era muito pouco! A humilhação de Horemseb, o encarceramento, a tortura, morte horrível e degradante, eis o que poderia contentar o rancor feroz de Sargon. Terminada a refeição, Horemseb também se apoiou à mesa, fixando Neith com olhar metade colérico, metade apaixonado; mas, porque os olhos da jovem permanecessem teimosamente abaixados, profunda ruga se lhe formou na fronte. Levantando-se, curvou-se sobre ela, enlaçou-lhe a cintura, forçando-a a erguer-se.

— Vejamos, bela rebelada, concede-me afinal um olhar, um sorriso — disse meio a rir, meio agastado.

Neith não ofereceu resistência, mas os olhos continuaram abaixados, mesmo quando ele lhe beijou os lábios fechados. Felizmente para o falso escravo, Chamus, atarefado com o amo, não viu o clarão odiento, fero e mortal, que relampejou nos olhos de Karapusa.

Na noite desse mesmo dia em que Sargon entrara para o serviço de Horemseb, no disfarce de escravo surdo-mudo, Neftis, com as mãos trêmulas, enfeitava a amiga para o passeio pelo Nilo, que redundaria em cair, ela também, nas mãos do feiticeiro. A despeito da resolução, Ísis, igualmente, estava agitada: esperava reconquistar a liberdade, mas, não alimentava ilusões quanto ao perigo a que ia expor-se. Acompanhada de Keniamun, vestido com avental de grosseiro pano e com o "claft" riscado dos escravos, a moça entrou no pequeno barco, que o oficial dirigiu, apressadamente, rumo ao palácio de Horemseb. Parando em face das escadarias, não esperaram muito tempo, pois viram, em breve, o fascinador entrar na maravilhosa barca, e, dentro em pouco, as duas passaram uma junto da outra. À vista da formosa jovem, da qual o luar iluminava a branca tez, os louros caracóis dos cabelos, e cujo olhar parecia voltado para ele, Horemseb ergueu o busto, e, sorriso, misto de escarninho e de paixão, que lhe era habitual, olhar cintilante, tirou uma rosa do cinto e fê-la cair direta no regaço de Ísis. Distanciadas que foram as embarcações, a moça atirou, com aversão, a flor para um cesto adrede, posto a seus pés para tal fim, no intuito de conservar as rosas para prova de que Horemseb as distribuía.

— Qual seria a indignação do bruxo, se visse o teu descaso pela sua preciosa dádiva! comentou Keniamun, motejando.

— Grande, sem dúvida, e maior ainda, se pudesse avaliar o asco que me inspira. Tão bonito e ricamente dotado pelos Imortais, duplamente culpado se torna em assenhorear-se dos corações, por sortilégios, e destruir depois todos que o amam.

Durante os três dias que se seguiram, Ísis fez vãs excursões, pois não encontrou o príncipe, que, evidentemente, desejava fazê-la languir; mas, quando, enfim, suas barcas se cruzaram de novo, outra rosa foi-lhe atirada, acompanhando-a com olhar de não disfarçada paixão. Ao terceiro encontro, que ocorreu alguns dias mais tarde, a rosa trazia preso à haste pequeno rolo de papiro, que Keniamun decifrou, no regresso a casa. Dizia assim:

"Bela desconhecida, se teu coração confirma o que teus olhos exprimem; se é com intenção que cruzas meu caminho, sejamos felizes, ambos, porque também te amo. Se, pois, te inspiro confiança para que creias em meu afeto, vem, amanhã, à primeira hora da noite, à margem do Nilo (estava indicado o ponto), onde encontrarás uma barca, tripulada por dois homens, um dos quais exibirá uma rosa no boné. Tu lhes mostrarás a que ora te dou, e serás conduzida aos meus braços, segura e discretamente."

Pálida e trêmula, Ísis escutara a leitura da mensagem: chegara o momento decisivo.

— Recuas? — perguntou Neftis, pegando-lhe a mão.

Repelindo o momentâneo desfalecimento, a moça retesou o corpo:

— Não — replicou energicamente —, não recuo, e amanhã estarei no local indicado. Fartos de tantos crimes, os deuses protegem os nossos empreendimentos; eles me inspirarão para que eu possa auxiliar Sargon e vingar todos os inocentes destruídos pelo bruxo.

Nessa noite, ambas não dormiram. Achegadas num banco do jardim, trataram primeiramente da mensagem trazida da fenda mural, por Keniamun, dias antes, e na qual Sargon lhes informava estar Neith realmente no palácio, e que ele fora posto no serviço íntimo de Horemseb. Depois, Neftis indicou à amiga a maneira, a seu ver, mais fácil de subtrair-se à influência do aroma enfeitiçante e evitar beber, sem despertar atenção, o licor venéfico. Falaram também da participação de Tutmés no uso do enfeitiçamento, pois Neftis confiara esse segredo aos seus aliados, para que estes pudessem, em caso de morte desta, exercer pressão sobre o príncipe e este sobre a rainha, na hipótese de querer a orgulhosa soberana subtrair à justiça o seu criminoso parente. Pouco a pouco, a conversação esmoreceu e cessou totalmente. Pesados e tumultuosos pensamentos perturbaram o coração das duas mulheres; um pressentimento, que em vão tentavam combater, segredava-lhes ser mais razoável desistir da desigual luta do fraco contra o forte; que aquela noite talvez fosse a derradeira de suas jovens existências, em que, livres, não sujeitas a vergonhosa subjugação, contemplavam o céu estrelado sobre suas frontes. À idéia de que no dia seguinte, àquela hora, estaria em poder do desalmado nigromante, só e separada do mundo, um gélido tremor percorreu o corpo de Ísis; mas, a resolução não fraqueou; um amor bem mais profundo, que não confessaria, ligava-a a Sargon, e disposta estava a tudo sofrer para revê-lo e estar junto dele, no momento do perigo.

O dia transcorreu pesarosamente. Até sobre o alegre Keniamun parecia haver tombado plúmbea nuvem, e seu olhar se obscurecia, ao contemplar a denodada moça que, destemerosamente, se expunha a um fim talvez medonho. Chegada a noite, Neftis, sombria e muda, adornou a amiga, pôs-lhe ao pescoço um bento amuleto, e, após derradeiro ósculo, envolveu-a num manto. Tendo-se igualmente despedido de Keniamun, que quis acompanhá-la até certa altura do caminho, Ísis saiu e andou rápida em direção ao Nilo. À vista do rio, apertou mais uma vez a mão do oficial, e correu para uma pequena barca, provida de dois homens, atracada no ponto indicado.

Quando se aproximou bastante, um dos remadores levantou-se, e, vendo a rosa na mão de Ísis, lhe indicou, com o gesto, a que trazia presa ao boné. Depois, ajudou-a a embarcar. Como que alquebrada, deixou-se cair no banco do barco. Findara tudo. Impossível a retirada, por instantes a coragem abandonou-a; mas, mulher corajosa e enérgica, a prostração foi fugaz; o próprio instinto de conservação inspirou-lhe a necessidade de, mais do que nunca, sangue-frio, lucidez de espírito, para tudo ver e enfrentar, a tempo, qualquer eventualidade. O trajeto foi feito celeremente e no mais completo mutismo, parecendo que os remadores eram surdos-mudos, por isso que palavra alguma lhes saiu da boca.

Em breve, apareceu a muralha imensa que cinturava os domínios de Horemseb, e a embarcação, sem se deter, contornou a escada e sumiu no ancoradouro, cuja porta, silenciosamente aberta, com a aproximação, silenciosamente também fechou, após o ingresso. Ísis olhou, escrutadora. Ao fundo do hangar, iluminado por archote preso ao muro, via-se, amarrada, a barca maravilhosa, e sobre os degraus da escada de pedra, subindo para o talude, estavam dois escravos, muito moços, ricamente vestidos, empunhando tochas. Um dos remeiros ergueu Ísis e a deixou no primeiro degrau, indicando-lhe, por aceno, os dois adolescentes, os quais, por sua vez, convidaram-na, por gestos, a segui-los.

Embora com o coração latejando descompassadamente, a nova hóspede acompanhou dócil os dois guias, que a precediam, iluminando o caminho. Atravessaram aléias arborizadas, que lhe pareceram sem fim, tudo deserto, e onde apenas o rumor dos passos perturbava o silêncio, profundo e solene, daquela verde solidão. Inopinadamente, à curva de escura aléia, desembocaram em vasta esplanada, ao término da qual se erguia o palácio. Como que deslumbrada, Ísis parou, incapaz de desviar os olhos daquela visão mágica. À esquerda do caminho que ia seguir, dominava um imenso lago, cujas polidas águas refletiam labaredas acesas em altos tripés de bronze, colocados, equidistantes, em torno das bordas. A fachada monumental do palácio mostrava uma série de colunas maciças, pintadas de cores vivíssimas, iluminadas por infinidade de vasos e tripés, queimando alcatrão. Tal claridade, rival de um avermelhado luar de incêndio, promiscuía-se fantasticamente sobre as esculturas e ornamentos multicolores, os bosquetes de flores raras e os degraus de granito que conduziam ao jardim; na bruma avermelhada, via-se distintamente moverem-se silhuetas humanas, atarefadas em manter os fogaréus. Recobrando-se, ao grunhido de um dos guias, Ísis recomeçou a andar, esperando encontrar Horemseb a cada instante; mas, este não apareceu, e foi Chamus que a recepcionou, conduzindo-a a elegante e pequeno aposento, semelhante ao que fora ocupado por Neftis, diferindo apenas em que abria para o grande jardim.

— O amo te saúda — disse o eunuco. Ele escolheu para tua morada este aposento, no qual acharás tudo que necessites, em vestidos e enfeites. Lá, sobre a mesa, fiz colocar refrigerantes: come e bebe, se te apetece, e depois descansa. As determinações ulteriores tu as receberás diretamente dele.

E, saudando-a ligeiramente, retirou-se. Ficando a sós, Ísis acocorou-se sobre um leito de repouso, e, enlaçando os joelhos com as mãos unidas, meditou a fundo:

— Que lhe trariam as próximas horas? O senhor da casa viria ainda hoje dar ordens à nova escrava? Infame, que deixava cair a máscara, tão logo a vítima transpunha o limiar da sua morada! Oh! quando soaria a hora das represálias, em que Horemseb, mais degradado do que um escravo, aguardaria as ordens dos juízes?...

Deixando-se deslizar de joelhos, a moça ergueu as mãos, e muda, mas ardente prece elevou-se de sua alma para os Imortais, implorando a abreviação do dia da vingança.

Nessa mesma noite, algumas horas mais tarde, Tadar, o velho sábio, encontrava-se sozinho na sala do pavilhão que lhe servia para estudo e trabalho. Descera do observatório, instalado acima do teto, onde observara os astros, tentando neles ler o futuro; mas, era evidente não lhe ter sido revelado bom augúrio, porque profunda ruga lhe vincava a testa, e seu rosto, encarquilhado e anguloso, espelhava sombria ansiedade. Cabeça apoiada nas mãos, fixava uma folha de papiro, na qual estavam traçados alguns cálculos astronômicos, e se achava profundamente absorto, a ponto de não se aperceber da chegada de Horemseb. Somente quando este lhe tocou ligeiramente na espádua, entesou-se, em sobressalto.

— São, suponho, pensamentos desassossegados os que ouso perturbar, mestre — disse o recém-vindo, sentando-

-se. Haverá novos obstáculos à grande mostra prometida por Moloc, e que nos desvendará o porvir? Leste nos astros algum sinal desfavorável?

— Essa experiência a que aspiras tão ardentemente, meu filho, verificar-se-á mais depressa do que esperas; mas, o que por duas vezes li, no céu, enche-me de apreensões o coração. Claramente, as estrelas anunciam que mortal perigo paira sobre nosso teto; tu, principalmente, és ameaçado por um homem, e também por mulher, que almejam destruir-te, porém, não pude ver detalhes, porque sempre sombras negras se interpõem e impedem distinguir nitidamente o que se prepara.

Horemseb estremeceu, e seu semblante, pálido e preocupado, desde a chegada, mais se sombreou.

— Esta noite trouxeram uma jovem destinada a Moloc — disse — e não sairá viva daqui; dentro de meses perecerá tal qual as outras. Não creio seja ela a designada perigosa pelos astros. Não será de Neith que possa vir o perigo? Essa tenaz e orgulhosa criatura tem transformações tão estranhas e inesperadas!

— Não; já te disse que Neith não te trairá, e hoje acrescentarei: é a única que te ficará fiel e devotada. É de outra e de um homem, cheio de ódio, que provirá o mortal perigo que parece ameaçar-te de destruição. Tem cuidado, Horemseb, sê prudente, mais do que nunca.

Expressão de raiva, mesclada de ansiedade, desfigurou por instantes o belo rosto do príncipe, e seu punho se crispou.

— Não posso duvidar, mestre, de que é Neftis o ser perigoso que ameaça minha vida; a miserável conhece nossos segredos, furtou a bebida encantada, da qual, desconfio, já abusa. Por ela, tudo será desvendado, se eu não conseguir deitar-lhe a mão, em tempo, e para falar nela é que vim aqui. Já te fiz ciente do relatório de Mena, anunciando tê-la descoberto, e que é a amante de Tutmés. Imediatamente suspeitei que tal ligação, que lhe proporcionou a riqueza, e a miraculosa reconciliação da rainha com o irmão são efeitos do aroma sagrado. Escrevi imediatamente a Mena, recomendando vigiá-la de perto e indicar a moradia dela ao meu enviado, homem de confiança, o qual devia raptá-la ou, se isso impossível, dar-lhe uma punhalada; mas, incontestavelmente, os espíritos impuros protegem-na, e advertiram-na, pois, esta noite, meu mensageiro regressou, e Mena comunica que Neftis desapareceu, e que sua casa está vazia e fechada, sendo que o guardião ignora o rumo que a ama seguiu. Saiu de Tebas? Esconde-se apenas? Quem o sabe? Mas, infeliz dela, se o acaso a colocar em minhas mãos!

— Bem podes ter razão, meu filho, suspeitando dessa Neftis, e se ela açular Tutmés contra ti, poderá ser ele o terrível inimigo assinalado pelas estrelas.

Horemseb acenou com a cabeça.

— Esta última hipótese parece-me improvável: o príncipe real não se imiscuiria numa intriga dirigida contra um membro da sua casa; mas, entre os padres, possuo irredutíveis adversários. Acalmei um pouco os de Mênfis, mediante sacrifícios, oferecidos antes da minha viagem, e pela minha participação na festa de Ápis; mas, em Tebas, a padralhada manteve-se em reserva, mostrou-me a sua desconfiança, e um profeta do templo de Amon, de nome Ranseneb, homem duro e fanático, disse-me certo dia, sem constrangimento:

— "Pretende-se, príncipe, que tu afetas mais do que negligencias pela religião e culto dos teus avós. Deixa-me dizer-te que nem a hierarquia, nem o nascimento dispensam da deferência devida aos deuses e aos seus servidores. Toma cuidado para que *Ra* não golpeie tua orgulhosa cabeça e não ilumine com desfavorável luz a sombra que envolve tua existência e teu misterioso palácio." Indubitavelmente ninguém pode proibir-me viver conforme quero, em minha casa; essa casta, porém, ávida, é insaciável de donativos, e Ranseneb bem pode ser o inimigo que temes.

— Sacrifica, então, e aplaca os padres com ofertas valiosas.

Horemseb suspirou.

— A coisa me é incômoda, e não posso, no momento, sacrificar o quanto seria necessário para lhes tapar a boca. Devo confessar-te, mestre: a vida que levo esgota a minha fortuna. Sou rico, ainda, sem dúvida, porém já tive embaraços, e prevejo o dia em que Hapzefaá venha dizer-me que estou arruinado. Devo, pois, inventar um meio de reparar meus haveres, de vez que não posso mudar de costumes; estou habituado a viver da maneira que vivo, por detrás destes muros, e a isso não renunciarei. Eis o que pretendo fazer, caso dês a tua aprovação: dentro de três semanas, após os grandes sacrifícios, terei alguns meses de ócio, e aproveitarei o ensejo para desposar Neith. Ama-me e possui grandes cabedais, que Hatasu não deixará de acrescer. A própria Neith obterá o perdão do rapto e, confessando que, por amor, me seguiu voluntariamente, a rainha não poderá desejar, mesmo para a filha de Naromath, partido melhor do que um príncipe da casa real.

— Teu plano é bom e prudente, meu filho, mas, esqueces que Neith é casada, e que seu esposo, indultado segundo me disseste, regressou a Tebas? Ele ama a esposa, conforme dizem, e não te cederá seus direitos de marido.

— Voluntariamente, não, sem dúvida — obtemperou Horemseb, com cínico sorriso — mas, um tão mesquinho obstáculo não me deterá: Sargon morrerá, uma vez que me atrapalha, e será Mena quem me desembaraçará do empecilho, pois, por dinheiro, assassinaria o pai! Amanhã mesmo, dar-lhe-ei ordem para agir. Isto, porém, é detalhe secundário. Dize-me antes, Tadar, quando tentarás afinal a experiência autorizada por Moloc?

— Depois de amanhã, à noite, meu filho. Purifica-te, pois, por um severo jejum, toma um banho e bebe a essência que dilata os sentidos; transportarás Neith aqui, para que eu a adormeça: Moloc exige sua presença. Providencia para que todos os serviçais sejam afastados nessa noite, e que ninguém perturbe nosso solene silêncio.

— E verei o que faremos nos séculos futuros, quando apenas nós sobreexistirmos às gerações descidas ao túmulo? — interrogou Horemseb, com ávida curiosidade.

— O deus me prometeu. Ele pesará os aromas que enchem nossas almas, e, feito isso, verá a direção dos nossos instintos e o ambiente onde projetaremos nossos atos; porque é o excesso de um ou outro que faz balancear nossas ações e decide das provas que teremos de suportar. Os demais homens morrem e regressam, em novo corpo, para lutar contra os aromas instintivos; nós, que viveremos sem mudar de envelope, nós nos transformaremos mais lentamente ainda, e, por muitos milhares de ciclos anuais, Moloc poderá fixar e nos mostrar o que nos aguarda.

IV

NEITH E HOREMSEB

Retrocedamos agora, para retomar a narrativa no momento em que Neith, estendida sobre as almofadas da cabina, adormecera na barca de Horemseb, para despertar no palácio. Após haver transportado a jovem para o apartamento que lhe havia escolhido, e determinado a Chamus que ele e os servos da recém-vinda lhe viessem testemunhar o mais profundo respeito, o príncipe rumou para o pavilhão do sábio e lhe disse da bela e ilustre presa que acabava de consumar. Tadar meneou a cabeça, preocupado e descontente.

— Terias procedido melhor pedindo-me conselho, antes de trazer essa moça para aqui. Uma vez o fato consumado, peço-te que cuides da sua saúde e de atormentá-la o menos possível.

— Por que tantas recomendações? — inquiriu Horemseb, surpreso e desconfiado.

— Porque a filha de Mena não deve ser sacrificada a Moloc. Li, esta noite, nos astros, que a mulher que transpusesse, hoje, teu limiar tornar-se-ia a nossa salvação e salvaguarda, no momento de perigo mortal. É, pois, em teu próprio interesse que zelarás pela sua vida. Expliquei-me clara e convincentemente para dissipar dúvidas? Confesso que esperava maior confiança da tua parte.

— Perdoa-me, mestre; serás obedecido, e Neith aspirará apenas a porção de aroma necessário a manter o amor por mim.

Satisfeitíssimo, o fascinador regressou ao palácio. O conselho do sábio coincidia com o seu próprio intuito: o de conservar a vida de Neith; a arrogante e espiritual mulher agradava-lhe, e a fatuidade estava contentada com haver, afinal, se apoderado daquela jovem de alto nascimento, em vez de escravas e pobres filhas de burgueses, das quais fazia joguete e o tratavam por senhor. A filha de Mena, pela origem e caráter, era de outra têmpera: amada, mimada, adulada por todos, havia fruído a posição honrosa e privilegiada que os costumes egípcios concedem às mulheres. Levar à compunção essa bela caprichosa, humilhar seu orgulho, fazendo dela dócil e humilde brinquedo, devia constituir um divertimento tão novo quanto interessante, do qual Horemseb se prometia usar a bel-prazer.

Tornando a si, Neith encontrou-se num delicioso pequeno apartamento, decorado com luxo real. As paredes do salão tinham incrustações de lápis-lazúli sobre fundo de ouro; todos os móveis, de madeiras preciosas, marchetados de marfim e pedrarias, possuíam acolchoados de púrpura. Servos, mudos porém hábeis, serviam-na com respeito, e as vestimentas postas à sua disposição agradaram ao seu apurado bom gosto. Mas, esta primeira impressão, toda favorável à nova morada, não foi duradoura: a cativa jovem compreendeu bem depressa que aquela áurea gaiola era cárcere; não mais poderia ter contacto com Roma, que, terno e amoroso, delicado e benévolo, cedera sempre aos seus caprichos, olhando o seu amor como sendo o dom mais precioso, e que, ante as suas mais desarrazoadas fantasias, as acolhera em silêncio. Mesmo Hartatef e Sargon, em obediência a sincera paixão, tornaram-se seus escravos; mas, o homem a quem imprudentemente seguira demonstrara-lhe, sem delonga, não estar disposto a diverti-la com amor, a passar os dias a admirá-la, a distraí-la, e sim que ela se dera a um senhor brutal e insolente, e não devia ter outra vontade além da dele.

Amanheceu o dia seguinte, e Neith, depois da refeição, manifestou desejo de fazer um passeio no Nilo.

— É impossível — respondeu tranqüilamente o príncipe.

— Por quê? Teu palácio está na margem do rio, e eu quero sair! — disse, surpresa e contrariada.

— Lamento; mas, uma vez entrando aqui, não se sai mais. Assim, não farás teu passeio no Nilo.

Neith ergueu-se, de olhos chamejantes. É que não tendo absorvido nova dose do venenífero feitiço, estava na plenitude do seu natural, e também na força violenta do seu caráter. Amava ainda Horemseb, é certo, mas acreditava-se correspondida, e conhecia o poder que ela exercia sobre os homens. Além disso, habituada a que se dobrassem à sua vontade, a recusa, a coisa tão simples, ofendeu-a duplamente.

— Que significa isto? Quero sair e sairei! — quase gritou, impetuosamente. Ordeno que, agora mesmo, me aprestem uma barca; não vim aqui para ser prisioneira.

Horemseb voltou-se na cadeira, e fixou-a, com ostensiva ironia.

— Já te disse que não se sai do meu palácio. Tu me seguiste livremente; habitua-te a obedecer-me e ter por vontade a vontade do teu senhor.

Fremente de pasmo e de orgulho, mediu-o, com olhar de desprezo:

— Tu disseste "senhor", creio, mas erraste a palavra, decerto. Caso contrário, fica sabendo, Horemseb: a filha de Mena nunca teve senhor; a própria Hatasu diz-se minha protetora; Tutmés trata-me de igual para igual; os homens, que tenho honrado com o meu amor, consideravam-se meus escravos. Se agora, como jamais o fizeste, ousares tratar-me tão insolentemente, eu te detestarei, em vez de te amar.

O príncipe ergueu-se, e o olhar se fixou, com glacial dureza, sobre a sua vítima, dobradamente formosa na passional revolta.

— Experimenta detestar-me — disse em tom vibrante —, mas fica sabendo também que, se pretendes conservar meu amor, jamais deves pronunciar palavras tão insensatas. Neste palácio todos me são submissos; eu sou o senhor da tua alma, da tua vida, do teu corpo. Compreende isto e adapta a isto o teu procedimento. Horemseb só tolera junto dele mulheres humildes, que suspiram a seus pés e imploram o seu amor, e nunca uma rebelada. Se persistires na tua teimosia, eu te distanciarei de mim.

— Eu desejo regressar; não ficarei perto de ti — retrucou, trêmula de cólera.

Sem honrá-la com um olhar sequer, o príncipe voltou-se, e disse, com indiferença:

— A solitude dará cura à tua insânia. Só me verás novamente quando, arrependida, humilde, implorares perdão. E voltando-se para Chamus: Reconduz esta mulher ao seu apartamento.

Muda, fulminada, Neith julgou enlouquecer. Sem enxergar, sem ouvir, maquinalmente acompanhou Chamus, que a aconselhou, respeitosamente, acalmar-se e repousar.

Ficando a sós, sua raiva e desespero se fundiram numa torrente de lágrimas, e a noite avançara bastante quando adormeceu, exaurida. Durante três dias, Neith não saiu do aposento. Primeiramente, escutou, com ansiosa expectativa, o menor ruído nos corredores ou no terraço contíguo, na esperança de ver surgir, a cada instante, Horemseb, que, arrependido e cheio de remorso, viesse rogar paz. Tal esperança foi vã; ele não veio, e, com intenso amargor, a jovem teve de reconhecer que aquele homem não a amava, conforme estava ela habituada a ser querida; que, duro e indiferente, aguardava que ela se humilhasse ante ele. E, a este pensamento, tudo em sua altiva alma se rebelava: pedir perdão a esse insolente, culpado único, nunca!

Se Neith pudesse ver a irritação e impaciência do príncipe, ter-se-ia consolado enormemente; mas, apesar disso, ele se manteve firme, e só na tarde do quarto dia remeteu uma rosa rubra, por mão de um dos escravos. Recebendo a dádiva pérfida, Neith se agitou fortemente: ele enviava uma flor, prova de que cedia e entabulava assim as preliminares da reconciliação. Recuperando o bom humor, à espera de Horemseb, sentou-se e cheirou a rosa envenenada. Longo tempo decorreu, sem que o príncipe aparecesse.

Assaltada por uma inquietude, uma angústia sem nome, a pobre enfeitiçada passeou pelo aposento, e depois correu para o terraço; faltava-lhe o ar, dir-se-ia sufocada em um braseiro; a imagem do príncipe espelhava-se diante dos seus olhos; o desejo de revê-lo, a qualquer custo, invadia todo o seu ser. Incapaz de permanecer quieta, embrenhou-se, errante, no jardim, devorada por mortal sofrimento moral e físico, nas aléias desertas e silenciosas. Por fim, exausta e alquebrada, avistou um banco colocado à sombra de duas palmeiras, e, atirando-se ao chão, encostou a testa ardente na pedra fria. A sensação de frescura úmida aliviou-a, e a mergulhou numa espécie de fatigado torpor. A lua, que ascendia para o seu percurso, iluminava de suave claridade a luxuriante vegetação da pequena clareira e as alvas vestes da prostrada jovem. Nesse abatimento, Neith não ouviu os passos ligeiros que se aproximavam, e, mesmo quando Horemseb se instalou no banco, ela não fez reparo em tal. O príncipe a seguira, a distância, desde quando ela entrara no jardim, e, por um instante, contemplou, num duplo sentimento de despeito e admiração, a deliciosa criatura estendida, imobilizada a seus pés. Abaixando-se para ela, murmurou, com apaixonado timbre:

— Neith!

A jovem, estremecendo, ergueu o corpo.

— Horemseb!

Todo um universo de sofrimento, humildade e amor vibrava na entonação dessa única palavra, e brilhava nos seus olhos velados de lágrimas. Ancho de íntima satisfação, terminou de levantar Neith e a sentou no banco junto dele. A rosa havia cumprido a sua missão, e estilhaçado o orgulho da bela caprichosa.

— Muito bem! Neith, meu amor, ainda queres ter outra vontade, além da minha? — perguntou ele, em voz cariciosa, dando um cálido beijo nos carminados lábios da vítima.

— Não, se em troca me deres todo o teu coração — respondeu, tão baixo que as palavras chegaram qual sopro ao ouvido do príncipe.

As semanas que se seguiram decorreram pacíficas. Neith não recebeu mais rosas, porém a atmosfera de toda a habitação estava suficientemente saturada de odores deletérios, para manter o delicado organismo da enfeitiçada num estado de superexcitação nervosa. Agora não sofria, e Horemseb, que a cuidava e encontrava mil distrações na convivência dessa mulher instruída e espiritual, procurava entretê-la, de modo a evitar novos dissídios. Era uma época áspera e cheia de privações para ele: no interesse das experiências que desejava empreender, e deviam desvendar-lhe o futuro, adstringia-se, por ordem de Tadar, a rigorosíssimo regímen, alimentando-se somente de legumes e leite e bebendo apenas dois copos de vinho por dia; vivia existência casta e severa.

O velho sábio dissera-lhe que todo e qualquer excesso absorver-lhe-ia forças, ligando a isso o êxito da grande experiência. Embora violento e sensual em demasia, por natureza, submetia-se implicitamente a essa dieta rígida, sendo nisso ajudado pelo suco da incógnita planta que cultivava, e tinha o duplo dom de arrefecer o sangue e satisfazer o apetite. Após ingerir a portentosa essência, calmo, espírito lúcido, descansado, quase não sentia fome; alguns legumes, um copo de leite saciavam-no completamente. Se, porém, os sentidos amodorrados nada reclamavam, os instintos da alma conservavam plena atividade, e Horemseb, nesse regímen de jejum, desforrava-se com os prazeres da vista, encontrando satisfação extrema em contemplar as orgias mais dissolutas. Entronizado, qual um deus acima das paixões brutais que desencadeava, assistia ao caos turbilhonante a seus pés.

Certa tarde, após a refeição, disse a Neith, que desejava, como de costume, ir para o terraço:

— Fica, e vem conversar um pouco em teu salão. Depois, eu te proporcionarei um espetáculo que te interessará, pois não quero que te entedies no meu palácio.

— Tu me levarás a passear no Nilo, na barca maravilhosa? indagou a jovem, enrubescida de emoção e prazer.

— Será verdade que ainda sonhas com essas velharias? Não, eu te mostrarei as deslumbrantes coisas que tenho aqui, convencendo-te de que posso substituir o Nilo por algo de melhor. Tu mesma convirás em que aqui se está melhor do que em qualquer lugar, fora destes muros; em que o Sol, com os caniculares e cegantes raios, com a sua brutal claridade serve bem para o populacho, e em que a vida real começa à noite, sob as rutilações prateadas do luar. Mover-se sob os sombreados meios perdidos na escuridão; sonhar, escutando o murmúrio da folhagem ou de suave música; enfim, amar, sem a realidade grosseira do amor; eis uma existência digna de nós. Quanto à satisfação rude dos sentidos, pode-se vê-la exercida por seres subalternos. Confessa, pequena caprichosa, que uma vida assim é o cimo da felicidade!

Enquanto falava, seu olhar de fogo imergia nos olhos límpidos e inocentes de Neith, que o escutava embasbacada. Uma hora mais tarde, Horemseb, precedido de portadores de brandões, conduziu a jovem ao jardim. Em torno do palácio tudo estava, desta vez, escuro e silencioso, mas, em breve, desembocaram numa aléia extensa e feericamente iluminada por altos tripés dentro dos quais ardia alcatrão em vasos de metal. Em todo o percurso, o caminho estava juncado de pétalas de flores, e braseiros colocados no chão expeliam turbilhões de fumaça perfumada. Bem depressa se avistou, ao fundo da aléia, uma praça circular coberta de areia, na qual se erguia uma espécie de templo, pequeno, ao qual se subia por quinze degraus. Em um nicho, onde duas colunas brancas sustentavam o teto, projetado para a frente, ostentava-se amplo trono, circundado de arbustos de flores desabrochadas. Flores ainda, esparsas pelos arredores e sobre os degraus, em torno do templo, e guirlandas verdes, esticadas, como que a constituir uma abóbada odorante. Nos degraus, Neith julgou divisar, escalonadas, singulares estátuas, tendo nas mãos, erguidas, tochas e lâmpadas; mas, aproximando-se, verificou não serem estátuas, e sim rapazes, ricamente vestidos, imobilizados como se fossem pétreos. Aos pés de cada um, uma caçoila emanava perfumes; archotes e fogachos de alcatrão iluminavam amplamente a clareira, povoada por multidão de homens e mulheres, grupados em semicírculo.

Chegado à frente da escada, Horemseb parou e examinou, com ar satisfeito, a decoração do local; Neith permaneceu de pé, pálida e emudecida: o que estava vendo deslumbrava-a e surpreendia, mas o olor sufocante das flores e dos perfumes reagia muito violentamente sobre sua natureza nervosa e sensível; a cabeça parecia rodopiar e uma lassidão, mesclada de torpor, chumbou-lhe o corpo. Ao aceno do senhor, um enxame de raparigas portadoras de flores e corbelhas destacou-se da turba e rodeou Neith, e, antes mesmo que esta se apercebesse da intenção delas, despiram-na, substituindo-lhe a roupagem por uma túnica de tecido leve e transparente, coberta de bordados de prata. À guisa de cinto, apresilharam-lhe uma guirlanda de flores, e uma outra foi-lhe ajeitada sobre os cabelos desprendidos. A pobre Neith, aturdida, não opôs resistência, e, quando as mulheres a deixaram, seu desnorteado olhar encontrou o de Horemseb, que, ardente desta vez, parecia querer atravessá-la.

Apesar do aturdimento que lhe oprimia os sentidos, um acerbo sentimento de humilhação, de vergonha e de cólera impotente despertou no coração da jovem, que fechou os olhos, cambaleante. Horemseb susteve-a e, erguendo-a nos braços, subiu os degraus com o leve fardo. Sentou-se no trono e a colocou a seu lado. Notando a lividez da companheira, cuja cabeça se firmava sem forças no seu ombro, o príncipe acenou a Chamus para que lhe trouxesse um copo de vinho. Levantando a cabeça de Neith, fê-la beber o líquido, ao que obedeceu maquinalmente. O capitoso vinho espalhou-se nas suas veias qual rastilho de fogo; as faces avermelharam, os negros olhos fulgiram num clarão febril, retesou-se, com o sorriso nos lábios.

Horemseb bateu palmas, e, a esse sinal, elevou-se um canto discordante, embora de impressionar, tão depressa melodioso e suave, qual cântico de amor, tão logo agudo, dissonante, selvático, sacudindo os norvos dos audientes com as potentes vibrações, excitando nas almas as mais múltiplas paixões. No mesmo instante, uma "troupe" de dançarinas surgiu da multidão. Protegidas apenas por longos e alvos véus, que sustinham em uma das mãos, faziam soar os anéis, os colares e as pulseiras que lhes ornavam os ágeis membros. As belas mulheres executaram voluptuosa dança, cada vez mais veloz; seus véus voltejavam por sobre as cabeças, quais nuvens esbranquiçadas, e poses diversas punham em relevo suas admiráveis formas. Recostado na cadeira, olhar fuzilante, Horemseb contemplava esta animada cena com satisfação, com visível bem-estar.

A própria Neith, superexcitada pelo vinho, pela música e aromas atordoantes, não podia afastar os olhos do mágico espetáculo, ao qual o príncipe deu fim, erguendo-se. Desaparecidas as dançarinas, a multidão formou alas para passagem do senhor e sua acompanhante. Seguido e precedido do cortejo, que cantava e atirava flores a seus pés, Horemseb encaminhou-se para o grande lago, agora brilhantemente iluminado quanto o palácio: as tochas, as lâmpadas e as grandes flamas do alcatrão aceso cobriam a vasta toalha líquida com avermelhada bruma. Ao término dos degraus de granito rosa, que desciam para a água, estava amarrada uma flotilha de pequenos barcos, ornados de flores e iluminados, em cada um dos quais havia um eunuco, uma tocadora de harpa e grande ânfora. No local de honra, junto da escada, esperava a embarcação do senhor, dourada e incrustada, e, no momento em que Horemseb e Neith tomaram assento sobre coxins de púrpura, seis rapazes e outras tantas raparigas, tendo por único vestuário guirlandas de flores, atiraram-se ao lago, e uns, pegando a comprida corrente de prata presa à frente do batel, e outros, empurrando-o pela popa, nadaram, levando a pequena embarcação para o centro do lago. Toda a mole humana, que seguia o príncipe ou o aguardava nas margens, dispersou então. Uns tomaram lugar nos barcos, outros mergulharam no lago, nadando em redor das canoas, emitindo gritos e cantorias de selvática alegria. A todos tinham sido distribuídos copos, que os eunucos enchiam sempre que ávidas mãos se estendiam para eles. Bem depressa a bebedeira apossou-se daquele ajuntamento tumultuoso, que nadava a esmo, ao som das harpas e das cantarolas, rodeando a chalupa do senhor, ou descansando sobre uma jangada unida à margem, não mui distante. Neith, inicialmente, olhara, interessada e curiosa, a fantástica exibição, mas, à medida que a festa degenerava em espantosa orgia, o terror empolgou-a: jamais, até então, seu casto olhar fora maculado por espetáculo tão abjeto; à vista das faces incendidas, descompostas pela embriaguez e reverberando as paixões bestiais que a cada instante se mostravam próximo da barca; esses seres humanos, nadando em torno dela e estendendo a mão, segura ao copo, por vezes crispada, como se pretendesse descarregar-se em golpe sobre a cabeça do senhor; tudo isso lhe causava calafrios, e, trêmula, se achegava ao companheiro.

— Que temes tu? — perguntou Horemseb, açoitando com chicote o braço e as costas nuas de um escravo, que se aproximou demasiado e originou um grito de terror de Neith.

A festa, ou melhor, a odiosa bacanal aquática chegara ao apogeu: os cantares e a música fundiam-se num caos de dissonâncias; a selvagem alacridade dos desgraçados seres, embrutecidos pela embriaguez, pelo veneno que lhes propinavam e por todos os excessos, degenerava em demência. Sem embargo, os eunucos, que circulavam pelo lago, tentaram manter certa ordem: a golpes de relhos, repontavam para as bordas os mais barulhentos, pescavam com arpões os que afundavam e amontoavam as mulheres na jangada, impedindo-as de retornar à água.

Apesar de tais precauções, muitos desses infortunados pereceram afogados. A festa chegara a esse ponto, quando surgiu junto da barca do príncipe um nadador, superexcitado às fronteiras da loucura. Era um jovem núbio, robusto e de possante estrutura; seu largo peito arfava e os olhos, furibundos e injetados de sangue, pousaram sobre Neith, com uma expressão de fazer coagular o sangue nas veias. Imediatamente, o escravo agarrou-se às bordas do barco com as mãos, e, alçando-se com força, dobrou-se sobre a jovem, em cujas espáduas nuas premiu os lábios. A semelhante contacto escaldante, sentindo sobre o rosto o hálito avinhado do miserável, atirou-se para Horemseb, que se voltou, surpreso com o violento choque que quase virara a embarcação. Insensato furor demudou-lhe o semblante ao ver o insolente.

— Bruto enraivecido, ousas tocar no tesouro do teu senhor! — rugiu, fora de si.

Num relâmpago de tempo, tirou do cinto a acha de punho de ouro e assentou impetuoso golpe sobre a cabeça do escravo. O crânio abriu, qual casca de noz e um fluxo de sangue e de massa encefálica atingiu Neith, quase cegando-a. Como que fulminada, sem pronunciar palavra, a jovem caiu desacordada. Por fração de minuto, o horripilante cadáver ficou aferrado à beirada do barco; depois, os músculos dos braços distenderam, e, pesadamente, escorregou para o fundo do lago. Horemseb cuidou de Neith, e, pondo água na mão, enconchada, aspergiu-lhe o ensangüentado rosto; mas, constatando a ineficácia do recurso, resmungou, despeitado:

— Estúpido incidente! Ora! terminará por acostumar-se!

Deu, em seguida, ordem para atracar, e, pegando-a nos braços, conduziu-a aos aposentos do palácio. A retirada do senhor fez findar a festa. Todos os desditosos que haviam servido à ignóbil distração do príncipe foram reconduzidos para terra firme: os que podiam arrastar-se ainda, foram tangidos, a relho, para as habitações, tal como se faz com um rebanho de gado. Dos que restaram, alguns eunucos, sob a supervisão de Chamus, fizeram rol; transportaram-se os em coma alcoólica, removeram-se os mortos para um sítio especial, a fim de serem consumidos, e três ou quatro que apresentavam ferimentos graves, sem probabilidades de cura, atirados, mesmo inconscientes, no viveiro, para alimento dos peixes destinados à mesa de Horemseb.

Quando, afinal, Neith despertou do longo desfalecimento, todos os traços do terrível incidente haviam desaparecido do seu corpo, e, ao recobrar a memória, inquiriu, com angústia, se a sua reminiscência era de realidade, ou apenas de um pesadelo vivido pelo enfermiço cérebro. Efetivamente, sentia-se indisposta; seus membros pesados; arrepios gélidos trepidavam-na, e a dolorida cabeça parecia-lhe cinturada por um círculo de ferro. Em compensação, os pensamentos estavam mais lúcidos do que nunca, e também menos influenciados pelo venenoso aroma: o esgotamento nervoso parecia ter amortecido o veneno.

Com árdua clareza, encarou a situação, e o coração se lhe fechou: nesse momento, Horemseb inspirava-lhe horror e tormento, e, pela primeira vez, depois de muito tempo, a bela fisionomia de Roma surgiu-lhe ante o espírito, alteando-se vitoriosa entre ela e o fascinador. Neith comprimiu a fronte ardente entre as mãos: era possível haver esquecido e cessado de amar aquele homem tão nobre, tão bom, de quem cada olhar, cada palavra lhe haviam despertado bons sentimentos, espalhando-lhe na alma quietude e ventura? Com pungente emoção, reviveu suas conversações: ela sempre desvelara a Roma todos os pensamentos; o que lia nos límpidos olhos dele jamais a ruborizara; seu beijo trazia-lhe paz ao coração; entre seus braços, julgava-se em inviolável asilo.

Comparando, que inferno era o amor de Horemseb! Sem dúvida, este igualmente a respeitava, nunca atentara contra sua honra de mulher, mas, por que, à vista do príncipe, todo o sangue lhe subia à cabeça? Por que lhe parecia sufocar numa atmosfera de fogo, quando se curvava para ela? Por que seu beijo lhe causava agonia inominável e o olhar de chamas semelhava reduzi-la a cinzas? Num arrepio, confessou a si mesma que o amor de Horemseb destruíra-lhe a vida, sem lhe dar felicidade; a subjugação estranha que exercia sobre ela fazia-lhe desejar a presença, em seu beijo buscava um consolo; uma compensação ao sofrimento inexplicável que a minava; jamais, porém, encontrara a calma, o descanso.

Pobre Neith! Arrancada, inopinadamente, a todos os seus hábitos, às honestas afeições que a rodeavam, a uma existência regular e sã, para vegetar num mundo fantástico, onde, dir-se-ia, subvertida a Natureza, se encontrava constantemente como que sob o império de sonho. Na singular morada, onde se mudava o dia para a noite, os clarões do poente despertavam os habitantes do palácio; à claridade dos archotes começava febril atividade; nuvens de fumaça odorante enchiam os apartamentos e os jardins; cenas idênticas às da véspera podiam fazê-la crer que se encontrava no reino dos demônios. Todas essas circunstâncias eram suficientes para enervar os mais robustos organismos, e muito mais o de uma jovem mulher, delicada e impressionável. Por outro lado, a influência malsã exercida por Horemseb era mais nociva à alma de Neith do que o novo gênero de vida para o seu corpo. O príncipe, é certo, não mais lhe propinava o veneno, que infalivelmente a teria morto pouco a pouco, mas usava amuletos perfumados, e todo o seu corpo exalava o olor deletério, que feria o olfato de Neith sempre que ele se curvava para ela, despertando-lhe no sangue irritação nociva.

O dia decorreu custosamente; o sono fugia das pálpebras da jovem, e quando o calor cedeu lugar a agradável frescor, ergueu-se e fez sinal às servas que a vestissem para o jantar. Pretendia, em seguida, dirigir-se ao jardim, para fruir algumas horas do dia e de um pouco desse sol que raramente via. Deixou-se vestir maquinalmente; seus pensamentos estavam junto de Horemseb; a necessidade de vê-lo na refeição inspirava-lhe horror e repulsa, e, apesar disso, coisa estranha, não renunciaria, a preço algum, a esse encontro, e ela própria contava, impaciente, as horas da separação. Terminado o vestir, as escravas saíram, exceto uma, que terminava os adornos, alcançando as jóias e aspergindo todo o corpo de Neith com essências odoríferas. Quando lhe apresentou um grande espelho de metal, Neith, por acaso, olhou o rosto da serva e impressionou-se com a expressão de sombrio desespero estampado no seu semblante. Generosa e compassiva por índole, Neith agora estava mais acessível à piedade, no atual estado de espírito. Pela primeira vez, examinou-a, com atenção, e viu a máscara de precoce velhice, os sulcos de fadiga e de sofrimento indeléveis naquela criatura. Pondo a mão na testa da moça escrava, indagou, bondosa:

— Ouves-me ou és também surda-muda?

Para melhor ser compreendida indicou, com a mão, a boca e as orelhas. A escrava elevou o olhar: dor e gratidão nele se demonstraram; depois, em acenos rápidos, explicou não ser surda.

— Por que motivo perdeste o uso da palavra, pobre filha? As tuas companheiras são surdas de nascença?

Com profundo espanto de Neith, a essa pergunta, extraordinária emoção apoderou-se da serva; tremor nervoso agitou-lhe o corpo; seus olhos reluziram e roucos grunhidos saíram-lhe dos lábios. Ao termo de instantes, dominou-se, moveu negativamente a cabeça, e, por animada pantomina, explicou que Chamus (ela arremedou o eunuco sem possibilidade de ser incompreendida) decepara-lhe a língua.

— Oh! horror! Por ordem de quem? — exclamou Neith, tocada por mau pressentimento.

Rir, irregular e desesperado, flui da boca da moça escrava, e, por acenos, ainda mais expressivos, porém marcados de pavor e aversão, designou o senhor da casa como sendo o instigador da mutilação e da de seus companheiros. Presa de inopinado esvaimento, Neith deixou-se cair numa cadeira e escondeu o rosto nas mãos: consternação, receio, asco, entrechocaram-se na sua alma para com Horemseb, acrescidos das lembranças da véspera. E era a esse monstro que ela amava! Por ele abandonara e esquecera Roma, que, sem dúvida, a chorava por morta!...

Ligeiro contacto tirou Neith dos amargos pensamentos. Procurou a causa e viu a escrava, ajoelhada, mãos postas, olhando-a ansiosamente. Encontrando o olhar da ama, levou a mão aos lábios, com súplice e sugestiva expressão.

— Não te arreceies; não revelarei o que me confiaste.

E estendeu a mão, que a moça beijou agradecida. E saiu para o jardim. O Sol ainda não se escondera no horizonte; seus raios vivificantes espraiavam-se sobre a espessa verdura do arvoredo e cintilavam na superfície cristalina do lago. Neith respirou sofregamente o ar puro e a própria claridade do dia que quase nunca lhe era dado fruir; mas, a vista do lago fez-lhe horror, e, retornando, entrou pelas aléias. Após curto andar, sentiu-se fatigada; o mal-estar que a atormentara toda a manhã, recrudescia, com intensidade maior ainda; alcançou o terraço mais vizinho, e, sentando-se num banco, encostou-se a uma coluna.

Ante seus olhos estendia-se uma clareira circundada de moitas e sombreada por algumas palmeiras, ao termo da qual começava uma aléia de sicômoros. Tudo estava ainda deserto e silencioso; nenhum dos fâmulos aparecia para acender as tochas e tripés a expandir os perfumes, pois não soara a hora do aparecimento do senhor da casa. Gradativamente, singular torpor assenhoreou-se da jovem; a cabeça pesou-lhe, glacial arrepio sacudiu-lhe os membros e negro véu pareceu descer sobre seus olhos. Imediatamente, teve a impressão de ver uma sombra surgir detrás de uma das palmeiras e avançar: reconheceu um tipo feminino, cujo rosto estava recoberto por negro véu, tendo os braços ornados de braceletes, estendidos para diante. Parecia deslizar para o terraço, roçando o solo obliquamente.

— Quem poderá ser? — pensou Neith. Uma das dançarinas ou auxiliar? E como ousa vir aqui e aproximar-se de mim?

No mesmo instante, muitas novas sombras apareceram. Davam a ilusão de surgir das moitas e até das colunas do terraço. Num abrir e fechar de olhos, todo o bando cercou a jovem egípcia, emudecida de espavento, incapaz de se mover, como que chumbada ao banco. As veladas mulheres comprimiram-se em redor de Neith; a atmosfera gelada que as envolvia e o cheiro nauseabundo que exalavam quase afogavam a jovem. Então, mãos crispadas, dedos inteiriçados e cobertos de queimaduras estenderam-se para ela, e vozes roufenhas e sufocadas exclamaram:

— Ei-la, aquela para quem guarda beijos diferentes do mortal que nos concede, aquela que ele não destina à morte. Foge deste palácio, ou não sofreremos tua presença; foge, Neith, porque aquele a quem amas nos pertence, ou, então, torna-te igual a nós e partilha da nossa sorte.

Os atros véus caíram, e Neith viu jovens e belos semblantes desfigurados pelo sofrimento e por brutais paixões; chamas envolviam-nas, e de uma chaga no peito de cada uma das vítimas escorria negro e espesso sangue. Os véus estavam transmudados em fumaça, sulcada de clarões que turbilhonavam em torno do assustador conjunto. Ela quis fugir, mas, as extremidades, paralisadas, recusaram obedecer: toda a vida parecia concentrada na visão e no ouvido.

— Olha, estas chagas são obra dele — disse um dos terrificantes seres, cuja fisionomia contraída respirava ódio selvagem —, o sangue que fluiu do nosso peito Horemseb o bebeu, e por esse elo sangrento ele se ligou a nós; pertence-nos, e nós o arrastaremos ao abismo, onde, despojado do corpo de carne, estará à nossa disposição. Se queres partilhar do nosso poder, dá também a tua vida para nutri-lo!

Rindo lugubremente, as sombras horrendas comprimiam-se ainda mais, quando, subitamente, turbilhonaram-se, e, quais bolas incendiadas, varridas por um golpe de vento, sumiram no terraço. Libertando-se, por desesperado esforço, do torpor que a chumbara ao banco,

Neith recuperou-se, trêmula, e seu olhar, atarantado, incidiu sobre Horemseb que, indolente, sorriso nos lábios, se encaminhava para ela, vindo da aléia dos sicômoros. Esquecendo tudo, movida somente pelo desejo de não se sentir sozinha, correu para ele; mas, as forças lhe faltaram, e, com abafado grito, caiu ajoelhada.

— Que tens, Neith? — indagou o recém-vindo, curvando-se surpreso para ela, cujo semblante demudado mostrava um medo intenso.

— Mulheres, com uma chaga no coração e envoltas em chamas, sitiaram-me e ameaçaram-me — ciciou ofegante —, dizendo que não tenho direito ao teu amor, enquanto não beberes meu sangue, tal qual fizeste com o delas, e que te arrastarão ao abismo onde ficarás inteiramente sob seu domínio. Ah! ei-las que voltam e te rodeiam e se agarram a ti. Expulsa-as, se me amas!

A voz extinguiu-se-lhe, e rolou desacordada no chão. Por instantes, Horemseb permaneceu imobilizado: lívido, olhos embaciados, parecia levantar-se sobre ele mesmo. Não seria o hálito das suas vítimas que, semelhante a gelado vento, lhe soprava na testa molhada de suor e fazia eriçar os cabelos? Os braços não se estendiam para ele, vindos de cada moita, de cada ponto sombrio? Dentes cerrados, ergueu Neith, saltou para o terraço, e, depondo-a sobre um banco, bateu palmas. Chamus e numerosos escravos acorreram.

— Vinho e essências! ordenou Horemseb, em alterada voz.

Graças aos cuidados que prodigalizou, a jovem reabriu os olhos.

— Como te sentes? — indagou, abraçando-a.

— Melhor; creio que um sonho mau me atormentou — respondeu, tentando sorrir.

— Decerto sonhaste. Vamos agora comer, e isto te reconfortará completamente — acrescentou, enlaçando-a pelo busto, para ajudá-la a caminhar.

A refeição foi silenciosa: Neith estava incapacitada de comer, e Horemseb observava-a, preocupado, vincada a testa com progressiva ruga.

— Teus sonhos malsãos fazem-te doente, Neith; estás pálida, desfeita, sem apetite, e isto não pode prolongar-se assim. Depois da refeição, conduzir-te-ei a um grande e sábio médico, que prescreverá remédios, e resta-te...

Interrompeu-se: Neith retesara-se, descorada e arrepiando-se; olhos desmesuradamente abertos, dir-se-ia concentrados sobre algo pavoroso.

— Quem é essa mulher pálida, envolta em chamas, com uma rosa vermelha na mão, e que quer agarrar-te, Horemseb? — murmurou.

Seus pequenos e gelados dedos fecharam-se crispadamente no colar do príncipe, fazendo-o voltar-se, brusco.

— Não há ninguém, Neith, tu sonhas!

— Ei-la! E se interpõe entre nós... Eis o abismo: pára! pára! Não te deixes empurrar para lá!... — gritou ela, recuando a tremer.

— Tu estás enferma, querida — disse Horemseb, atraindo-a para si —, tu me amas, bem o vejo, porque não queres que tombe na voragem; mas, aquieta-te: nunca nos separaremos.

Ele aconchegou-a mais, abraçando-a. Quando, porém, aproximou os lábios dos de Neith, esta sentiu um odor de carne queimada, acre e fumegante, saindo da boca de Horemseb; línguas de fogo rodeavam-lhe a testa, iluminando-lhe os olhos com sangrenta luz.

Sentindo-se num braseiro, perdendo o fôlego, cegada, a jovem mulher debatia-se, e seu franzino corpo tinha contorções de convulsão.

— Perdão! Horemseb, não me queimes; as chamas sufocam-me! — gritou, tentando desprender-se. Depois, inteiriçou-se e descaiu inanimada entre os braços do príncipe.

Novamente, repentino palor cobriu o rosto de Horemseb.

— Que significa isto? Ela vê as que pereceram? — murmurou, inquieto e pensativo.

Imediatamente, porém, o olhar fez-se vivaz, e indefinível expressão de orgulho e de satisfação íntima desenhou-se-lhe nos lábios, já sorridentes:

— Suas almas não podem encontrar repouso; amam-me ainda e têm zelos. Pobre Neith, essas sombras loucas invejam-lhe a preferência que lhe concedo e a perseguem. Tadar deve ter remédio para o caso.

Readquirindo a calma, como que por encantamento, tomou Neith nos braços e a levou ao pavilhão do sábio, que, dir-se-ia, esperava-o, pois estava de pé, na entrada. Sombrio, silencioso, sem qualquer indagação, pegou, ele mesmo, o corpo ainda inanimado da moça, e, tendo-o colocado num leito de repouso, fez detido exame para afinal, voltando-se, dizer, com descontentamento:

— Os sentidos desta criança dilataram-se mais do que a matéria pode suportar; ela vê as vítimas sacrificadas a Moloc e ouve as palavras desbordantes de ódio e de ciúme.

— Sabes isso, mestre? — exclamou o príncipe, admirado. Uma vez que feriste o assunto, permite-me uma pergunta: Neith vê as almas dessas mulheres porque elas existem? É verdade, então, que tais sombras vingativas rodeiam-me, incendiadas de cólera e de amor, e querem arrastar-me para algum abismo, e ali se vingarem de mim?

E voltou à preocupação, sacudido por um arrepio nervoso.

— Já te disse que coisa alguma se destrói na Criação, e, por muito mais forte razão, essa qualquer coisa tão perfeita e tão sutil a que chamamos Alma — respondeu gravemente o velho. Sem dúvida, esses seres, separados de seus corpos, no desabrochar da existência e da juventude, turbilhonam aqui, sobre estes lugares onde viveram; essas mulheres queriam possuir-te e têm ciúmes de cada olhar, cada pensamento que concedes a outras que não elas, porque nesses seres sem corpos lutam desencadeadas todas as paixões dos vivos; os sentidos sobreexistem à morte, faltando-lhes apenas os órgãos carnais que as paixões põem em ação. O sofrimento é, pois, duplicado, porque os desejos, impotentes, esbarram em condições intransponíveis, e é por isso que esses seres querem arrastar-te ao abismo, que é a morte. Só assim, e então, poderiam, realmente tornar-se perigosas e terríveis a ti; igualado, por teu corpo transparente, serias acessível às perseguições das sombras devoradas de raiva e de amor. Mas, porque nós viveremos eternamente, nutrindo-nos do sangue das vítimas, esse perigo não existe, com relação a ti, e a convicção da tua invulnerabilidade superexcita mais ainda a fúria impotente dos invisíveis.

— Oh! mais do que nunca, sacrificarei vítimas e beberei seu sangue — exclamou Horemseb, com selvagem exaltação. Eu quero e devo viver sempre; essas almas brutais e odientas nunca terão poder sobre mim.

— Nada tens a temer. Mas, tornemos a Neith: o aroma poderoso e os espetáculos do gênero dos de ontem superexcitaram seu organismo; ela vê e ouve o que é imperceptível para os outros, nos quais os fios sutis que ligam a alma ao corpo estão presos muito estreitamente, e só se libertam, de modo imperfeito, durante o sono. Em Neith, esse desprendimento excede os limites ordinários; nesse estado, os órgãos da alma começam a vibrar e desvendam, ao vivo, o que se acha oculto na atmosfera populada de maravilhas. Tal estado, porém, é igualmente perigoso, porque pode acarretar a ruptura do coração. Neith necessita de ar puro e descanso absoluto; já te recomendei cuidá-la, mas, porque encaras displicente os meus pedidos, eu a conservarei aqui, na câmara superior do pavilhão, e a tratarei, porque precisas saber, Horemseb, que Neith é uma filha do meu povo, e aqui está sob a proteção do seu deus e sob a minha salvaguarda.

O velho sábio recostara-se, majestosamente, e pousara a destra na cabeça da desacordada.

— Tu devaneias, Tadar. Como pode Neith, filha de Mena, chefe dos pavilhões reais, ser da raça dos hitenos? — disse o príncipe, incrédulo.

— O engano é teu. Neith é filha do Faraó Hatasu e do príncipe Naromath, o irmão mais velho de Sargon, e foi por isto que disse: em caso de perigo, esta filha seria nossa poderosa proteção, porque a rainha adora essa lembrança do seu amor único.

Horemseb escutara atônito.

— Por que só hoje me dizes isto? Mas, é impossível: a arrogante Hatasu teria amado um vencido? E, além disso, de que modo ocultaria tal situação a seu pai?

À palavra "vencido" sombreara-se a fisionomia do velho hiteno, e um clarão venenoso fugiu-lhe nos cavos olhos.

— Um vencido da sorte! Lembra-te de que os Hyksos provaram ao Egito que nem sempre este era vitorioso — respondeu Tadar, asperamente.

— Desculpa-me, caro mestre, pois não pretendi ofender-te; foi o pasmo que me inspirou a injusta expressão. E porque tanto me revelaste, dá-me, por favor, algumas explicações, caso Neith não esteja reclamando imediatos cuidados teus.

O sábio muniu-se de um frasco, friccionou com o conteúdo a testa e as têmporas da jovem, e disse, limpando as mãos:

— No momento, não necessita ela de maior atenção, e quero satisfazer, de bom grado, a tua compreensível curiosidade, se bem que só a necessidade de te impor um freio foi que me levou a revelar-te o segredo.

Tadar apoiou-se nos cotovelos, e pareceu abismar-se em recordações. Horemseb afogueava-se de impaciência, quando, afinal, o velho recostou-se novamente.

— É desagradável rememorar esses tempos de humilhação e desgraça — disse. Os deuses haviam voltado costas ao nosso desditoso povo, e o orgulhoso vencedor acampava no palácio, meio incendiado, de nossos reis. Uma batalha decisiva, perdida pelos nossos, havia entregue aos egípcios milhares de vencidos, entre os quais Naromath, o mais formoso dos hitenos, esperança e orgulho da sua nação. Crivado de ferimentos, e principalmente esgotado pela perda de sangue, o moço herói foi encontrado entre um monte de cadáveres, durante a contagem feita pelos egípcios, na presença do rei. Tu sabes que Hatasu acompanhava Tutmés nessa campanha. Embora quase menina então, linda quanto Hator, porém enérgica e orgulhosa ao máximo, avaliarás da influência que já exercia sobre o rei pelo que se segue e me foi narrado por teu pai, testemunha ocular do episódio. O Faraó, que destinava ao trono essa filha favorita, procurava, por todas as formas, dar-lhe têmpera viril ao caráter, pois, à sutilidade da mulher, devia aliar a coragem do homem. Com semelhante intenção, levava-a com ele a assistir às batalhas, a distância suficiente para não ser atingida, e naquela vez também a levou para estar presente à contagem dos mortos. De pé no carro real, olhava, sem pestanejar, como se computavam as mãos decepadas, vindas de todos os pontos e que os escribas anotavam nas tabuinhas, quando começaram a remover o montão de cadáveres junto do qual se detivera a carruagem real. Deste é que foi retirado, desde logo, Naromath, sem sentidos. Pelo capacete dourado e insígnias que o adornavam, Tutmés identificou o príncipe que havia combatido na véspera, e disse:

— É um leão, um herói que morreu com bravura.

"Qual impulso moveu o coração de Hatasu é difícil sabê-lo, pois não deixou de olhá-lo.

— Acho, meu pai e Faraó, que um filho de rei não deve ser mutilado por subalternos, mesmo quando morto e vencido, e se um triunfador da tua estirpe, um deus da guerra faz tão precioso louvor à sua memória, o herói não merece as honras de um sepulcro?

"O rei pareceu encantado, e elogiou o tato e a magnanimidade da filha, e mandou inumar Naromath, com honrarias, sem mutilação; mas, quando se transportava o corpo, a dor, arrancando-lhe um gemido, mostrou não estar morto, sendo então conduzido para o palácio. De que maneira se encontraram e amaram, Naromath e a filha de Tutmés I, ignoro; somente Semnut, à época pequeno oficial subalterno do séquito da princesa herdeira, e uma das criadas graves, de nome Satati, a serviram durante o enredo. Esse amor, único que conseguiu subjugar a altaneira Hatasu, dominou-a então completamente e enterneceu-lhe o coração em favor dos vencidos, obtendo de Tutmés I, para eles, muitos alívios; e, certamente, Naromath galgaria o trono de seu genitor hiteno, na categoria de tributário do Egito, se Hatasu pudesse decidir-se à separação. Mas, aqui o egoísmo prevaleceu a todos os sentimentos: o príncipe devia acompanhar o exército e... seus ferimentos reabriram. Naromath sucumbiu e Hatasu regressou a Tebas, desesperada e grávida. Um acaso auxiliou esconder esta circunstância. Tutmés I teve de seguir quase imediatamente para a Líbia, e, julgando a filha fatigada pela demorada campanha que vinham de fazer em companhia, não a levou dessa vez. Foi durante tal ausência que nasceu Neith. Mena, seu pai nominal, contraíra segundas núpcias com uma parenta do rei, e a ele a princesa a confiou. Mena, chefe dos pavilhões reais, estava em Tebas convalescendo de ferimentos, aceitou ficar com a menina, como se fosse filha do casal; a esposa faleceu de parto, dando à luz um filho morto, o qual foi substituído por Neith. Desse segredo apenas partilharam: Mena, Satati, Semnut e dois hitenos, Tiglat e a feiticeira Abracro. Eu o soube de Tiglat, e, de mim, teu pai, e tu agora.

Horemseb tudo escutara com ávida curiosidade.

— Agradecido, Tadar. Quanto me acabas de revelar explica muitas coisas, e também o desmesurado orgulho de Neith, herança maternal. Com relação a ela, conformo-me com as tuas razoáveis disposições, e enviarei para aqui tudo quanto necessite. Permitir-me-ás visitá-la?

— Certamente, autorizo; apenas é mister que ela se restabeleça de todo, antes de suportar um ambiente tão diverso do seu. Eu ta devolverei também mais forte, porque os aromas serão assimilados pelo sangue.

Para grande espanto seu, Neith despertou no pavilhão e ali permaneceu, e depressa se afez à convivência do velho sábio, que a tratava com bondade e se divertia com o seu espírito atilado e réplicas finas e cáusticas. Sob a influência de sério tratamento e de uma existência mais sã, a jovem recuperou paulatinamente as energias e o viço. Horemseb visitava-a com assiduidade. É que o segredo do seu nascimento inspirava-lhe, para com ela, um novo interesse, e a esplêndida formosura da moça fazia-lhe desejar impacientemente vê-la a seus pés, devorada de amor. Ela, porém, ainda estava enferma, e a presença de Tadar impedia o recomeço do criminoso e fútil divertimento.

Durante a lenta convalescença, íntima e encarniçada luta se travara na alma de Neith. Subtraída à subjugação malsã, que o príncipe exercia sobre ela, sua razão e sua consciência ressuscitavam, as lembranças do passado assaltavam-na cada vez mais, confessava-se incorreta e ingrata, esquecendo Roma e deixando na ignorância da sua situação a real protetora, sempre boa e indulgente. E Sargon? Não lhe havia ela jurado, invocando Hator, esperá-lo fielmente e reparar, quanto possível, o agravo afrontoso que lhe fizera? Como tinha cumprido a sagrada promessa? Quase à véspera do regresso do seu desventurado esposo, deixara-se, ela própria, arrebatar, não pelo meigo Roma, e sim por um homem que a tratava igual a escrava, degradava-a pela exibição de horrores indescritíveis, e que (sentia-o, amargurada) não a amava, brincando com ela à semelhança do gato com o ratinho. O olhar desse homem fascinava-a, tal qual a serpente atrai o pássaro; mas, o fundo do fogoso olhar de Horemseb encobria glacial indiferença, e seu coração devia ser mau, porque decretava a mutilação de desgraçadas moças, e divertia os olhos com orgias abomináveis.

E, apesar disso (coisa incrível), dessa convicção, do horror que o príncipe lhe inspirava muitas vezes, a idéia de abandoná-lo apertava-lhe o coração numa angústia sem nome: não vê-lo era pior do que a morte. Assim se escoaram alguns meses, e estando refeita na saúde, deixou o pavilhão e reinstalou-se no palácio, no antigo modo de viver, encontrando-se mais vezes com Horemseb e recaindo sob seu domínio. Mas, sem embargo de tal influência, e porque não lhe era propinado mais veneno e absorvia menor porção do perfume, a razão não estava muito obscurecida. Horemseb tornou-se mais assíduo, ou antes, habituou-se mais à formosa e inocente companhia, e só a necessidade de privar-se desse convívio para assistir às exibições com que se distraía da vida ascética contrariava-o profundamente, tanto assim que resolveu tentar, ainda uma vez, acostumar Neith aos lodosos espetáculos. Numa noite em que ela assistira, no pavilhão já descrito, a danças executadas sobre o tabuleiro de relva, trouxeram o trono, e Neith viu, com assombro, prenderem nas espáduas de Horemseb duas grandes asas douradas e lhe adaptarem à cabeça uma tiara cintilante de pedrarias. Quando ele lhe fez sinal para sentar-se a seu lado, compreendeu que assistiria a alguma nova cena orgíaca, e, trêmula pela aversão, inundada de suor frio, estendeu as mãos juntas para o algoz, e exclamou, súplice, mas vibrante de indizível repulsa:

— Não! Não! Imploro: deixa-me, não quero ir contigo!

Horemseb não estava afeito à resistência; tudo devia dobrar-se ante a sua vontade. Por outro lado, a fatuidade impelira-o até a necessidade mesquinha, e aquela recusa diante da sua gente, o menospreço dado à honraria de assentá-la junto dele, puseram-no em estado de cólera furiosa.

— Ah! o lugar junto do teu senhor não te basta! — rugiu, fulminando Neith com ameaçador olhar.

Inclinou-se para Chamus, a quem transmitiu algumas palavras, ordenando depois ao cortejo que iniciasse a marcha. Como que ébria, a jovem se apoiou numa árvore: raiva, desespero, vergonha ulceravam-lhe a alma, e essas reações decuplicaram, quando o eunuco, aproximando-se, braços cruzados, lhe disse respeitosamente:

— O senhor me ordenou te fizesse assistir à festa; segue-me, pois, sem resistência, nobre mulher; não me obrigues a usar de violência com a tua pessoa. E se um ínfimo servo, qual eu sou, te pode fazer uma advertência: não resistas jamais à vontade do príncipe, porque sua vingança é cruel, sua cólera e o seu rancor te destruiriam.

Neith comprimiu a fronte entre as mãos. Oh! por que seguira esse abominável homem, que a desprezava e degradava ao nível de escrava; obrigava-a a assistir a espetáculo que lhe causava horror e desgosto, e não lhe atendia à súplica direta, pondo-a à mercê de um doméstico? A convicção de que Chamus poderia em verdade usar de violência aguilhoou todo o orgulho de Neith. Endireitando-se vivamente, disse:

— Mostra-me o caminho.

Quando, em companhia do eunuco, ela chegou ao local da festa, viu Horemseb sentado no altar, que já descrevemos no princípio da narrativa. A turba, a seus pés, oferecia libações, dançava e, graças às bebidas irritantes, distribuídas profusamente, já se encontrava num vero delírio. Chamus fez Neith subir, e, indicando-lhe uma coluna a poucos passos do trono:

— Fica aqui!

Mas, a ofendida jovem julgou cair-lhe um raio em cima, ao ver o eunuco manusear uma corda que, passada lestamente em redor da cintura, a amarrou à coluna. A este ultraje, que a rebaixava à condição de animal, o sangue fluiu-lhe na cabeça com inaudita violência, e não percebeu mais nada do que se passou em derredor, e os gritos e o tumulto da orgia desencadeada chegavam-lhe ao ouvido como se fossem um sussurro longínquo. Sem demora, cambaleou e caiu sobre os joelhos, cobrindo as faces com as mãos. Ódio selvagem contra Horemseb fervilhava-lhe no íntimo e os cabelos se lhe eriçavam à lembrança de que estava em poder dele. Vagamente, percebeu que vigorosos braços a erguiam e sentavam em confortável cadeira, mas, o conhecido contacto de úmidas e frias mãos fizeram-na abrir os olhos. Horemseb, já sorridente, estava curvado para ela.

— Torna a ti, caprichosa; meu ressentimento passou.

Um perfume atordoante que se exalava do seu corpo agia de maneira enervante sobre o organismo de Neith, e toda a cólera anterior pareceu fundir-se naquele apaixonado amor que a precipitara nos braços do príncipe; mas, por estranha cisão, a alma não correspondia à subjugação dos sentidos e continuava vibrando de repulsa e desprezo. Incompreendendo-se ela própria, quebrantada por esse despedaçamento recôndito, recuou, instintivamente, para trás, murmurando, inconsciente:

— Mercê!

O sorriso típico, que gelava e abrasava suas vítimas, perpassou-lhe nos lábios.

— Que mercê pedes tu, Neith? Que mais te posso dar, além da metade do meu reinado? Vamos! Cessa teus caprichos, ergue tua bela cabeça e olha como se espoja a nossos pés essa desprezível multidão de escravos e de fâmulos; compenetra-te da convicção de que, semelhantes a deuses, nós pairamos bem acima de todas as paixões brutais.

Neith não respondeu. Completo abatimento sucedeu à superexcitação espavorida; com o olhar sem expressão, apoiou-se no espaldar da cadeira e mergulhou num letargo que degenerou em esvaecimento. Quando despertou, viu-se estendida num banco do jardim, não distante dos muros. Horemseb estava sentado junto dela e ajudou-a a erguer-se.

— Sentes-te melhor? — indagou. Sim? Então vem, vou fazer com que respires ar puro e fresco que te reconfortará.

Conduziu-a próximo do muro, abriu uma porta e chegaram à escada que comunicava com o Nilo. Os clarões do Sol no oriente faziam cintilar a superfície do rio sagrado, como que lhe estendendo um lençol de ouro e rubis; os cimos das montanhas, que limitavam o deserto, cobriam-se de tons rosa e alaranjado. Depois, o disco resplendente do astro diurno subiu no horizonte, inundando de luz a esplêndida paisagem, os templos e palácios de Mênfis, cujas silhuetas maciças se desenhavam vigorosamente sob o céu esbraseado.

Palpitante, respirando a plenos pulmões o ar vivificante vindo do deserto, Neith contemplava o mágico espetáculo do qual a sua vida malsã desabituara. Intensamente, nela despertaram recordações do palácio de Sargon, onde tantas vezes, sentada no terraço, contemplara o nascer e o pôr do Sol, respirara a frescura da brisa vinda do rio, e sonhara com a imagem de Roma, ou com a do infortunado esposo. Então, ela se julgara desventurada, e era livre; seu coração não se esmagava ao peso de agora; jamais enfrentara esse combate horrível, entre a razão e uma força nefasta que lhe curvava vontade e orgulho e a atirava, contra o seu próprio querer, aos pés de um homem que ela aborrecia, desprezava, e idolatrava, também contra o seu próprio querer.

Subitamente, a lembrança da humilhação dessa mesma noite ressurgiu-lhe na memória, e o rubor da vergonha tingiu-lhe o rosto: sentiu-se indizivelmente degradada, infeliz; um desejo infrene de liberdade invadiu-a. Para deixar aquela prisão, não mais ver aqueles muros, não mais respirar aquele ar viciado, teria dado a vida em tal instante. Involuntariamente, ergueu os olhos para o homem que exercia tão fatal domínio sobre ela, à mercê do qual se encontrava, e lhe acudiu a idéia de que ele também fruía de uma espécie de libertação, nas paisagens da Natureza, na claridade do dia, num ar isento de aromas deletérios; que, talvez, qual ela mesma, se embriagaria longe desse palácio, sob a sombra do qual se tornara escravo de paixões impuras, onde ele se saciava de crimes, calcando, no próprio íntimo, todo o sentimento humano. Encostado à umbreira da porta, Horemseb, braços cruzados sobre o peito, aparentava estar imerso na contemplação da admirável paisagem. Seu olhar mudara de expressão: orgulho, aspereza, ameaça, tudo se esbatera, para dar lugar a uma contemplativa calma; os olhos sombrios brilhavam com satisfação, pura e entusiástica; doce sorriso sonhador entreabria-lhe os vermelhados lábios. O olhar de Neith mediu, admirativo, a alta e esbelta estatura do belo jovem, coberto de jóias, ostentando ainda sobre os cabelos encaracolados a tiara, sobre as espáduas o manto de púrpura, do qual se revestira para presidir à abominável orgia.

— Tão belo corpo, e tão asquerosa alma! — ciciou ela a si mesma, comprimindo as mãos de encontro ao peito.

De novo, uma confusão de repugnância e amor se lhe amalgamou dentro do coração, e depois se fundiu no único desejo de fugir daquele lugar de sofrimento, onde perdia a razão, não mais se compreendendo ela própria. Resoluta, bruscamente pegou-lhe o braço.

— Horemseb!

— Que me queres tu? — perguntou, estremecendo e fixando, com surpresa, o semblante estranhamente animado de Neith.

— Restitui-me a liberdade da alma, fascinador de Mênfis; tu a acorrentaste, eu o sinto, e todo o meu ser se rebela contra o poder que exerces sobre meus sentidos e que encarcera minha razão. Nunca, antes de te ver, conheci este fogo devorador que me chameja nas veias, me impele aos teus braços, me envilece a dignidade, me envergonha de mim própria. Se sabes prender, deves saber libertar: devolve-me, pois, o repouso, a estima de mim mesma, desobstrui meu coração da paixão nefasta que tanto me faz sofrer. Isso não te deve custar, Horemseb, porque tu não me amas, tu me relegas ao grau de escrava, sou apenas um joguete para tuas mãos.

Neith animara-se cada vez mais, com os negros olhos fulgurantes, o débil corpo fremente de orgulho e desespero. Súbito, essa exasperação transformou-se numa torrente de pranto; mãos postas, ela se avizinhou mais, e, em voz súplice e entrecortada pelas lágrimas, prosseguiu:

— Tem piedade, Horemseb, deixa-me partir; não te trairei nunca, por uma palavra que seja, a respeito do que vi; jamais perturbarei teu sossego; bem ao contrário, procurarei, por todos os meios, defender-te, mesmo ante a rainha, porque algo me diz que nuvens sombrias se acumulam sobre tua cabeça. Ou, se me amas, se desejas guardar-me, procurarei suportar, sem murmurar, a fascinação que exerces sobre mim; mas, então, por ti mesmo Horemseb, renuncia a essa terrível vida de crimes, a esses festins noturnos, a essa horrenda solitude, a essa existência contra a Natureza; retoma o posto que te corresponde na sociedade; antes que seja tarde, torna à convivência dos homens, sob o azulado do céu, sob os clarões dourados de *Ra*; foge a essas trevas, a esses aromas enervantes, a esses espetáculos tenebrosos que assassinam tua alma, gelam teu coração!

O príncipe escutara, espantado; depois, sombria nuvem cobrira-lhe a fronte; mas, a convicção profunda que vibrava na voz da formosa egípcia não deixou de todo de produzir seu efeito. Uma boa intuição advertia o príncipe.

"Renuncia, antes que seja muito tarde; Tadar, também ele, prevê um perigo que te ameaça."

Com um longo suspiro, passou a mão sobre a testa, subitamente empalidecida; mas, o mal era demasiadamente inveterado; fatuidade e teimosia venceram a frágil voz do bem. Endireitando-se, com indefinível sorrir, vergou-se para Neith, e, enlaçando-lhe a cintura, disse caricioso:

— Tu divagas, Neith; o amor é o único fascínio que te liga a mim, e "essa magia" eu não tenho o poder de arrancar de teu coração. Mas, porque te sentes desditosa aqui, parte, vai; não te quero reter; segue a margem do rio, e a primeira barca que chegar conduzir-te-á a um dos templos de Mênfis, e de lá a Tebas. Seguir-te não me é dado, pois devo viver aqui; jamais nos reveremos; regressa à tua casa, e sê feliz nos braços do teu esposo, o príncipe Sargon. E, agora, adeus!

Inclinou-se, abraçou-a, e, tirando do cinto uma rosa rubra, prendeu-a nos cabelos da jovem. Em seguida, voltou-se, e, saudando-a com a mão, lentamente reentrou no jardim. Por momentos Neith sentiu-se como que aturdida; o aroma sufocante que se exalava do colar do príncipe e da flor posta na cabeleira já exerciam sobre ela sua terrível influência; todo o seu corpo fervilhava; seus fascinados olhos estavam concentrados em Horemseb, que se aprestava a fechar a porta do jardim. Ao pensamento de nunca mais revê-lo, não lhe ouvir a voz, não ter sobre ela o caricioso e dominante olhar, indizível desespero dela se apossou. Não! Antes renunciar à liberdade, ao Sol, ao ar puro, do que abandoná-lo! Qual arminho soprado pelo vento, correu para o feiticeiro príncipe e se alçou ao seu pescoço.

— Horemseb! — murmurou anelante — retorno voluntariamente para morrer aqui. Aconteça o que os Imortais decidirem! Não posso viver sem ti; mesmo com o sol do dia, longe de ti, a vida é treva.

Incapaz de prosseguir, apoiou a fronte de encontro ao peito do nigromante, e lágrimas férvidas perolaram de seus olhos, e por isso não viu o zombeteiro sorriso de satisfação que contraiu a boca de Horemseb.

— Sê, pois, bem-vinda por segunda vez à minha casa — disse, abraçando-a.

Em seguida, fechou a porta da escadaria, correu o ferrolho, e ambos regressaram sob a espessa sombra do arvoredo. Neith inclinou a fronte, com a impressão de que lhe cimentavam sobre a cabeça a pedra de um túmulo. Desde esse dia, Horemseb renunciou fazer Neith assistir às festas noturnas por ele presididas. Ele a poupava, mas lhe agradava a convivência, porque, espiritual, instruída e bastante ilustre para lhe falar de igual para igual, a formosa egípcia era em verdade a primeira mulher que tratava com familiaridade, pois as que até então lhe haviam passado pelas mãos, belas sem dúvida, eram simplórias e de origem obscura, temiam-no, ingênuas e inocentes vítimas, na qualidade de quase senhor, adoravam-no qual um ídolo, lábios fechados pelo respeito, ousando apenas murmurar palavras de amor. Neith, menos minada pelo veneno, altaneira e caprichosa, mordaz e zombadora, reagia sempre contra o efeito do olor enfeitiçado, e essa recalcitrância obstinada, reunida à formosura encantadora, esporeava a depravada alma de Horemseb, despertando um interesse que jamais tivera por mulher alguma, mas também arrastando-o a recomeçar o perigoso divertimento, proibido por Tadar. Quanto mais rebelde e orgulhosa ela se mostrava, mais ele saboreava o encanto do excitamento e o de em seguida dobrá-la, sob o jugo de paixão insana; acompanhar, nos traços mutáveis, nos grandes olhos expressivos, todas as nuanças da luta entre o orgulho e o amor, tornou-se para ele uma distração da qual não se privava, e que afinal lhe inspirou a idéia de desposar Neith, por julgar esse o meio de restaurar os haveres, e de Neith obter o título pouco invejável de sua esposa. Em tais alternativas de paz e guerra, decorreram alguns meses. Sem que ele o suspeitasse, a tempestade, predita pelos astros, anunciava-se cada vez mais sombria sobre a sua cabeça de nigromante: dois mortais inimigos haviam sub-repticiamente ingressado no palácio, espionando seus atos e espreitando, avidamente, o momento de perdê-lo.

Agora, retomemos a narrativa desde o dia em que Ísis transpôs os umbrais do palácio de Horemseb, e houve entre este e Tadar a grave conversação, durante a qual a solene experiência, que lhes devia desvendar o porvir, foi fixada para o dia seguinte.

V

O FUTURO

O dia impacientemente aguardado por Horemseb raiou, enfim, e, chegada a noite, encaminhou-se ao pavilhão do sábio, no intuito de ajudá-lo nos derradeiros preparativos. Todos os serviçais receberam ordens de permanecer na ala do palácio que lhes estava destinada e da qual não poderiam sair, sob pena de morte; suspensos quaisquer serviços, Chamus devia vigiar cuidadosamente para que nenhum ser vivo penetrasse nos jardins. A grande câmara, que servia habitualmente de sala de trabalho a Tadar, estava quase vazia, pois os mil objetos que a inundavam haviam sido transportados para o apartamento superior, e substituídos por pequena mesa de cedro, duas cadeiras e um leito de repouso. A alguns passos da mesa, estava colocado enorme tacho de cobre cheio de água até às bordas; uma lâmpada, posta num recanto, iluminava o amplo recinto com incerto e mortiço clarão. Por último, o velho sábio trouxe uma caixeta repleta de frascos, que deixou em tamborete próximo de uma das cadeiras, e, voltando-se para Horemseb, que empilhava, silencioso, muitas peles de leopardo no extremo do leito, advertiu:

— Tudo concluído, meu filho; trarei apenas a ânfora cheia de vinho quente, enquanto vais buscar Neith. Ela bebeu o líquido preparado?

— Sim, mestre, e dorme aqui perto, no pequeno pavilhão azul. Vou trazê-la.

Saiu e tornou logo, carregando nos braços Neith, profundamente adormecida, rosto lívido e o corpo com a inércia da morte. Tadar auxiliou Horemseb a estendê-la sobre o leito de repouso, acomodou os coxins para sustê-la comodamente e a recobriu cuidadosamente com uma pele de pantera. Depois, encheu um copo com vinho aquecido, derramando nele gotas de um frasco, e o ofereceu ao príncipe, ocupado em atiçar carvões acesos num tripé. Ingerido o vinho, Tadar retirou da caixeta um punhado de ervas secas e as pôs sobre as brasas, produzindo-se espessa fumaça, que subiu e espalhou na sala um aroma atordoante e acre. Em seguida, despiu-se, no que foi imitado pelo príncipe.

— Agora, só nos resta aguardar o deus — disse o sábio, sentando-se. Toma lugar defronte de mim, Horemseb, dá-me a mão, e firma teu olhar sobre a água: lá é que ele aparecerá.

Mais de um quarto de hora decorreu em completo silêncio; mão fortemente ligada e posta sobre a mesa, os dois homens fitavam atentamente o tacho.

— Estou gelado, meus membros dir-se-ia serem de chumbo e picadas de fogo martelam todo o meu corpo — murmurou o príncipe, sacudido por violento arrepio.

— Pior ainda será, quando as substâncias aromáticas das tuas paixões se retirarem do teu corpo — retorquiu o velho, também em voz baixa.

Nesse momento, Neith emitiu rouco suspiro, e murmurou, com voz apenas inteligível:

— Ele vem!

Horemseb estremeceu, e um supersticioso temor cobriu-lhe a testa de gélido suor. A água agitou-se, placas vermelhas e amarelas sulcaram a superfície, e depois, do centro do recipiente, subiu, turbilhonando, uma nuvem enegrecida, ao centro da qual eram vistas distintamente várias mãos vermelho-incandescentes, qual se fossem de metal fundido.

A massa informe aproximou-se rapidamente, envolvendo, qual negro véu, a cabeça e o peito de Horemseb, que se retesou de encontro ao encosto da cadeira, murmurando, com a voz sufocada:

— É a morte; arrancam-me o coração e o cérebro!

Tadar reteve convulsivamente a mão do discípulo, a qual forcejara para libertar-se. Estava amarelo, lábios nervosamente trêmulos; mas, o olhar, claro e faiscante, seguia, com agitado interesse, o estranho e maravilhoso espetáculo que se desenvolvia ante ele. De todo o corpo de Horemseb desprendia-se uma chuva de centelhas multicoloridas, que as mãos de fogo condensavam em compacta massa e tomavam a forma de um cometa, o qual recuava com a nuvem negra até ao tacho, flutuando sobre a água e permanecendo unida ao corpo do príncipe por larga faixa ígnea, que lhe brotava do peito. Durante alguns momentos, toda essa massa redemoinhou como que em fusão, produzindo um ruído crepitante e fraco; as mãos haviam desaparecido. Subitamente, houve uma detonação, e um jacto de fogo deslumbrante, parecendo vir do teto, caiu sobre a nuvem, que violentamente se agitou e fendeu e sumiu, sendo substituída pela aparição de sete duplicações de Horemseb, sete sombras transparentes com os traços do príncipe, unidas entre si por delgados fios de fogo, filamentos esses que iam confundir-se na larga faixa ígnea projetada do corpo de Horemseb e que, como soprada por impetuosa ventania, tremelicava e se contraía.

Cada um desses duplos possuía cor diferente, lembrando as do prisma: o de uma extremidade, vermelha, e o da outra, violeta. Tais corpos, da transparência do cristal, deixavam perceber nitidamente todos os órgãos do corpo humano, trabalhando com vertiginosa celeridade; a substância com coloração típica de cada um dos duplos, circulava em cascata cintilante no corpo diáfano, e, sobre esse fundo, com brilhos de jóias, destacavam-se, à semelhança de placas de ébano, duas nódoas unidas por uma artéria preta, sendo que uma das manchas ocupava o lugar do coração, e a outra o do cérebro das sete sombras vaporosas. Reaparecendo, as mãos de fogo trabalhavam ativamente em retirar da água e do ar flamas azuladas, amarelas e esverdeadas; depois, uma delas subiu e lançou largo jacto de luz branca, cegante qual o reflexo do Sol na neve, luz que se abateu sobre um dos duplos de Horemseb, envolvendo-o por instantes, para depois retornar ao espaço, deixando apenas, nas negras placas, como que gotinhas de orvalho. O mesmo fenômeno reproduziu-se nos outros seis duplos, e, em seguida, uma derradeira torrente de luz inundou a todos, os corpos translúcidos fundiram-se em um único e, depois, a massa purpurina, estriada de veias pretas, volteou, qual torrente, na faixa de fogo e com esta submergiu no corpo do príncipe. Este suspirou roucamente, e, sem grande demora, abriu os olhos, reaprumando-se.

— Foram medidas tuas emanações — murmurou o sábio — mas, lúgubres e confusas foram as vibrações.

Interrompeu-se, porque, nesse instante, uma ígnea mão reapareceu, traçando sobre a água caracteres fosforescentes, que sumiam à proporção que o velho os decifrava.

— Vais ver cenas de distante porvir e outras de tempos mais próximos, concernentes todas à tua existência em épocas em que todos os ora vivos terão descido à tumba.

Palpitante de ávida curiosidade, Horemseb pendeu para a frente, fixando uma nuvem azulada que se erguia vagarosa do tacho. Gradativamente, a nuvem agrandou e adquiriu a forma de imenso globo, que ocupava todo o fundo do recinto, cujas paredes pareciam ampliadas e o teto afastado para lhe fornecer lugar. Ao centro do disco de luz, vacilavam nuvens que, por instantes, o cobriram inteiramente, para recuarem depois, amalgamando-se todas, em seguida, em torno da placa luminosa, que mudara totalmente de aspecto: a superfície, polida e cintilante, transmudara-se em desproporcionada área, circundada de construções em estilo arquitetônico de todo diferente do egípcio, tendo ao fundo grande edifício, o qual se atingia por escadarias; mas, coisa estranha, as paredes de tal prédio pareciam transparentes, mostrando a Horemseb quanto ocorria no interior, e lá se via colossal ídolo, em redor do qual se moviam padres trajados de branco. O monstro estava incandescente e imenso braseiro chamejava-lhe por dentro. Em todo o local, e bem assim nos arredores do templo, enxameava gente, formando fileiras lateralmente a extenso caminho, pelo qual avançava lúgubre cortejo: mãos ligadas para trás, acorrentados um ao outro, marchavam homens nus, fisionomias ferozes e desesperadas; soldados, providos de relhos e aguilhões, faziam avançar. Qual desproporcionado listrão, a intérmina fila de infelizes atravessava a praça, subia a escada e, chegados ante o ídolo, um após outro era lançado na voragem de fogo, incinerantes entranhas de um deus insaciável de vítimas. Por momentos, a procissão detinha-se junto de grande e elevada tribuna sobre a qual se agrupavam mulheres, tocando harpa e instaladas à frente do tablado. Em uma de tais paradas, um dos prisioneiros, avantajado e vigoroso jovem, de cujo corpo, cortado de chicotadas, manava sangue, voltou a cabeça e seu olhar, turbado e fero, buscou o de Horemseb. Gélido arrepio estremeceu o corpo do príncipe: no preso, sob correntes, nu, degradado, pareceu-lhe reconhecer a sua própria pessoa; não eram os seus fiéis traços, mas, o coração acelerado gritava-lhe:

— És tu!

O cortejo prosseguiu, e, quando o prisioneiro sósia, ao qual parecia ligada a alma do feiticeiro, franqueava o liminar do templo, as nuvens dilataram-se e cobriram toda a cena.

— É impossível; enganei-me; não posso morrer! — balbuciou Horemseb — apertando nas mãos a fronte perolada de suor.

Imediatamente, o disco revelador absorveu toda a sua atenção. O cenário cambiava de aspecto, e, desta vez, o príncipe estremecia de júbilo: a rua, margeada de casas multicolores, a extensa aléia de esfinges que a confinava por um colossal "pylone" (pórtico típico da arquitetura egípcia) não era uma vista de Mênfis? Sim, decerto! Lá se elevava, à esquerda, bem conhecido obelisco, e a turba que circulava alegremente reunia-se perto de uma tribuna sobre a qual estava uma cadeira, encimada de dossel. Eram autênticos egípcios, com suas vestimentas brancas e "clafts" listrados. E quem era aquele guerreiro, coberto de armas preciosas, que avançava, montando admirável cavalo branco, seguido de enorme escolta? No pálido rosto do cavaleiro, moldurado por barba da negrura do ébano, dois olhos, grandes e sombrios, vagueavam indiferentes pela turba. Chegado em frente da tribuna, apeou-se, subiu e sentou-se no trono, em redor do qual se agruparam guerreiros da escolta, dignitários egípcios e os porta-abanos reais.

— Desta vez sou eu, e serei Faraó! — pensou Horemseb, com orgulhoso agrado, que lhe inundou o coração.

Pela aléia das esfinges, caminhava agora um bem conhecido desfile: cantores e cantoras do templo, padres conduzindo estátuas de deuses. Era a festa de Ápis, porque também ali estava o animal sagrado, com enfeites de flores e tirinhas. A festa e a procissão em que era parte agora, o príncipe conhecia-a muito bem, mas, seu olhar também recaiu vivamente sobre aquela sua própria pessoa lá figurante, elevado, sem dúvida, pela extinção da dinastia dos Tutmés, ao trono dos faraós. Mas, que significava isto agora? Ao redor da real cadeira surgiam, uma após outra, mulheres pálidas e desgrenhadas, exibindo no peito nu escancarado ferimento, e nas mãos, erguidas, sacudindo rosas vermelhas. A multidão horrenda aumentava rapidamente, formando círculo em redor do rei; depois, uma das mulheres deslizou para junto dele, sentou-se no braço da poltrona, enlaçou o pescoço real, e, com a outra mão, agitou um feixe de rosas rubras diante dos olhos do guerreiro coroado.

O pálido semblante desta mulher estava contraído pelo ódio e sofrimento; desmesurados cabelos ruivos, soltos, pareciam envolvê-la qual véu de flamas. Com horrorizado espanto, Horemseb nela reconheceu Neftis. O homem sentado no trono mostrava ressentir-se de extraordinária emoção; sua fisionomia avermelhara-se; nos olhos, exageradamente dilatados, luzia demência. Nesse instante, o turbado olhar fixou-se sobre o boi Ápis que passava em frente da tribuna, e, como se fosse picado por uma serpente, pulou para o animal sagrado e o abateu com um punhal que retirara do cinto (19). As nuvens velaram o tumulto que pareceu seguir-se ao ato sacrílego, e Horemseb não se refizera da emoção que lhe agitava o peito, quando um novo quadro já se lhe oferecia ao olhar.

Desta vez, árida superfície, juncada de cadáveres a perder de vista; guerreiros de pontudos capacetes, caras barbadas e selváticas, perambulavam em bandos no campo da carnagem, despojando os mortos e mutilando os feridos. Um dos grupos retirou, do montão desses defuntos, um homem evidentemente atordoado, pois seu capacete, com ornatos em relevo, estava amolgado e a mão contraída segurava uma espada partida. Entre as manoplas dos soldados o homem tornou a si, mas o seu ar altaneiro, ou imprudente palavra, teria ofendido os vencedores? Sem demora, a raiva se desencadeou, e, num pestanejar de olhos, o despojaram das vestes, cortaram-lhe o nariz e as orelhas, abandonando-o depois de vazarem-lhe os olhos, a rir ironicamente. A infortunada vítima, que não sucumbira a essas horríficas mutilações, arrastava-se errante entre os cadáveres, mascando ervas para distrair a fome, buscando em vão com que atenuar a devorante sede, para alfim tombar sem forças, retorcendo-se desesperado.

Esse rosto sangrento, desfigurado, não condizia com Horemseb, mas a sua respiração teve um colapso, porque, em torno do mutilado, surgia de novo a massa esguedelhada das vítimas de Moloc, sacudindo as vermelhas rosas, contemplando o desgraçado com zombadora satisfação, e apontando-lhe, distante, a mágica visão do palácio de Mênfis, do Nilo ao clarão da Lua, da barca maravilhosa sobre os coxins da qual se pavoneava o nigromante príncipe.

Rodopiava a cabeça de Horemseb, seu pensamento confundia-se, e teve ímpetos de fugir; mas, invencível força prendeu-o à cadeira. Muitas visões seguiram-se a esta, tão depressa de tortura, tão depressa de riqueza e poderio, mas o príncipe compreendia-as cada vez menos, tão estranhas lhe pareciam as construções e as personagens e a própria Natureza, completamente transformada. Três, porém, de tais visões causaram-lhe particular impressão: a primeira mostrava uma câmara redonda, cujas paredes eram forradas de tapeçarias com personagens e iluminada por duas altas e estreitas janelas. Temperada luz enchia o apartamento, filtrada através de vidros multicoloridos, e distribuindo-se sobre maciços móveis e cadeiras de altos espaldares esculpidos. Em um desses assentos, via-se formoso jovem, de expressão altiva e zombeteira, e de pé, junto dele, enlaçando-lhe o pescoço e fitando-o apaixonadamente, uma franzina e alta mulher, trajando negra e longa vestimenta, a cabeça coberta de véu, tendo ao pescoço uma cadeia de ouro, da qual pendia faiscante cruz. Tal mulher, Horemseb não podia equivocar-se, era Neftis, e o homem sentado era ele mesmo. O príncipe via-os conversar, sem perceber som algum, e no entanto compreendia que ela falava de amor e de ciúme, e exigia que a desposasse, ao que ele respondia, com sorriso e gesto significativos, que, para contrair matrimônio, havia entre ambos "quatro olhos demais". A cena metamorfoseara-se, mostrando um aposento iluminado por lamparina, ao fundo do qual se elevava grande leito de colunatas. Neftis, pálida e desgrenhada, dobrava-se para duas crianças adormecidas, murmurando:

— Quatro olhos demais!

Depois, qualquer coisa lhe brilhou na mão, abaixando-se rapidamente sobre a cabeça dos pequenos adormecidos, e a mãe criminosa fugia espavorida, e corria para o homem amado e cuja imagem flutuava ao longe; mas, à aproximação, ele se voltava, com horror e desgosto, desaparecendo na bruma. Neftis ficava só, mas, em seu derredor, tudo mudava: um longo corredor, escassamente iluminado, desenhava-se, e, lentamente, olhar fixo e perscrutador, mãos cruzadas, ela deslizava, vestida da negra roupa; ao avizinhar-se, porém, todos lhe fugiam, loucos de espanto, e, a isso, um sorriso de cruel zombaria crispava os lábios do espectro, mensageiro de desgraça.

Quando de novo as nuvens, apartando-se, desvendaram uma página futura, os raios da Lua iluminaram, qual espelho, a superfície polida de imensa toalha líquida: uma barca, transportando numerosos homens e soldados, de cujas armas a luz fazia tremeluzir reflexos metálicos, deslizava sobre a água, aproximando-se rapidamente de grande e sinistra construção, erguida às bordas do mar e da qual as torres maciças sombreavam na água suas silhuetas dentadas. Quando a barca acostou e os passageiros saíram, Horemseb viu que um deles, ao qual os outros falavam de cabeça descoberta, tinha o rosto coberto por máscara preta. Em seguida, reviu dito homem sozinho em uma câmara, cuja estreita janela, gradeada, estava quase rente ao teto; a máscara continuava tapando o rosto do prisioneiro, que caminhava agitado, e, triste e desencorajado, se deixou afinal cair numa cadeira, parecendo mesmo não se haver apercebido de que, do recanto mais escuro, surgia uma forma feminina, vestida de negra roupagem de cauda, cadeia de ouro ao pescoço.

Retirando do seio uma rubra rosa, a visitante agitou-a por cima da cabeça do prisioneiro, e, inclinando-se para ele, pareceu ciciar-lhe qualquer frase ao ouvido. Imediato, maravilhoso quadro começou a desdobrar-se, retirando ao sonhador os muros da prisão; viu soberbo palácio, rodeado de jardins, depois salas, de paredes douradas, plenas de luz, e nas quais se acotovelava verdadeira multidão de homens e de mulheres recobertas de pedrarias; lá, sob elevado dossel, de muitos degraus, sentava-se um jovem, de copiosos caracóis de cabelo esparsos sobre o dorso e espáduas, com larga faixa azul no peito e um manto flordelisado, com forro de arminho, preso aos ombros. A brilhante turba desfilava ante o estrado, saudando, curvada, o belo rei, olhando-o, com adoração, e recebendo em dom precioso um sorriso ou palavra de seus lábios. Tomado de selvático ciúme, o prisioneiro saltou, rasgando as vestes na altura do peito, tentando arrancar a máscara fixada sobre o rosto, batendo a cabeça de encontro às paredes, qual insensato.

Lá, liberdade, poderio, adulação, amor; aqui, solidão, cárcere, morto-vivo. O contraste era para destroçar a alma e arrebatar a razão. A misteriosa visitante havia recuado, e, lentamente, levitado; seu persistente olhar, brilhante de ódio, mirava o encarcerado, parecendo saborear esse desespero; um sorriso de crueldade satisfeita banhou-lhe a descorada face, e murmurou:

— Teus olhos desta vez é que são demais!

Declinando obliquamente para o lado da janela, sempre suspensa no ar, atravessou as grades. Nesse instante, Horemseb identificou Neftis. Com um cavernoso suspiro, o príncipe retesou-se na cadeira, cheio de terror e medo desse porvir que evocara, e lhe apresentava tão lúgubres e ameaçadores quadros. A vida eterna, tão almejada, era tão terrífica e a morte não se tornava preferível a isso que havia visto e teria de padecer? Oh! por que tinha ele erguido, imprudente, o véu que, misericordiosamente, esconde o futuro aos mortais? Por segunda vez, tentou escapulir, mas, seu corpo, pesado como se fosse de granito, recusava obedecer, e força mais forte do que a sua vontade levava-lhe o olhar para o disco cintilante, que de novo se revelava. Esse desfile esmagador e estranho não terminaria nunca?

Desta vez, via-se grande sala, onde numerosas personagens, ricamente trajadas, se adensavam junto de um trono, ante o qual jovem homem estava de pé, com um manto de arminho ajustado nos ombros — um rei — sem dúvida. O coração de Horemseb inflou: agora era ele; seu talhe, destro e esbelto, seus grandes olhos, sombrios e sonhadores, seu sedutor sorriso. Essa alta hierarquia acenava-lhe, enfim, com uma existência sem escuridades, repleta de glórias e poderio. Ancho de alegria e de orgulho, curvou-se para melhor minuciar, mas, com arrepio de pavor, atirou-se para trás: as sombras que surgiam, uma a uma, nos degraus do trono, eram novamente as vítimas de Moloc. Sangue manava de sob os véus denegridos que as cobriam; seus olhares eram ameaçadores, e nas mãos crispadas balançavam as fatais rosas vermelhas. Desse assédio hostil destacou-se mais distintamente uma esguia mulher, vestida de preto, cruz refulgente ao peito. Seu descorado semblante era impassível, mas, nos grandes olhos, esverdeados, bailava implacável ódio. Instalando-se ao lado do jovem rei, pousou-lhe a mão na espádua e os gelados dedos mergulharam no arminho, e um som, apenas acessível ao pensamento de Horemseb, saiu dos lábios do terrífico espectro:

— Quatro olhos demais! E tu, agora, fica sozinho; nenhuma esposa se assenhorará do lugar que me pertence; passo a passo, nós te empurraremos para o abismo; nós te isolaremos de todos; nós te arrancaremos essa coroa, que te dá poder e riqueza; entre ti e cada vivente que pretendas amar, se interporá uma de nós; quiseste o nosso amor: que ele te baste!

Como se tivesse sentido a presença do aterrador cortejo que o prendia com invisível cadeia, o olhar do moço rei se obscureceu; passou a mão pela fronte pálida, como que para afugentar importunos pensamentos. Em seguida, ergueu os olhos para o céu e então uma sombra, alva e pura, dobrou-se para ele, dizendo:

— Trabalha, sacrifica-te pelo teu povo, e ora: serás mais forte, e teus inimigos recuarão; mas, não te esqueças de que a ociosidade te entregará em suas mãos.

O jovem rei, obedecendo a esta boa inspiração, imiscuiu-se na turba, buscando um apoio entre o seu povo e os dignitários que se agrupavam em seu redor; por toda parte, contudo, as sombras vingativas se intrometiam, soprando-lhe loucos pensamentos e toldando-lhe a razão. Mudando pouco a pouco, o implacável disco refletiu uma cena trágica: a luta desesperada de dois homens, à borda de um lago, cujas águas plácidas bem depressa serviram de túmulo a ambos. A noite desceu sobre esse local de infortúnios, e em tal escuridão desfez-se e sumiu igualmente o disco luminoso, espelho incoercível e aterrorizante no qual se haviam espelhado os crimes, as expiações e as lutas futuras do bruxo de Mênfis. Esmagado pelo medo e pelo horror, mortalmente exaurido, Horemseb abateu-se na cadeira, em completa prostração. Não viu Tadar levantar-se, lavar o rosto e as mãos na água do tacho, e, depois, aproximar-se dele, com um frasco. Somente após haver o velho sábio lhe esfregado as têmporas e posto o vidro sob as narinas, abriu os olhos.

— Lava-te na água do tacho, meu filho, veste a roupa e depois bebe deste copo. Logo que eu desperte Neith, leva-a para seus aposentos, pois necessitará de muitas semanas de descanso para recuperar-se da noite de hoje. E tu, igualmente, vai dormir, porque estás esgotado.

Aproximou-se de Neith, que, inteiriçada e gélida, jazia qual morta, e lhe prodigalizou cuidados, enquanto o príncipe obedecia silencioso às suas determinações. Depois de haver abanado violentamente Neith, e lhe escorrido na boca uma substância avermelhada, a jovem teve um brusco sobressalto e reabriu os olhos; mas, quebrantada, seu extremo estado de fraqueza não permitiu ficar de pé. Sombrio e preocupado, Horemseb despediu-se do sábio, e, soerguendo-a, reconduziu a jovem ao palácio, onde a deixou no leito, rumando em seguida, ele próprio, para o seu aposento, e se abateu na cama, adormecendo sem tardar, num sono mais parecido a esvaimento.

NOTA DO AUTOR — Foi muito difícil escrever o capítulo que aqui terminou. Pretendendo reviver estranhos acontecimentos de longínquo passado, repetidas vezes faltaram-me vocábulos para exprimir com clareza, e fazer compreensíveis, aos vivos, assuntos tão escassamente conhecidos ainda. O tecido invisível, envoltório da nossa alma, é difícil de apreender e muitos leitores nele não acreditam, sem embargo de representar imenso papel em nossa vida espiritual.

Mas, as descobertas se sucedem; já a Ciência roça a rede fluídica que faz funcionar o Invisível. Mais um passo, e ela constatará a sua existência. Mãos inábeis e indecisas tateiam ainda nesse mundo novo, porém, o magnetismo animal, o hipnotismo, a sugestão mental já fizeram larga brecha nos velhos preconceitos e revelaram faculdades da alma, desconhecidas até então, e diante das quais os homens param estupefatos. A seu pesar, sábios recalcitrantes são arrastados para uma estrada onde encontrarão maravilhas, de cuja existência nem sequer suspeitam. Almejo que minhas obras concorram para apressar o momento em que a Ciência, vitoriosa, descobrirá o corpo astral, penetrará as leis que regem a alma e analisará os aromas (eflúvios, emanações) das paixões, com a mesma exatidão, atingida hoje, com que determina as vibrações da luz, a velocidade da corrente elétrica e mede as distâncias que separam os astros. Repito: descrever coisas tão escassamente conhecidas, custou muita dificuldade e labor; esforcei-me por ser claro e verídico, tanto quanto possível. Assim, a cena que precede as visões é rigorosamente exata: é a descrição das manipulações e do processo invisível que um Espírito deve empregar, quando deseja sondar o estado de uma alma e fixar, **aproximativamente**, seu futuro, **de conformidade com os instintos que vivem nela e com as paixões que ainda não foram dominadas.**

No que concerne às visões propriamente, para não entediar o leitor e manter na minha obra o interesse literário, tive de as modificar um tanto, não no fundo e sim na forma: grupei as cenas mais interessantes, e dei relevo a quadros que passaram vagos e quase incompreendidos ante o criminoso egípcio, contemporâneo dos Tutmés. A diferença enorme trazida pelos séculos aos costumes, vestuários, idéias, etc., tornaram quase letra morta para Horemseb essas existências de porvir, das quais era incapaz de apreciar o alcance; o Espírito que, sob o nome de Moloc, dirigiu a sessão, não lhe emprestou a exatidão, nem a ordem cronológica que fiz observar: inteligência cruel e zombeteira, desejava impressionar e amedrontar, e isso conseguiu. Aproveitei esse episódio para esclarecer o leitor espírita, que acredita na reencarnação, sobre as vidas de provação e de expiação padecidas pelo feiticeiro de Mênfis. Com tal intento, precisei, pelo vestuário colorido da época e de cenas bem conhecidas, suas vidas mais frisantes, mais próprias para fazer sentir o papel imenso que o passado representa no presente de cada criatura. Assim, ele foi, alternativamente, Cambises, que a loucura prendeu na terra egípcia onde havia pecado; o amante da sombria Condessa de Orlamunde; o Máscara de Ferro, devorado de ciúmes, sonhando pompas de Versalhes no seu calabouço da ilha de Santa Margarida; enfim, o desditoso rei Luís II de Baviera, cuja terrível obsessão tinha raízes no passado, no aroma nefasto do qual o seu corpo astral ainda se achava saturado, e que formava um elo entre ele e as sombras vingativas.

Estas, ai de nós! não querem perdoar, e, depois de milênios, perseguem sem descanso seu antigo perseguidor, envenenando as sendas de provas onde o poder lhe foi concedido, escarnecendo-o impiedosamente no infortúnio e na expiação.

Não posso resistir ao desejo de dizer algumas palavras sobre a última existência do nigromante de Mênfis, sobre esse jovem rei, tão ricamente dotado, cuja vida estranha e trágica morte foram um enigma para os seus contemporâneos. Esclarecido e depurado pelas provações, expiação e arrependimento, colocado, por seus

Guias, em situação que lhe propiciava oportunidade de experimentar forças, o poder que adquirira sobre os instintos do passado, faltou a Luís II a energia e a perseverança para trabalhar, ininterruptamente, pelo bem do seu povo; não atendeu à voz íntima e amiga que o inspirava — "só o trabalho é útil"; a prece humilde e sincera e o devotamento aos interesses do seu povo poderiam manter, a distância, os invisíveis adversários, romper a cadeia de seres rancorosos que tentavam apoderar-se dele. Tal coragem, repito, o jovem rei não teve; deixou-se envolver e subjugar pelas fúrias que o seguiam e irritavam os sentidos, fazendo ressurgir ante seu espírito os quadros meio esmaecidos de longínquo passado.

Tal qual Horemseb, abandonou-se a perigosa ociosidade, que lhe transmudou a vida real em sonho malsão. Em conseqüência deste último embate à vida fracassada, encontrou aquele que havia outrora arrastado o príncipe egípcio à senda do crime: Tadar, o sábio hiteno. Pobre e desconhecido da multidão, que não queria compreender e apreciar suas composições caóticas e inarmônicas, o antigo sacerdote de Moloc reencontrou o antigo discípulo. Apaixonado e tenaz, ainda na ebriedade do passado, mordido por mil sofrimentos, impetuoso e revoltado contra toda a lei de harmonia humana e divina, a alma de Wagner buscava uma saída para esse caos interior nos sons, atordoantes quanto a planta que havia cultivado, selváticos e discordantes quanto eram as tempestades que fervilhavam nele. Para Luís II, a estranha música foi toda uma revelação: essas notas, que sibilavam semelhantes a ventos desencadeados, ululavam qual borrasca, embalavam como se fossem cantares junto de um berço para fundirem-se, inopinadamente, em melodia voluptuosa e suave, evocaram na alma do moço rei todo um mundo de recordações vagas, confusas, mas enervantes. Essas potentes vibrações, que eram a voz do passado, tornavam-se incompreensíveis para o público, que podia sentir apenas a emoção de algo grandioso e desconhecido; para Luís II, esses sons constituíam o elo que o ligava a Horemseb, espanavam a poeira dos séculos, faziam vibrar sensações ignotas, acalentavam-no com visões fantásticas, e assim se vinculou ao compositor ignorado. Seu ouro e seu poderio abriram, tal como outrora, o caminho a Tadar; o mundo aclamou um grande maestro; o público habituou-se à sombria e inarmônica música do gênero da alma do seu criador; admirou essa expressão musical de rudes e selvagens paixões. Mas, para o jovem rei esse reencontro foi fatal: sob a impressão das vibrações do passado, sua vontade fraqueou, as sombras sangrentas retomaram império sobre ele, envolvendo-o mais de perto, separando-o, gradativamente, de toda relação com a vida concreta, com a família, deveres e súditos. Ensombrecido de espírito e de coração, buscando a noite e a solitude, perdido em fantásticas quimeras, o infortunado monarca construía, ilusoriamente e sem interrupção, ora reproduções da Versalhes tão cobiçada, ora as fortalezas e as cabanas de lendário passado.

Não tentou reconstruir o palácio de Mênfis, porque vago sentimento de medo e horror a isso sempre se opôs. Cada vez mais subjugado pelos adversários invisíveis, que o afligiam e o empuxavam para o abismo, Luís II perambulou a alma, atenazada por mil tormentos incompreensíveis, pelos castelos desertos, arrastando o real manto nas galerias vazias e iluminadas e que, só para ele, se populavam de legiões de sombras revindas do túmulo, enquanto em seu redor, voltívolas, motejadoras e plenas de raiva satisfeita, as vítimas de Moloc balançavam, à guisa de troféus, por sobre a sua cabeça, as vermelhas rosas do bruxo de Mênfis. A fatalidade prosseguiu seu caminho, e somente quando a coroa, esse baluarte do seu poderio e orgulho, devia ser-lhe tirada, para salvação do povo, os inimigos recuaram: Neftis, a sombria Condessa de Orlamunde, o gênio mau do rei, abandonou, e, subitamente restituído à razão, ele compreendeu, em toda a nudez, o terrível de sua situação: destronado e tido por louco (e ele estivera desassisado, em verdade), embora não mais se encontrasse em tal estado nesse instante de humilhação. Os grandes sábios que o assistiam e constataram a doença cerebral não puderam debelá-la, nem compreender a reviravolta mental, pois não admitiam a enfermidade da alma, nem acreditavam nas influências poderosas que o passado exerce sobre a vida presente das criaturas. Tudo quanto turbilhonou em desespero e vexame no espírito do rei destituído — é difícil descrever; mas, exercitando astuciosa cautela na própria desgraça, dissimulou a cólera e bem assim a aversão contra o médico que o assistia, ignorando que este era Amenófis, um dos padres de Mênfis, que, implacavelmente, havia agido contra ele no processo de feitiçaria. Instinto odiento, porém, surgido das profundezas do passado, inspirou-lhe o desejo de destruir o esculápio: uma luta, combate mortal foi travado nas águas entre o rei e o vigoroso sábio; com a decuplicada energia que a desesperação momentânea empresta, o monarca venceu, e só o largou — morto. O esforço, porém, excedera das forças e o exaurira, de modo que se desgovernou a cabeça, perdeu o apoio no fundo escorregadio do lago, atordoou-se, teve vertigem e tombou também e... a alma se desprendeu do atormentado corpo. Representara-se um dos mais surpreendentes dramas dos tempos modernos.

Mas, acima do lugar da desgraça, rodopiava, qual mancha negra, o enxame das Inteligências vingativas, destilando na atmosfera o olor deletério que as havia vitimado, e do qual os rebeldes Espíritos não queriam separar-se. Espionando o Espírito liberado do nigromante, estes precipitaram-se sobre ele, acorrentando-o no sítio do seu crime, increpando-o por um passado sempre revivescido para essas sombras, porque o interregno dos séculos não existe para o ódio, e o tempo é um sopro na eternidade, que não mensura a faúlha inextinguível da alma. Não se suponha que na superfície espelhante do lago possa balançar-se estranho grupo, em meio do qual se debate um Espírito atormentado de remorsos e arrependimento; mas, triste daquele que, ligado por algum fio desconhecido a esse pretérito tempo, venha absorver imprudentemente o odor fatal que plana sobre esse local funesto! Inacessível aos sentidos grosseiros, esse perfume sutil e deletério invade o temerário, ensombrece-lhe o cérebro e o arroja sem piedade nas águas transparentes onde está cravada a alma do feiticeiro de Mênfis.

VI

DERRADEIROS DIAS DE PODERIO

Dez dias haviam passado depois da noite em que o futuro levantara o véu para Horemseb, e Ísis ainda não avistara o seu senhor. O príncipe, dissera Chamus, estava enfermo, servido apenas pelo velho Hapu; todos os divertimentos noturnos estavam suspensos. O pasmo entre a criadagem era enorme, porque jamais semelhante coisa fora vista; mas, ninguém, por uma expressão de olhar sequer, ousara formular qualquer pergunta a respeito. Aguardavam todos, entristecidos e desencorajados, que recomeçasse a sua corvéia.

Apenas Sargon estava presa de indizível agitação: que significava a invisibilidade de Neith e de Horemseb, desde a noite misteriosa em que o acesso ao palácio e aos jardins fora interdito a todos? Que ocorrera, então? Mil suposições retorturavam o jovem homem, despertando umas vezes o ciúme e outras o receio de uma adversidade. Rilhando os dentes, jurou a si mesmo que, tão logo adquirisse qualquer certeza sobre a sorte da esposa, fugiria, para dar imediato final àquela intolerável situação.

Horemseb estivera realmente enfermo, de alma e de corpo; as múltiplas emoções da terrível noite haviam-no exaurido de todo, ocasionando uma turbação no cérebro, que não lhe permitia coordenar os pensamentos. Durante alguns dias, permaneceu na cama, atristado e abatido, rememorando quanto havia visto, e tentando orientar-se e interpretar o caos daquela vida vindoura, tão bizarramente amalgamada de miséria e de grandeza. Ao fim desse tempo, sua flexível natureza começou a readquirir a plenitude; o orgulho e a fatuidade por auxiliares, ele explicou a si mesmo tudo para sua glória e honraria, admitindo, complacente, que, no curso de uma existência sem término, algumas gotas de amargura não podiam deixar de cair. No entanto, o organismo ainda se encontrava quebrantado demais para apetecer as habituais distrações.

Enfim, na tarde do décimo primeiro dia, Chamus veio pedir a Ísis que se aprestasse para partilhar da refeição do seu senhor. Agitada por nervoso tremor, a moça enfeitou-se: ia defrontar o mais perigoso momento da sua voluntária missão; os deuses a ajudariam a evitar os efeitos do pernicioso aroma e a repelir o veneno que lhe seria oferecido? Ao pensamento de ser dominada pelo feitiço, de ser forçada a amar o odioso homem, que destruíra os seus e que ela detestava mortalmente, sentiu vertigens. Ardente prece reconfortou-a; os Imortais não lhe podiam recusar proteção à justa causa.

Assim, quando Chamus veio buscá-la e a deixou na galeria, recobrara a calma e a energia, e preparava-se para simular amor e humildade em face daquele que ela pretendia destruir. Sem demora, viu aproximar-se o príncipe, à frente do costumeiro séquito: estava pálido, mas impassível, e seu olhar, áspero e glacial, percorreu a galeria procurando a nova vítima. Nervosamente trêmula, Ísis prosternou-se, e, mãos cruzadas ao peito, inclinou a cabeça até ao chão. Dedos úmidos e frios pegaram logo seu braço, e uma voz, sonora e doce, disse, bondosamente:

— Ergue-te, bela filha. Uma indisposição impediu-me até hoje de te saudar.

Ísis levantou-se, mas, ao encontrar os olhos faiscantes e zombeteiros que a fitavam, baixou a fronte. Horemseb sorriu.

— Pega essas rosas e segue-me, pequena. Não sei que nome te dê.

— Ísis — murmurou ela.

— Belo nome, e, por teus encantos, podes rivalizar com a grande deusa que o tem.

A refeição decorreu como era habitual. Apesar da precaução adotada para não respirar das exalações das rosas envenenadas, os perfumes narcotizantes, desprendidos do príncipe e de tudo que o rodeava, reagiam dolorosamente sobre a moça; peso e fraqueza invadiam-lhe os membros, e o coração se contraía de angústia e vago terror. Concluído o repasto, foram para o pavilhão do jardim; Ísis assistiu às danças sobre o tabuleiro de relva, e conseguiu derramar, num vaso de flores, a funesta bebida que lhe estava destinada. Horemseb, longe de qualquer desconfiança, não se apercebeu de tal, e partiu tranqüilamente para o passeio ao Nilo. No dia imediato, foi bisado o da véspera; mas, em vez do espetáculo na relva, a jovem assistiu a uma orgia em miniatura, embora nem por isso menos odiosa, e que terminou com a morte de jovem e formosa escrava. Tomado de súbito furor, Horemseb precipitara-se sobre a cativa e a estrangulara, e, depois, refeito, mas descontente, dera por terminada a festa.

Pela primeira vez, a bebida que lhe esfriava o sangue não havia desempenhado totalmente a sua função; o aroma que ele espalhava parecia haver-se transformado em fio de dois gumes: as brutais paixões, que nele dormitavam, despertaram, inspirando-lhe, subitamente, o desejo feroz de afundar o punhal naquele seio lindo, e em seguida sorver, a longos traços, o quente e rubro sangue, premir com a boca os lábios abertos na carne pelo ferimento, e saborear, voluptuosamente, os derradeiros estremecimentos daquela vida, que se extinguia para reviver nas veias dele próprio. Mas, beber sangue só lhe era permitido em determinadas épocas, e, recordando-se dessa proibição imposta por Tadar, repôs o punhal no cinto, mas a vítima havia perecido afogada em uma constrição mortal.

Ísis regressou espavorida e incapaz de conciliar o sono. Por isso, empregou o resto da noite em escrever a narrativa minuciada dos horrores a que assistira. Pela manhã, quando ainda todos dormiam no palácio, Sargon esgueirou-se no jardim e veio para junto do gradil que o separava do jardinzinho contíguo ao apartamento da moça. Esta aguardava-o já, porque muitas vezes, assim, haviam conseguido comunicar-se mutuamente. Rápida, passou-lhe o escrito, recomendando assiná-lo também, tal qual ela o fizera, e pô-lo no escaninho combinado.

— Se ambos perecermos nesta caverna de banditismo, esse documento valerá por um libelo contra Horemseb, por uma prova dos horrores que se praticam aqui — finalizou Ísis.

Sargon falou-lhe dos receios quanto à sorte de Neith, e disse que, se dentro de alguns dias não a encontrasse, fugiria, apesar de tudo, e indicou a Ísis um grande vaso colocado na aléia por onde a ela era permitido passear, e pediu que ali depositasse suas mensagens, pois ali também ele deixaria as suas. Isso combinado, separaram-se, e, nessa mesma data, à noite, Keniamun levava a Neftis o terrível documento, assinado por Ísis e Sargon.

— Conheço tudo isso, e vi igualmente um assassínio mais ou menos assim — disse Neftis, suspirando. Sargon fará bem em fugir o mais depressa possível, pois já temos suficientes provas para destruir o traidor!

O organismo de Neith sofrera um golpe bem mais rude que o do príncipe, e, durante muitos dias que se seguiram à memorável noitada, ressentiu-se de fraqueza que a prostrou deitada, imersa em letargo. Contudo, pouco a pouco, readquiriu forças, e estranhou não mais rever Horemseb. O orgulho e o ciúme começaram a lutar: que significava tal descaso? Haviam-lhe dito, é certo, que ele estava indisposto, mas não acreditou, por um momento sequer, na veracidade da escusa, e mortificou o cérebro para adivinhar as razões da ultrajante indiferença daquele a quem amava. Neith ignorava que, para lhe proporcionar repouso completo, Tadar proibira o príncipe de visitá-la. Sem embargo do ciúme que a minava, Neith possuía altivez e obstinação suficientes para não tentar atrair o príncipe ao seu domicílio. Ao pensamento de mendigar sua presença, o rubor subia-lhe às faces, e resolveu, se o acaso lhe fizesse encontrá-lo, mostrar-lhe desprezo e indiferença.

Certo dia, à hora em que, habitualmente, o príncipe não mais saía dos aposentos, Neith desceu ao jardim. Enfraquecida ainda, andava lentamente, cabeça baixa, e absorta, quando, à curva de uma aléia, esbarrou com alguém que caminhava célere: era Horemseb, que regressava do pavilhão de Tadar. Reconhecendo-o, Neith recuou como se tivesse pisado num reptil: o sangue soberbo de Hatasu ferveu-lhe nas veias, dando-lhe, no momento e apesar da diferença de traços fisionômicos, flagrante parecença com a rainha: o mesmo olhar chamejante e acerado, a mesma boca de cantos descidos, exprimindo desmesurado orgulho, o gesto imperativo da inabordável soberana. Horemseb dedicou-lhe um olhar admirativo e apaixonado, aquela arrogância real agradava-lhe, e também titilava o amor próprio. Que prazer quebrar, incontinenti, o grande orgulho, mudar o desdém, o desprezo, em amor e humildade! Todavia, recordando as recomendações de Tadar, e recuando um passo, disse, desviando o olhar:

— Como vai tua saúde, Neith? O ardente rubor que incendeia tuas faces faz supor que ainda estás enferma.

A chufa irônica que vibrava nessas palavras mudou imediatamente o rubor em lívida palidez.

— É verdade que, sob teu teto, esqueci o que seja calma e saúde; entretanto, estou bastante forte para deixar esta prisão, e aproveito nosso encontro para te dizer que aceito, hoje, a liberdade que já me ofereceste. Deixa-me sair, e manterei a palavra dada de não divulgar nada sobre a vida que levas.

Por sua vez, Horemseb mediu-a com um olhar de ameaça e surpresa: toda a sua fatuidade arranhada vibrou no tom, áspero e peremptório, da resposta:

— Devias ter aceito, então, e ido embora. Agora, não permito mais.

E, voltando costas, desapareceu numa aléia adjacente.

Neith regressou desesperada, e durante horas chorou loucamente, recaindo em debilidade, que a forçou a permanecer dois dias em casa. Na noite do terceiro dia, sentiu-se melhor, porém tristíssima, oprimida, e, por isso, novamente desceu ao jardim, na esperança de que o ar fresco lhe daria alívio. Esplêndida era a noite: o ambiente doce e embalsamado, o firmamento cintilante de milhares de estrelas, a grandiosa calma da Natureza reagiram, qual refrigério, sobre a alma ulcerada e enferma de Neith. Havia muito que andava, sem rumo, pelas desertas aléias, quando distante cantar chegou-lhe ao ouvido. Parou, estremecendo, e, invadida por invencível desejo de rever Horemseb, verificar o que estaria fazendo, enveredou na direção dos sons melodiosos. Bem depressa estes ficaram mais próximos, e Neith arredou, cautelosa, os ramos espessos de uma sebe que a separava de sítio fartamente iluminado.

Viu, assim oculta, o pequeno pavilhão aberto, no qual ela assistira muitas vezes a danças e cânticos dos escravos, e Horemseb meio estirado, conforme seu habitual, sobre um leito de repouso, tendo a seus pés, sentada, uma jovem de deslumbrante formosura, de dourada cabeleira, lembrando trigal maduro, que lhe cobria costas e espáduas, qual manto sedoso, e cujos braços alvos, pejados de largos ornatos, pousavam nos joelhos do príncipe. Este, voltado para ela, sorrindo sonhador, ciciava palavras que só podiam ser amorosas. Ante esse quadro, difícil é descrever o que se desencadeou no coração de Neith. Seu pensamento inicial foi que acabava de descobrir o motivo do abandono insultante, no qual ela vegetava; a idéia de ser preterida por outra mulher, ela — que tantos homens distintos haviam idolatrado no nível de uma divindade — subiu-lhe ao cérebro qual labareda; misto de fúria e cego ciúme cortou-lhe a respiração; avermelhada bruma obscureceu-lhe o olhar. Apertando o peito com ambas as mãos, como se sentisse romper-se o coração, emitiu um grito sem timbre humano, e rolou desacordada na relva.

Ainda que diminuído pelas cantilenas, esse grito foi percebido por Horemseb e Chamus. De um salto, o príncipe atingiu a proximidade da sebe de sarças, de onde partira a voz, e, ajudado pelo eunuco, afastou as ramas, deparando, a pouca distância, com o corpo de Neith, estatelada qual morta. Não a identificando, devido a escuridão, olharam-na de mais perto, e Horemseb, ao ver a filha de Hatasu, começou a rir. Ordenando a Chamus que reconduzisse Ísis ao palácio, e desse por findo o espetáculo, levantou Neith e a transportou aos aposentos.

— Veja-se quanto esta louca pequena está enciumada, apesar de todo o seu orgulho! — murmurou, enquanto caminhava. Pobre Neith! Se soubesses como é vão o teu zelo, e quão caro aquela mulher pagará alguns olhares amorosos, ficarias consolada.

Graças aos cuidados que lhe dispensou, a jovem bem depressa voltou a si, mas os olhos continuaram obstinadamente fechados. Compreendendo que, para não a excitar mais ainda, o melhor era deixá-la sozinha, Horemseb retirou-se, dissimulando um sorriso.

Tão logo ele saiu, Neith ergueu-se, e, por gesto brusco, despediu as servas: bramia-lhe no íntimo uma tempestade que a ameaçava talvez de perder a razão. Além da sanha ciumenta, ela não podia suportar a idéia de que houvesse deixado perceber a extensão do louco amor por ele, pois não ignorava quanto poderia feri-la no coração por isso, e que não perderia oportunidade de assim agir. Quanto se divertiria com o orgulho humilhado! Parecia-lhe mesmo já estar vendo o sorriso zombeteiro, que lhe fazia ferver o sangue e subir a vergonha às faces. Fremente de superexcitação nervosa, com tremores febris, trilhava o aposento, retorcendo as mãos e soltando exclamações sufocadas.

— Não! Tal viver não pode continuar; se eu não recobrar a liberdade, ao menos poderei morrer, porque a morte é também liberdade e descanso.

Algo abrandada pela resolução, sentou-se novamente no leito de repouso.

— Oh! Roma! — balbuciou ela. — Se soubesses quanto sofro, perdoarias minha traição. E nunca saberás como fui cruelmente punida; enquanto os que me amam choram por mim, morro aqui, voluntariamente, mísera, mais degradada do que uma escrava, privada mesmo de sepultura, como se fosse um animal impuro.

Escondendo o rosto nos coxins, verteu lágrimas amaríssimas, pranto que a aliviou, embora sem apagar a resolução tomada. Neith era enérgica, tal qual a rainha, sua mãe, e, nos momentos graves, assumia a atitude das frias deliberações, o que constituía um dos traços salientes de Hatasu. Tendo chegado à convicção de que era impossível viver assim mais tempo, não hesitou em procurar morrer. Enxugou as lágrimas e levantou-se. Primeiramente, pensou fazer nó corredio com uma charpa que estava sobre a cadeira e enforcar-se, pendente de um gancho de bronze fixado na parede, porém, mais depressa ainda, repeliu a idéia; esse gênero de morte desfigurá-la-ia. Apre! Toda a sua coqueteria revoltou-se. E para que isso, quando podia afogar-se!

Sem hesitar por mais tempo, esgueirou-se para o jardim, e correu para o grande lago. Chegando junto da água, notou que todas as luzes do palácio estavam apagadas; a sombria fachada do vasto edifício desenhava-se, qual massa negra, sob o azul-escuro do céu lantejoulado de milheiros de estrelas. Por breve minuto, contemplou, olhos fulgentes e coração desbordante de amargor, a esplêndida prisão onde tanto sofrera: depois, voltando-se, brusca, ajoelhou no primeiro degrau, e, tirando no seio pequena escultura da deusa Ísis, em lápis-lazúli, presa à correntinha de ouro, elevou-a para o alto. De início, orou silenciosamente, porém, exaltando-se cada vez mais, começou a exprimir em voz alta os pensamentos que lhe torpedeavam o cérebro, invocando as divindades do reino das sombras, sem esquecer de citar tudo quanto realizara em honra de todas, durante a vida, apontando os numerosos sacrifícios, as dádivas soberbas oferecidas aos templos, para obter dos deuses fosse sua alma liberta da nefasta paixão por Horemseb. Enfim, levantando ambos os braços ao firmamento, exclamou:

— Ó Ísis! potente deusa! Osíris! senhor do reino subterrâneo! Anúbis! protetor das almas, perdoai-me por terminar voluntariamente uma vida que não mais posso suportar; fostes surdos aos meus rogos, não me liberastes de um indigno amor. Agora, protegei-me nas esferas inferiores, defendei-me contra os espíritos impuros que me assaltarão nas regiões de pavor; intercedei por mim ante Osíris, no solene momento em os quarenta e dois juízes ponderarem meu coração e meus atos. Poderoso Anúbis, não permitas que meu duplo (KA) imortal pereça com a minha alma, se meu corpo for privado de sepultura, e se nenhum servidor da divindade abrir meus olhos e meus ouvidos. Meu pai, Mena, minha mãe, Tachot, vós, cujos sepulcros estão cercados de honrarias, ajudai-me e protegei-me!

Levantou-se, beijou o amuleto, e quis descer, correndo, os degraus para lançar-se na água, quando robusta mão segurou-a, imprevistamente, pelo largo cinto de prata que lhe contornava o talhe, e a impediu de mover-se. Emitiu abafado grito, ao encontrar, com turbado olhar, o de Horemseb, que, caloroso e escarnecedor, parecia mergulhar fundo na sua alma.

— Oh! Neith! Morrer de ciúmes, tu, a mulher indômita! Tranqüiliza-te, jamais amei outra mulher.

Ele não acrescentou: "amo a ti somente", isso porque, verdadeiramente, não amava ninguém; naquele coração, frio e pervertido, havia lugar apenas para adoração dele próprio. A jovem mulher não respondeu; surpreendera tão-somente a vibração chasqueadora das palavras do príncipe, e sentia-se morrer, sob o peso daquela hora de humilhação. Por um instante, pareceu petrificada, mas, inesperadamente, abriu o colchete que fechava o cinto e, livre, saltou para atingir a água. Horemseb, que não contava com semelhante gesto, cambaleou e esteve a termo de perder o equilíbrio, porém, firmando-se, transpôs num pulo vários degraus e tornou a pegar Neith no momento em que ela se deixava cair para dentro do lago.

Sustendo-a de encontro a si, voltou e seguiu para um banco distante. Ela não ofereceu resistência; tocara o extremo da debilidade e das resoluções; a cabeça apoiava-se pesadamente sobre o ombro do príncipe, e as exalações atordoantes do envenenado colar deste a empestavam, reacendendo-lhe no sangue a irritação apaixonada que lhe era tão nociva.

No que concerne a Horemseb, ele pairava entre a cólera e a admiração: nunca talvez aquela mulher lhe parecera tão formosa quanto nesse momento, e a fascinação exercida por ela chegou ao apogeu. De novo, qual ocorrera dois dias antes com a escrava, despertou nele o selvático desejo de fundir o punhal naquele corpo franzino e flexível, e beber o generoso sangue, que devia ter especial sabor, porque era de veias fidalgas. Sob o império de tão abominável sentimento, seu sangue fervilhou; cingiu a jovem contra ele, quase a asfixiá-la, e colou a boca nos lábios lívidos da indefesa mulher; mas, um derradeiro lampejo de raciocínio fez-lhe entrever estar ali a filha de Hatasu, a sua salvaguarda em caso de perigo, e que ele arriscava destruir... Dominando-se, com esforço, ele a afastou, recuando. Grande, porém, foi seu alarme quando Neith, desamparada, caiu e ficou estendida, sem movimento!

— Eu a matei! — disse, ofegante e passando a mão pela testa inundada de suor frio.

Bruscamente resoluto, apanhou o inerte corpo da sua vítima, e correu para o pavilhão do velho sábio, a quem narrou quanto ocorrera, enquanto Tadar examinava atentamente a jovem egípcia. Preocupado, sobrecenhos franzidos, o sábio falou a Horemseb:

— Insensato! — disse severamente, pegando-lhe o braço. Começo a crer, em verdade, que os Imortais querem perder-te, pois obscurecem tua razão e te impelem a destruir o único ser que poderá defender-te em caso de perigo. A quem tenho dado meus conselhos e minhas ordens? Fica sabendo, agora, que, se eu não conseguir reanimar esta desgraçada criança dentro de uma hora, esta letargia é prelúdio da morte.

Pálido, lábios contraídos, Horemseb não respondeu à dura reprimenda, e, silenciosamente, ajudou Tadar, e só respirou desafogado quando, após sessenta minutos de esforços, Neith abriu os olhos e fez ligeiro movimento. A um sinal, o príncipe se refugiara para o fundo do aposento, de modo a tornar-se inapercebido pela enferma. Neith, de resto, estava em absoluta prostração de espírito, e não deu resposta às palavras carinhosas e amigas do sábio; porém, bebeu, sem relutância, o conteúdo do copo que este lhe apresentou. Ao termo de um minuto, fechou de novo os olhos, e recaiu na imobilidade.

— Eis o que é necessário fazer — disse Tadar chamando por gesto o príncipe: em local bem arejado, é mister preparar um leito cômodo, para nele repousar esta criança. O sumo que lhe administrei mantê-la-á em sono durante muitas semanas, o que é necessário, para suspender a ação do pensamento, que ela não suportará. Sem este intervalo, morreria de congestão cerebral, ruptura do coração ou do mal que vitima teus servos, os quais, com o decurso do tempo, parecem incapazes de suportar o ar saturado dos aromas que respiram. Para sustentar as forças, tu lhe derramarás, diariamente, dez gotas da essência contida neste vidro, o que corresponde à nutrição, e se acaso os dentes estiverem cerrados, afasta-os com uma lâmina. A seu tempo, dar-lhe-ei o remédio para despertar. Enquanto isso, visitá-la-ei cada três ou quatro dias.

— Não se poderia deixá-la aqui, no aposento superior, já uma vez por ela ocupado?

— Não, porque ficaria muito próxima da sagrada planta. Além disso, os perfumes que estou preparando para o grande sacrifício, que celebraremos dentro de oito dias, prejudicá-la-iam bastante. É imperioso transferi-la para o pequeno pavilhão de pedra, o mais vizinho do Nilo, e não abaixar as cortinas das janelas, porque ela tem necessidade de ar fresco, dia e noite.

Uma hora depois desta conversação, Horemseb transportou Neith para o designado pavilhão, estirou-a comodamente sobre almofadas de um leito de repouso, e a recobriu com um grande véu de gaze, e saiu em seguida, puxando apenas a porta, rumo do palácio, receoso e preocupado. Após haver dado a Chamus ordem de interditar aos escravos a aproximação do pavilhão de granito, deitou-se, e adormeceu, sem que lhe acudisse ao pensamento a possibilidade de alguém burlar tal ordem.

A inquietude de Sargon por não ver Neith, desde havia quinze dias, mudou para ira e desespero; em vão se insinuava em todas as aléias, espiava o palácio e o pavilhão do sábio, arriscando-se às vezes até à imprudência; Neith continuava inencontrável. Ísis, igualmente, nada sabia, e, na sua exasperação, Sargon tomara a decisão de enviar a Neftis ordem de seguir para Tebas, onde tudo narraria à rainha, para obter permissão de bloqueio e busca no palácio, pelas autoridades. Um acaso, no entanto, fê-lo descobrir o que buscava. Certa manhã, estando de serviço nos apartamentos do príncipe, viu este descer ao jardim, e, despistando com habilidade, conseguiu segui-lo, pela parte do jardim marginal ao Nilo, e vê-lo penetrar no pavilhão de pedra, às vizinhanças do qual, desde havia pouco, nenhum escravo podia chegar Oculto na espessura de uma sebe, Sargon não despregou o olhar do local do pavilhão.

— Que novo crime estará sendo ali tramado? — murmurou, rancorosamente.

Após alguma demora, que pareceu uma eternidade ao moço hiteno, Horemseb saiu, alegre e despreocupado, e, assobiando uma ária guerreira, retomou o caminho do palácio. Sargon acompanhou-o com o olhar, e seus punhos crisparam-se de ira e aversão.

— Canta, canta — disse, baixo — porque são as tuas derradeiras músicas, assassino de mulheres, monstro vomitado pelo inferno; bem depressa a justiça te alcançará, e o castigo dobrará tua insolente cabeça; mal sabes, envenenador assassino, quão próximo está o teu fim!

Quando Horemseb desapareceu, o hiteno deslizou para o pavilhão, cuja porta, fechada por ferrolho exterior, ele empurrou. Achou-se em pequena câmara, iluminada por duas largas janelas, de cortinas levantadas, mobilada com leve mesa, onde havia uma ânfora de alabastro e copo, e um leito de repouso sobre o qual estava deitado um corpo de mulher, a julgar pela farta e longa trança caída para o chão. Essa humana forma estava coberta por alvinitente véu. Sem hesitar, Sargon aproximou-se, e levantou vivamente a gaze, para, imediato, vacilante, recuar, emitindo refreado grito de pasmo:

— Neith!

Lábios trêmulos de emoção, ajoelhou, inclinando-se para o rosto lívido da esposa, que parecia petrificada na exteriorização de indizível sofrimento.

— Morta! — balbuciou, beijando as pequeninas mãos geladas, postas cruzadas sobre o peito, inundando-as de lágrimas ardentes.

Subitamente, estremeceu, ao perceber que débil, mas perceptível respiração alçava os seios. Sim, não era ilusão: um sopro, despercebido para desatento observador, fugia dos lábios de Neith. Fremente de ventura, o moço príncipe, firmando-se de pé, sacudiu a adormecida, tentando despertá-la, repetindo:

— Neith! Neith! Torna a ti; não estás abandonada e só; a libertação está próxima!

Mas, ao notar que vãos eram seus esforços, que a cabeça de Neith recaía inerte, que os olhos continuavam obstinadamente fechados, o júbilo mudou-se logo em angústia e desespero:

— Ele a mergulhou em sono enfeitiçado — murmurou, arrimando-se à parede e premindo a fronte com as mãos, em rápida prostração. É tempo de entrar em ação; devo fugir e pôr fim a tantos horrores; mas, triste de ti, bruxo maldito, se esta respiração extinguir-se antes do meu regresso!

Recuperando-se, por esforço de vontade, calmo e enérgico, novamente se curvou para o rosto imoto da jovem esposa, deu apaixonado beijo na pálida boca, e, recobrindo cuidadosamente o corpo, fechou a porta e correu ao palácio. Decidido a fugir sem tardança, o hiteno procurou avidamente a oportunidade de executar seu projeto, e, com espanto, verificou que algo inusitado se preparava. E porque não era surdo-mudo, nem embrutecido, nem aterrorizado, como estavam os demais escravos, que desempenhavam as tarefas com a triste apatia de um animal, conseguiu surpreender uma conversação entre Chamus e outro eunuco, e soube, assim, da chegada de nova remessa humana, constituída exclusivamente de mulheres e crianças, e também que se separavam e isolavam, em ala à parte, servos atacados de singular enfermidade, que ele, Sargon, havia notado já. Esses desgraçados, sãos em aparência, estavam como que embebedados; durante muitas horas, permaneciam caídos, inertes, em modorra, da qual coisa alguma os despertava, nem ameaças, nem espancamento. E, quando cessava o torpor, os olhos espantadiços e reluzentes, lábios bambos e repuxamentos incoercíveis da face davam-lhes a aparência da idiotia. Viu também o sábio, que rarissimamente se deixava avistar, falar muito azafamado com Hapzefaá; mas, ainda pouco depois, fez a desagradável descoberta de estar sendo observado por Chamus, e surpreendeu mesmo, neste, um olhar de desconfiança, o que mais lhe robusteceu a decisão de fugir a todo custo.

Sombrio pressentimento fechou o coração de Sargon, quando, na noite do segundo dia depois da descoberta de Neith, Chamus o conduziu à sala dos escravos doentes e ali o trancou. O tempo que a isso se seguiu pareceu-lhe uma eternidade, e só ele, entre os infortunados companheiros, não pôde dormir, quando as trevas noturnas invadiram a vasta sala. O ruído da porta que se abria o tirou de tumultuosos pensamentos. Deitado num recanto, fingindo dormir, viu muitos eunucos, empunhando tochas, fazerem o giro nos adormecidos, grupando junto da porta os que podiam erguer-se sem dificuldade, e derramando algumas gotas na boca dos que não podiam despertar. Com arrepios, mas parecendo eletrizados, os infelizes pulavam em pé, e em breve a tropilha humana estava em marcha, sob a direção dos eunucos, rumo dos jardins. Tendo atravessado o parque em toda a extensão, chegaram a vasta clareira, rodeada de uma fila de espinheiros e árvores ramalhudas, ao centro da qual se erguia uma pirâmide de pedra. Sargon jamais vira esse lugar, tão habilmente dissimulado na espessura de denso mato, e de cuja existência jamais suspeitara.

Essa parte dos jardins, próxima do pavilhão do sábio, era território interdito aos escravos, os quais só ali apareciam sob vigilância, e o hiteno por ali não se aventuraria, salvo clandestinamente. Sargon examinou curioso o ambiente que o cercava: tudo era vivamente iluminado pelo clarão dos archotes; não longe da fileira vegetal, à esquerda da pirâmide, achavam-se postos, em mesa de pedra, um grande tacho, que lhe pareceu cheio de vinho, e copos de alabastro. Do interior da pirâmide ouviam-se ruídos metálicos e o crepitar semelhante ao de imenso braseiro. Sem demora, a clareira se povoou, em multidão, de mulheres e crianças de todas as idades, e bem assim de eunucos, que se ocuparam no enchimento dos copos, constrangendo as desgraçadas a beber. A embriaguez começava a dominar toda a turba, quando apareceram o sábio e Horemseb. A multidão seguiu-os, formando colunas ante uma espécie de altar, erigido à entrada da pirâmide. Chamus trouxe uma ânfora cinzelada e dois copos de ouro. Após haver bebido, e o príncipe também, Tadar entoou um cântico selvagem, com o qual os submissos fizeram coro, a dançar, em volteios de velocidade cada vez maior. Sargon não tocara na bebida, embora fingisse tê-la ingerido, e, esgueirando-se para o recanto mais escuro, encolheu-se sob as sarças, sem que o notassem, porque a vertigem de todos atingira o apogeu, e, entre esses seres, desvairados e rodando sobre si mesmo, com vertiginosa rapidez, era difícil distinguir alguém. De outra parte, os eunucos estavam ocupados em vigiar as saídas e encher novos copázios.

Súbito, viu Horesemb pegar uma das desgrenhadas dançarinas e atirá-la ao altar, e em seguida Tadar servir-se de um punhal, que afundou no peito da vítima. No mesmo instante, o olhar do hiteno incidiu sobre a alta porta aberta da pirâmide, e, com sufocada exclamação, apertou as têmporas com as mãos: o ídolo entronizado lá, iluminado por tochas de avermelhados clarões, e cujos membros inferiores se coloriam com o rubro orvalhado do metal incandescente, era Moloc, o deus do seu povo, e ao qual, ele mesmo, havia orado, desde a tenra infância. O que se passou, nesse momento, no cérebro de Sargon, não se descreve. Mil lembranças acordavam, e, imediatamente, inesperada luta desgarrou-lhe a alma: aqui faziam sacrifícios ao deus dos hitenos, à divindade do seu povo, e ele pretendia trair esses homens, destruir esse santuário! Podia fazê-lo? Ousaria semelhante sacrilégio?

Com olhar vago, viu o sábio atirar a mulher imolada na fornalha, e depois Horemseb lançar nos braços fumegantes do deus um filho arrancado dos braços maternos. Sargon sabia que isso estava certo, e que muitas outras vítimas ainda seriam engolidas pelas entranhas da sangüinária divindade (20). Inesperadamente, novo curso de idéias fez-se aurora na mente superexcitada do jovem homem: que consideração devia ele a esse deus, que deixara ser vencido o seu povo; matar todos os seus; que o deixara arrastar, feito prisioneiro, ao país inimigo? Por essa divindade ingrata, abandonaria sua vingança, deixaria viver e prosperar o homem que ele mais detestava no mundo, renunciar a Neith e perecer, ele próprio, miseravelmente? Não. Nunca! Devia fugir, imediatamente, pois era visível que Chamus já suspeitava dele, e o havia trazido ali para morrer.

Mas, como consumar a fuga? A saída estava com sentinelas, e o renque espesso era intransponível, qual muralha. A iminência do perigo decuplicava todas as faculdades de Sargon: qual reptil, rojou-se, achatando-se quanto possível de encontro ao chão, para perto da saída, e ali aguardou algum acaso favorável. A espera não foi mal recompensada: convencidos de que os infelizes, destinados à morte, estavam incapazes de fugir, os dois eunucos abandonaram seus postos e avançaram um pouco, para melhor apreciar os sacrifícios, e o hiteno aproveitou a oportunidade. De um pulo atingiu a saída, embrenhou-se no sombreado de um mato bravo, e, constatando não ser perseguido, se fez ao largo, qual cervo sob latidos. Atingiu, não sem custo, a parte conhecida dos jardins, e, tendo traçado algumas linhas sobre pequena tabuinha oculta na jarra da correspondência com Ísis, correu ao sítio onde, antes de ingressar no palácio, fingido escravo, escondera corda, machadinha e punhal. Não tardou em encontrar os objetos intactos.

Com o punhal em uma das mãos, a machadinha na outra, Sargon andou, junto do muro, até a porta comunicante com a escadaria para o Nilo. Dois escravos ali vigiavam, acocorados na areia. Qual tigre, caiu sobre um, a quem fendeu o crânio, e, antes que o outro, aturdido, pudesse gritar, o mesmo lhe sucedia. Sem perda de um minuto, abriu o trinco e saiu para a escadaria, e, depois de fechar a porta, escorregou para a extremidade inferior de uma das esfinges, e, abrigado entre os tojos, parou um pouco para tomar fôlego. O mais difícil estava feito, e o ar fresco e puro que subia do rio refrigerou-lhe a fronte que manava suor. Mas, o solo como que queimava sob os pés, e imediato retomou a fugida, só se detendo às portas da casa de Neftis. Esta e Keniamun, despertados, formaram conselho e, sem discrepância, foi decidido que Sargon e o oficial deviam seguir, imediatos, para Tebas, e tudo comunicar à rainha. E porque, na previsão daquela eventualidade, Keniamun havia, por antecipação, alugado um barco, movido por escolhidos remadores, tudo se concluiu rapidamente, e a noite ainda escurecia Mênfis com a sua sombra, e já os dois moços estavam instalados na embarcação e rumavam céleres para a Capital.

Quando, na manhã dessa noite memorável, Chamus despertou, um dos subintendentes anunciou-lhe, descorado e inquieto, que os dois escravos guardiões da porta do Nilo haviam sido encontrados mortos, ao serem rendidos na vigilância, e que a porta fora aberta. O eunuco saltou a essa notícia, e como temesse acordar Horemseb, que repousava exausto, fez, à conta própria, severo inquérito, chegando à conclusão de que o assassino e fugitivo devia ser o escravo Karapusa.

— Tive razão em desconfiar do miserável — resmungou, atirando-se fatigado sobre um leito de repouso —, ele rodava muito nestes últimos dias. Possivelmente, não é surdo, nem mudo, e de tal se fingia para melhor espionar. Mas, quem poderá ser? E como conseguiu escapar-se, ontem? Meu raciocínio perde-se nesse enigma.

O Sol ia desaparecer quando Horemseb, bem refeito, lépido e disposto, fez lhe servissem uma refeição; mas, o apetite desapareceu completamente, no momento em que Chamus, lívido e trêmulo, disse-lhe dos acontecimentos da véspera e das suposições quanto à pessoa do fugitivo. O eunuco esperava um acesso de cólera e pancada; viu, porém, pasmado, o príncipe empalidecer apenas, e, sobrecenhos contraídos, apoiar os cotovelos na mesa. Após prolongado silêncio, ele se retesou e disse, com bastante calma:

— É indispensável ter certeza de que o traidor não deixou cúmplices no palácio; deves estabelecer, a este propósito, severa vigilância, mas oculta, sobre todos que não te mereçam absoluta confiança. E, se algo descobrires, comunica-me imediatamente, qualquer que seja a hora do dia ou da noite.

No dia seguinte, à hora habitual, Chamus procurou Ísis nos aposentos e a conduziu ao jardim, retirando-se em seguida. Cada manhã assim se fazia, e a jovem tinha, por ócio, permissão para passear, durante duas horas, regressando, a um sinal, a palácio. Ignorando os acontecimentos da noite, e supondo não estar sendo vigiada, Ísis encaminhou-se para o recanto onde havia a jarra da sua correspondência. Certificando-se, ainda uma vez, de que ninguém a seguia, mergulhou a mão no fundo da jarra e retirou a tabuinha deixada por Sargon, a qual leu e ocultou na roupa. Mas, enorme foi o seu espanto quando, no mesmo instante, um homem surgiu da sombra, e, atirando-se a ela, lhe arrebatou brutalmente o escrito.

— Ah! miserável traidora, apanhei-te em flagrante! Vejamos que missiva vieste buscar aqui — disse Chamus, amarrando solidamente pés e mãos de Ísis.

Isso feito, abriu a mensagem e leu, admiradíssimo: "Fujo imediatamente, e se escapar vivo deste antro de assassinos, seguirei ainda esta noite com Keniamun. Sê prudente, e só em caso de urgência deposita missiva onde sabes, e Neftis virá procurá-la e deixar notícias, se necessário."

— O caso se complica e assume proporções de conjura amplamente organizada — regougou o eunuco, carregando ao ombro a desacordada. Valeria bem ao senhor o trabalho de vir aqui, se esta fosse a Neftis que o persegue.

Tendo atirado a moça ao chão de seu quarto, qual se fosse uma trouxa, Chamus trancou-a, e foi em busca de Horemseb. O príncipe dormia, mas, Hapu, que decerto recebera ordens nesse sentido, correu a despertá-lo, e poucos minutos depois o eunuco foi levado à presença do amo. Tendo relatado o que acontecera, estendeu-lhe a tabuinha, e, tão logo Horemseb lhe pôs os olhos, saltou do leito, com um grito de raiva.

— Neftis! a miserável traidora está metida nesta intriga! E quem é o cúmplice, o pseudo Karapusa? Ísis deve saber.

Sacudido de cólera e impaciência, Horemseb vestiu-se, sumariamente, e se encaminhou, seguido de Chamus, ao aposento de Ísis. O pavor de se ver descoberta privara a moça de todos os sentidos, e o príncipe a encontrou desmaiada no solo. Pegando uma ânfora cheia de água, despejou-a sobre a cabeça da desmaiada, que, instantes depois, reabriu os olhos; mas, encontrando o olhar iracundo do príncipe, o terror emudeceu-lhe a voz, e ele, apesar da fúria, logo percebeu que, naquele estado de medo, era mais fácil matá-la do que obter confissão, e o principal era conhecer a verdade. Agitado ao auge, pela inquietação e pela ira, mandou Chamus buscar um frasco de gotas calmantes, e destas derramou algumas na boca de Ísis. Simulando sossego, em aparência, assegurou-lhe considerá-la apenas um instrumento de Neftis, e que, se quisesse salvaguardar a vida e merecer clemência, devia dizer, sem restrições, tudo quanto sabia a respeito.

— Dize-me, em primeiro lugar, quem é o escravo Karapusa, e com que intuito, ele e tu, se introduziram aqui. Depois, quem é o Keniamun, citado na mensagem.

— É Sargon, o esposo de Neith, e Keniamun um oficial das guardas, que o ajuda nesse cometimento — murmurou ela.

Ao ouvir o nome de Sargon, Horemseb julgou que um raio lhe caíra em cima. Por sua vez, durante algum tempo, emudeceu. Afinal, em timbre enrouquecido, recomeçou a inquirir, e, a cada resposta da moça, parecia-lhe abrir o chão sob os pés, afundando-o no abismo entrevisto por Neith. A descoberta do formidável perigo que lhe pendia sobre a cabeça apagou, no primeiro momento, o desejo de se vingar de Ísis: seu pensamento único foi comunicar o caso a Tadar e pedir conselho. Sem mesmo dirigir um olhar à jovem, semimorta de medo, saiu, e correu à casa do sábio; mas, descendo os degraus para o jardim, o olhar incidiu sobre o lago, e, instantaneamente, lhe veio o pensamento de que estavam terminadas as festas noturnas, e finda a vida encantada, e de que, se os padres surpreendessem os cultos a Moloc, as conseqüências poderiam ser incalculáveis. À perspectiva do que o aguardava talvez, e de que isso o deveria a Neftis, seu desprezado joguete, foi tomado subitamente por um acesso de fúria louca.

Correndo, qual cego, bateu com a cabeça de encontro às árvores; depois, caindo na terra, se rebolcou, mordendo o pó, arrancando as vestes e tudo que as mãos tocavam, emitindo urros de animal selvático, boca espumante, retorcendo o corpo como se estivesse num ataque epiléptico. Seu aspecto era de tal modo amedrontante, que os servos, atraídos pelo clamor, não ousaram aproximar-se, e somente quando o frenesi se extinguiu, em profundo esvaimento e imobilidade, os aterrorizados escravos levantaram-no e conduziram para os aposentos. Era noite fechada quando Horemseb despertou da prostração que o tomara, ao término do delíquio; o velho Hapu, amarelo e inquieto, velava sozinho junto do príncipe. Este, erguendo-se, alijou, com esforço, a lassidão que lhe entorpecia o corpo; tentou coordenar os pensamentos e ajuizar da situação.

Sentindo-se mais calmo, teve idéia de que talvez não estivesse tudo perdido, e de que, se conseguisse dissimular os vestígios mais comprometedores dos seus crimes, não seria perseguido com rigores um homem da sua hierarquia, e cuja desonra recairia também sobre a família reinante, e ainda que, dada a lentidão do processo, teria decerto tempo de tudo acomodar, antes da chegada do Comissário Real ou de um Delegado dos sacerdotes.

Quanto a Neftis, caro pagaria as horas de tortura que ele estava sofrendo. À simples lembrança dessa mulher, ele julgava perder a respiração; mas, antes de tudo, era mister entender-se com Tadar. Reconfortado por suas reflexões e pela esperança de uma vindita requintada, dirigiu-se à morada do sábio, que encontrou nos portais do pavilhão.

— Ia a tua casa, meu filho, pois há algumas horas, quando te visitei, a tua gente não me soube informar das causas da tua súbita indisposição.

— A causa é a descoberta inopinada de incrível infâmia de que somos vítimas — disse Horemseb, sentando-se e bem assim o velho, junto da mesa de trabalho deste. Estamos traídos, mestre, e, segundo todas as probabilidades, uma comissão de padres virá visitar o palácio. Se, pois, não conseguirmos ocultar ou destruir Moloc e a planta sagrada, estaremos perdidos, porque seremos acusados de sacrilégio e feitiçaria.

— Destruir o deus ou a planta sagrada? Mas, isso é impossível! — exclamou Tadar, saltando da cadeira e oprimindo a cabeça com as mãos. E quem nos traiu?

— Neftis! A miserável suspeitou da presença de Neith aqui, e transmitiu esse segredo a Sargon. Fingindo-se surdo-mudo, o hiteno penetrou no palácio, disfarçado em escravo, e, ajudado por uma jovem, que suponho enamorada dele, tudo espionou e afinal fugiu, na noite dos grandes sacrifícios. Após isso, com outro cúmplice seguiu para Tebas, para denunciar-me à rainha; mas, resta saber de que modo Hatasu acolherá essa denúncia contra um membro da família real, sendo mesmo provável que, por orgulho, não autorize um escândalo público, pelo menos até que a acusação seja positivada, e sim um inquérito secreto. Pois bem: tal comissão não deve encontrar aqui coisa alguma de suspeito; Neith confessará que me seguiu voluntariamente, fugindo de Sargon e de seu amor, e... com a ajuda do deus, tudo se acomodará ainda — terminou Horemseb, retomando, cada vez mais, a tranqüilidade e a jactância habituais.

O sábio meneou a cabeça.

— Dar-te-ão tempo de tudo arranjar assim? A demolição da pirâmide e a destruição da estátua exigem muitos dias. Não seria mais seguro e mais prudente fugires comigo, carregando os maiores e preciosos tesouros? Uma vez fora do Egito, pode-se deliberar e estabelecer em outra parte, ao invés de arriscar ou cair em poder dos padres, que já te abominam, segundo me disseste. Não contes com Hatasu, porque a feriste no que ela tem de mais caro.

— Será esse ente querido quem defenderá minha causa, e a ganhará. Quanto a fugir, para vegetar miseravelmente no meio de estrangeiros, não, Tadar: outras terras e recursos teremos sempre; primeiramente, ensaiaremos algo melhor. Antes de duas semanas não nos incomodarão.

— Seja como queres — disse Tadar. Deixa-me somente algumas horas para reler minhas notas, sobre o modo de proceder com a sagrada planta no caso presente. É pela destruição da pirâmide que começarás?

— Não, porque me proponho oferecer ainda um sacrifício expiatório ao deus; outros trabalhos indispensáveis tomarão o nosso tempo até lá — respondeu Horemseb, enquanto indefinível expressão de crueldade lhe crispou o semblante.

Aos primeiros clarões da alvorada, o príncipe, acompanhado de Chamus, encaminhou-se ao muro, à procura da fenda indicada por Ísis, e, tendo encontrado o esconderijo, nele introduziu a mão, retirando pequeno rolo de papiro. Lábios trêmulos de ira, Horemseb leu:

"Eles partiram. Dentro de quatro noites, a partir de hoje, virei buscar teu escrito. Não deixes de me dar notícias tuas."

— Não apanhamos a miserável agora, mas não perderá por esperar — disse, voltando-se para Chamus.

Depois, deu ordens, e seguiu rumo do pavilhão de Tadar. Sua sanha contra Neftis era indescritível, e por momentos pensou em ir tirá-la do próprio domicílio. Refletindo, porém, julgou tarefa assaz arriscada; o tempo era demasiado precioso para ser perdido futilmente. A traidora não lhe fugiria.

A partir de então, febril atividade começou em palácio. O primeiro labor foi levado a termo pelo príncipe e Tadar, sob absoluto sigilo: retiraram do tanque a planta misteriosa, com o respectivo cesto, que foi posta em profunda fossa, com água, num local úmido e sombreado. Depois de curvadas as hastes, recobriram-na de terra fresca e relva. A seguir, Tadar encheu com o pernicioso líquido grandes frascos vermelhos e azuis, e também uma caixeta com sementes do perigoso vegetal, reuniu seus mais preciosos manuscritos e bem assim alguns objetos concernentes ao culto, e ainda as suas insígnias sacerdotais, encerrando tudo num cofre que, à noite, fez conduzir, num barco, para o sítio do qual falaremos oportunamente. Todo o restante, ervas, pomadas, vidros, papiros e bagagem científica, foi enterrado sob uma árvore. Isso concluído, começou o desmonte das bases de estacas e do pavilhão; o tanque ocupado pela planta foi arrancado, as lajes quebradas, e desfeitos os altares sacrificatórios, de modo que, dois dias decorridos, só restava ao centro do lago uma ilhota vazia, coberta de abrolhos e sem comunicação com a terra firme.

Em prosseguimento, foi destruído ou distanciado quanto possível, dos locais das orgias, tudo quanto pudesse caracterizar a sua antiga serventia, e o próprio palácio passou por transformação radical: as centenas de tripés e caçoilas foram empilhadas, e bem assim os perfumes venenosos integrantes das bacanais, em cava subterrânea, devidamente murada em seguida. Todas as salas foram arejadas e suprimidas as grades isolantes dos apartamentos separados das vítimas de Moloc; os servos despojados dos ricos trajes e jóias que usavam, e vestidos, em troca, simplesmente de linho. Horemseb juntou a esses objetos tudo quanto possuía de mais precioso em feitura de jóias, de baixelas e armas e também as asas douradas, tiara e paramentos hitenos de que se servia, e os escondeu em vários pontos do imenso jardim.

Em meio das febris atividades, passou o tempo rapidamente, e chegou a noite designada em que Neftis devia vir. Horemseb estava satisfeitíssimo: tudo marchava bem, e se conseguisse demolir ainda a pirâmide e quebrar o colosso, cujos pedaços iriam parar no Nilo, podia ser feito o inquérito, porque as provas palpáveis dos seus crimes teriam desaparecido. Antes, porém, de empreender esta última parte do trabalho de salvação, queria apoderar-se de Neftis e vingar-se, por alguma tortura inaudita. Ao se lembrar do que lhe custava a traição dessa mulher, da mutação no estranho viver que ele tanto adorava, dos desgostos, perigos e humilhações que o aguardavam talvez, cada fibra do seu robusto corpo se encolhia de raiva: o ódio, a sede de vindita quase lhe suspendiam a respiração.

Quando o Sol transpôs para baixo a linha do horizonte, Horemseb, em companhia de Chamus, deixou o palácio, pela escadaria das esfinges, e, esgueirando-se ao longo do muro, ambos se agacharam nas sarças, a poucos passos do escaninho-correio. Aguardaram muito, e a hora era bastante avançada quando, enfim, perceberam uma sombra que se aproximava cautamente: era Neftis, que, envolta em escuro manto, vinha buscar as notícias de Ísis. Chegada junto do esconderijo combinado, ajoelhou e remexeu o interior, à procura do rolo de pergaminho; mas, eis que dois braços vigorosos a pegaram, repuxando-a bruscamente, e, antes que pudesse dar um grito, espessa mantilha lhe foi passada em volta da cabeça. Sentindo que a conduziam, debatia-se em desespero, compreendendo que qualquer coisa fora descoberta, e, uma vez por detrás desses muros, entregue à vingança de Horemseb, teria morte, e morte horrível. Exausta pela luta, abafada pelo pano que lhe cobria a cabeça, teve um atordoamento e perdeu os sentidos. Horemseb, ele próprio, havia levantado Neftis, apesar da resistência, e, auxiliado pelo eunuco, levou-a para o jardim. Enquanto Chamus fechava cuidadosamente a porta, atirou o fardo em terra e disse:

— Acende uma tocha, Chamus. É preciso ver se não erramos a caça.

O eunuco obedeceu.

— Não erramos: é a víbora, desmaiada de medo! — falou Horemseb, com desprezo. Leva-a, e segue-me para a pirâmide. Vamos ver de que maneira a traidora conversará com o deus. Fizeste acender o braseiro?

— Sim, senhor — respondeu Chamus, carregando Neftis nos ombros.

Chegados à pirâmide, o eunuco depôs a jovem no chão, e desapareceu. Horemseb encostou-se à entrada, ora fixando a vítima, com olhar malvado, ora prestando ouvido ao crepitar do fogo nas entranhas do colosso — condenado por essa mesma vítima — a ser destruído. Logo depois, Chamus regressou, trazendo um cesto coberto e uma jarra cheia de água, e, enquanto o príncipe descobria a cesta, cheia de rosas, e dela retirou um copo e um vidro vermelho, o eunuco derramava água no rosto e peito de Neftis, na intenção de reanimá-la. Vendo que esta fazia um movimento, Horemseb despejou sobre ela todas as flores. A moça estremeceu e se retesou, com o olhar perturbado: o aroma atordoante subia-lhe ao cérebro, colorindo de febril rubor as pálidas faces. Encontrando, porém, o olhar do príncipe que a fixava sombrio, ameaçador, cheio de impiedosa crueldade, ergueu as mãos juntas, murmurando:

— Graça!

— Graça, a ti! traidora, espiã, ladra! — respondeu Horemseb, num rir estridente. Graça a ti, que me denunciaste e traíste! Dize-me, antes, que tortura devo inventar para te fazer pagar quanto ousaste contra mim! Perfurarei essa língua delatora, ou vazarei esses olhos de serpente?

O furor tirou-lhe a voz. Rangendo os dentes, espumando pelos lábios, ficou desfigurado e horripilante. Por momento, o punhal que retirara do cinto brilhou sobre a carne de Neftis, que lhe sentiu a friúra da lâmina e permaneceu petrificada, paralisada de horror e medo. Mas, Neftis era alma enérgica, de varonil coragem, apaixonada, odienta e vingativa em excesso; compreendeu que soara a sua derradeira hora, e que o homem criminoso, que jogara com a sua vida e a destruíra, ousava erigir-se em juiz para julgá-la, como se tivesse ela correspondido com ingratidões e traição a quaisquer benefícios dele recebidos. Todo o seu ânimo se rebelou, e, nessa exasperação, dominou, momentaneamente, até a influência do veneno. Repelindo as rosas que a cobriam, endireitou-se, olhos esbraseados.

— Tens razão, Horemseb; estava louca ao pedir o perdão que eu obteria mais depressa de um tigre do que de ti, para quem a morte é uma distração. Quando o acaso me ajudou a fugir, compreendi ser apenas um joguete destinado a horrível fim; mas, silenciei, durante mais de um ano, e não te trairia, porque te amo muito mais do que à própria vida, apesar da impiedosa zombaria com que propinavas o veneno para despertar no meu coração insensato amor, que repelias tão logo elevava a ti os olhos, recusando-me mesmo esse amor indigno que se concede a uma escrava. E, no entanto — tomo por testemunho os deuses imortais e esta hora trágica —, teria sofrido em silêncio este amor, jamais saciado, e não te trairia, pois considerava teu coração gélido, incapaz de amar. Neith desapareceu, e eu soube que uma rosa rubra fora achada presa ao véu perdido na escada. Uma suspeita veio-me: essa mulher, tão bela e tão ilustre, bem podia ter vencido teu coração. E quando uma testemunha ocular te viu, sentado num banco, enlaçando nos braços um corpo de mulher e cobrindo-lhe as faces de apaixonados beijos, a raiva e o desespero cegaram-me.

— Quem é essa testemunha, e onde me viu? — interrogou Horemseb, que escutara, surpreso, a veemente explosão de Neftis.

— Keniamun, que, impelido pela curiosidade, galgou o muro e te identificou. Ele não viu quem era a dama, porém eu compreendi — eu — que era Neith e que a "ela" tu sabias amar.

— Louca! — interrompeu, com lúgubre gargalhada. Ele possuía a consciência de não amar Neith; apenas o divertir-se com a ilustre egípcia lhe parecia mais excitante do que com as da plebe, iguais a Neftis. Esta prosseguiu, exaltando-se cada vez mais:

— Sim, nesse cruel instante, meu amor por ti se transmudou em ressentimento, e contei a verdade a Sargon e a Ísis, de quem destruíste a irmã, a infortunada que também recebera rosas, as malditas mensagens de morte que envias às tuas vítimas. O esposo de Neith insinuou-se em teu palácio, fazendo-se passar por escravo; Ísis, que o ama e quis vingar a irmã, o seguiu, e nossa vingança triunfou: todos os detalhes da tua vida misteriosa, todas as provas dos teus crimes devem estar, à hora presente, no conhecimento do Faraó. Justiça será feita, e sobre tua cabeça criminosa cairão as humilhações e os sofrimentos rivais daqueles que infligiste sem compaixão.

A estas palavras, a calma relativa com que Horemseb escutara mudou-se em sanha; pensou em um golpe de faca para cortar a vida da jovem; mas, mudando bruscamente de idéia, repôs a arma no cinto, e, com ódio frio, mais assustador ainda que a superexcitação insana, encheu o copo e, apresentando-o à vítima, disse, com sangüinária ironia.

— Bebe, e muda tua raiva em amor; ser-te-á mais doce o morrer, amando-me!

Neftis recuou, com horror.

— Deixa-me: não quero beber esse veneno.

— Bebe! — rugiu ele — ou furo-te os olhos.

E, pegando a moça pela nuca, derramou-lhe na boca o conteúdo do copo. Durante alguns momentos, a desditosa permaneceu prostrada em completo aniquilamento. Depois, um estremecimento percorreu-lhe o corpo, o rosto purpureou e os grandes olhos esverdinhados acenderam--se, concentrando-se no príncipe, com expressão de fera espreitando a presa. Inopinadamente, saltou para ele, e, enlaçando-lhe os joelhos, exclamou, em voz enrouquecida, na qual vibrava estranhamente um misto de aversão e de amor:

— Horemseb, concede-me um olhar de amor, um beijo único, e morrerei sem te maldizer.

Por breve instante, ele contemplou, com satisfação cruel, a formosa criatura abatida e palpitante a seus pés; em seguida, curvando-se, murmurou com sardônico sorrir:

— Recebe o beijo que as traidoras merecem.

Com um grito desgarrador, Neftis torceu para trás o busto, o sangue jorrando de um ferimento lateral. Desatando em lúgubre risada, Horemseb pegou o corpo da vítima, e, subindo os degraus da escadinha, atirou-o aos joelhos do colosso. Neftis não estava morta, e a dor atroz despertou-a do torpor da agonia. Emitindo gritos que não pareciam de garganta humana, ela rolou sobre o incandescente leito; mas, bem depressa lhe faltaram forças, de seus lábios saiu, como que num sibilar, terrível maldição. Depois, emudeceu, e apenas os sacudimentos, os sobressaltos convulsivos demonstravam que a vida ainda não abandonara o jovem e robusto organismo.

O espetáculo era de tal modo horrendo, que o próprio Chamus encostara o rosto no chão, para não ver, e tapara as orelhas para não ouvir o crepitar do sangue no metal aquecido, esforçando-se também para não olfatar o nauseante odor da carne queimada.

Horemseb, ao contrário, estava imperturbável, impassível, braços cruzados, saboreando a vingança; nenhuma fibra do seu brônzeo coração estremeceu sequer, ao ver o belo corpo da infortunada cobrir-se de bolhas, a pele fender-se, os membros revirarem-se à semelhança de tições sobre carvão aceso, depois o montão de cabelos dourados incendiar-se e torvelinhar em torno dela em uma nuvem de centelhas. Mas, então, seu olhar encontrou o da vítima, concentrado sobre ele. Esses olhos fixos, fulgurantes, injetados de sangue, não mais pareciam pertencer a um ser humano: os sofrimentos e as maldições de uma criatura torturada até à loucura sintetizavam-se nesse horrível mirar, que, queimando qual labareda, pesado quanto o chumbo, dir-se-ia perfurar, paralisando, a alma do nigromante. Horemseb voltou o rosto, com involuntário arrepio: ignorava que, naquela hora nefanda, uma alma desbordante de ódio se havia ligado a ele por milênios; que esse fatal olhar persegui-lo-ia através de séculos, pesando sobre suas vidas sucessivas, envenenando-lhe o repouso, destruindo-lhe por vezes a razão. Quando o príncipe teve dominada a fraqueza e seu olhar voltou-se para a supliciada, os terríveis olhos estavam extintos, Neftis morrera. Horemseb saiu da pirâmide e chamou o eunuco, que se erguera lívido e em calafrios.

— Faz apagar o fogo imediatamente, lança por agora o cadáver da traidora no fornilho vazio, e que os designados comecem em seguida a demolição da pirâmide.

Agitado por estranha inquietude íntima, Horemseb regressou aos aposentos e se atirou ao leito; sentia-se derreado, e fechou as pálpebras; mas, ante seu espírito reviveu a cena a que assistira: o olhar semi-extinto de Neftis fixava-o sem cessar, o cheiro da carne queimada sufocava-o, e espessa fumaça enegrecida surgia-lhe em torno, entorpecendo-lhe os membros, colando-se-lhe à pele, interrompendo-lhe a respiração. Com abafado grito, ergueu-se e seu espantado olhar viu o velho Hapu, que, tremelicante, lhe apresentava tabuinhas.

— Senhor, um homem, vindo de Tebas, pede para falar-te imediatamente. Insistiu de tal modo, que ousei despertar-te.

O príncipe pegou as tabuinhas e as abriu, brusco, lendo apenas uma palavra — Mena — ali traçada, mas bastante para fazê-lo pálido.

— Faz entrar o desconhecido — disse, levantando-se.

Pouco depois, um homem, envolto em manto escuro, que lhe escondia o rosto, foi introduzido por Hapu. Logo que se retirou o escravo, o recém-chegado se desfez do manto: era o irmão de Neith, cujas vestes, amarrotadas e sujas, atestavam afadigada e ininterrupta viagem.

— Que grave notícia me trazes tu? — indagou Horemseb, apertando a mão do visitante e oferecendo-lhe uma cadeira.

— Sim, o que te venho dizer é de tal modo grave, que arrisquei minha cabeça para prevenir-te. Pretextando assunto de família, pedi licença e, secretamente, corri a comunicar-te. Estarás perdido, príncipe, se não conseguires fugir. Sargon, diz-se, acusou-te ante Hatasu de sacrilégio, assassínios inauditos e do rapto de Neith, que manténs prisioneira aqui.

— Neith está aqui, é verdade, mas me seguiu voluntariamente, para fugir ao esposo, que ela teme e que a aborrece. Dize, porém, minuciosamente, quanto aconteceu.

— Ninguém sabe, ao certo, o que ocorreu. Sargon obteve audiência da rainha, presente Tutmés, que, por motivo ignorado, apunhalou o hiteno, o qual expirou duas horas depois. Mas, à cabeceira do moribundo, Hatasu reuniu um Conselho extraordinário, ao qual o ferido formulou uma denúncia detalhada, acusando-te de crimes inomináveis. Desde esse dia, o príncipe Tutmés foi posto incomunicável em seus aposentos e teu nome anda de boca em boca; Tebas está abalada pelas mais diversas murmurações. Soube, de Satati, que uma comissão, composta de Ranseneb, Roma e alguns outros padres, virá a Mênfis, e, com o concurso do Grande Sacerdote, fará inquérito em teu palácio. Keniamun, o oficial das guardas que tu conheces, acompanha Ranseneb, e traz ordem para o comandante de Mênfis pôr força armada à disposição dos sacerdotes, caso o destacamento de guardas, comandado por Anțef, não seja suficiente para te prender. Precedi a comissão, que, presumo, não chegará antes de amanhã, cedo; tens, pois, tempo de fugir, e, se queres ouvir meu conselho, trata de deixar o Egito, porque a tua vida não vale um anel de prata, e em verdade foi preciso todo o meu desinteressado devotamento para prevenir-te, em semelhante ocasião.

— Recompensarei tua dedicação, Mena, e, se conseguir contornar o perigo que me ameaça, e defender-me, podes ficar certo de que farei a tua fortuna — respondeu Horemseb, a quem terroso palor cobrira o rosto, no decurso da narrativa do oficial.

— Tu contas fugir a tal perigo e salvaguardar tua posição? — perguntou Mena, embasbacado. Não te iludes? Diz-se mais, que Neftis deverá depor contra ti e desvendar fatos horríveis.

— Neftis não dirá coisa alguma, porque está morta, e, quanto ao resto, os deuses me ajudarão, eu o espero, a tudo acomodar — disse Horemseb, levantando-se.

Retirou de um móvel uma caixeta cheia de jóias e um saquinho de anéis de ouro e os entregou a Mena.

— Aceita isto, em primeiro sinal da minha gratidão, e agora descansa. Decerto queres ver Neith.

— Não; é inútil saiba ela da minha vinda aqui; desde que me asseguras estar ela viva e passando bem, fico tranqüilo. Além disso, devo deixar-te sem tardança, pois ainda tenho assunto na cidade e pressa em retomar o caminho de Tebas. Mas, a propósito, dizes que Neftis morreu, e sabes onde residia?

— Sim (e Horemseb indicou o local). Mas, bebe ao menos um copo de vinho para te reconfortares. Espera! Eu to trarei pessoalmente, e vou dar algumas ordens.

Tão logo o príncipe se ausentou, Mena correu à mesa colocada junto do leito e sobre a qual havia percebido um colar e braceletes, de grande preço, que Horemseb ali pusera ao deitar-se, e os fez desaparecer nas vestes, e bem assim outros pequenos objetos em lápis-lazúli e em malaquita. Depois, reenvolvendo-se no manto, murmurou, chacoteando e girando em torno um olhar sorrateiro:

— Doido, que, com a corda no pescoço, sonha com acomodações, em vez de fugir, como faz o veado perseguido pela cainçalha! Eu o supunha mais atilado! Quanto ao teu vinho, muito agradecido! Bem poderia impedir-me, para sempre, de reentrar em Tebas!

Voltava Horemseb, trazendo um copo de vinho. Mena o aceitou e fingiu nele molhar os lábios; depois, deixando-o, disse:

— Agradeço-te, príncipe, mas, escusa-me; cada minuto me é precioso. Adeus! Possam os deuses permitir que te reveja brevemente, liberto de todos estes aborrecimentos!

Ficando a sós, Horemseb deixou-se cair numa cadeira, e fechou os olhos. Tinha necessidade de disciplinar os pensamentos e tomar uma decisão. Seu primitivo plano de destruir todos os vestígios dos seus crimes era impraticável, porque demolir, de um dia a outro, a pirâmide e o colosso se tornava impossível. E agora, na perspectiva de perder definitivamente sua hierarquia e os haveres, para vagar, fugitivo e miserável, longe do Egito, seu orgulho se rebelava. Aquela alma tirânica, cega pela fatuidade, pela adoração de si mesmo e de desmesurada teimosia, não podia convencer-se de que o príncipe Horemseb fosse tratado no nível de um criminoso vulgar; devia ser poupado, desde que fornecesse aos juízes pretextos para ser agraciado. De repente, lembrou-se da morte de Sargon, que acabava de saber, e tal circunstância inspirou-lhe novo plano, que devia ser a sua salvação. Ergueu-se vivamente e encaminhou-se para o quarto de Tadar. Instalado agora no palácio, o velho sábio não dormia: sombrio e silencioso, ele andava no aposento, de lá para cá, e não mostrou surpresa com as notícias que Horemseb lhe comunicou.

— Hesitas ainda em fugir? — perguntou apenas.

— Tenho outro projeto que me parece mais eficiente: disse-te que Sargon morreu; nada mais me impede de desposar sua viúva, e de fazer dela um sólido escudo. Venho rogar-te que despertes Neith, a quem falarei, e dentro de algumas horas partiremos para Sais. Lá, o Grande Sacerdote do templo de Neith, meu tio, Ameni, casar-nos-á e concederá asilo à minha esposa, até que ela vá a Tebas, defender minha causa ante Hatasu. Isso feito, na previsão de qualquer perigo, eu te procurarei no refúgio de Spazar, e juntos ficaremos ocultos até acalmar a tempestade.

Tadar ouvira silencioso.

— Seja; despertarei Neith, e, após vossa partida, tomarei aqui as derradeiras providências, antes de seguir para casa de Spazar. Quando a adormecida estiver em condições, eu te mandarei chamar.

— Não; manda-a ao meu aposento. Enquanto isso, vou regular um assunto indispensável, e preparar tudo para a viagem.

Regressando, Horemseb chamou Hapzefaá e Chamus. Aquele recebeu todas as ordens concernentes à viagem. Em seguida, acompanhado do eunuco, o príncipe encaminhou-se à câmara de Ísis, a quem, por sua ordem, rasparam a cabeça, sendo conduzida após, amordaçada, para um barco, no qual entraram os dois homens. Tendo subido o rio, a certa distância, Horemseb feriu Ísis com uma punhalada, e, sangrando, atirou-lhe o corpo às águas. Voltando aos aposentos, esfalfado de fadiga e de emoção, o príncipe apoiou os cotovelos e deu curso a reflexões, mas, sem grande intervalo, ergueu-se e pegou uma pequena ânfora vermelha e a esvaziou no copo de vinho que havia servido a Mena. Terminava isso, quando o reposteiro foi erguido, e Neith, perturbada e indecisa, parou no limiar. Refeita e confortada pelo longo sono, a jovem mulher havia recuperado toda a beleza e viço. Com exclamação de contentamento, Horemsemb precipitou-se para ela, e a apertou apaixonadamente de encontro ao peito.

— Minha bem-amada, quanto me afligiste com o teu louco ciúme! É a ti unicamente que eu amo! És a soberana do meu coração e de minha casa. Como te sentes?

— Bem; apenas um tanto fatigada e com a sensação de cabeça oca — respondeu, apoiando a testa no ombro do príncipe.

— Então bebe este copo de vinho, reconforta-te, minha querida, porque tenho bem graves coisas a te confiar.

Neith bebeu, e, quase instantaneamente, rubor febril colorou-lhe o rosto. Horemseb a observou com satisfação: estava seguro de que nenhum poder lhe arrancaria aquela mulher; o veneno lha entregava com insensata paixão.

— Que tens a dizer-me, Horemseb? É feliz ou triste notícia — indagou ela, erguendo para o príncipe um olhar pleno de amor e de ansiedade.

— Quero comunicar-te que mortal perigo ameaça-me, porque fui traído.

— Neith soltou um grito. Esse momento ela o previra, e em vão suplicara renunciasse ele à vida culposa, que terminaria por perdê-lo.

— Quem te traiu?

— Sargon, teu marido, que, disfarçado em escravo, se introduziu neste palácio, e, tendo espionado tudo, denunciou-me a Hatasu; mas, pagou com a vida suas espionagens, porque Tutmés apunhalou-o. Uma comissão de padres, acompanhada de soldados, chegará aqui, amanhã, para prender-me, sob acusação de sacrilégio e feitiçaria e outros crimes incríveis. Acusar-me-ás tu também, Neith? Narrarás tudo quanto viste nestes recintos? Ou amar-me-ás bastante para guardar segredo e não revelar coisa alguma aos sacerdotes?

A jovem mulher recuou, muito pálida, revelando no expressivo semblante a luta violenta entre a verdade, que estava acostumada a dizer, e a mentira que lhe era solicitada. O coração do príncipe contraiu-se: se a força do feitiço não chegara a subjugar aquela altiva e honesta natureza, a derradeira esperança estava perdida. Com um enrouquecido suspiro, Neith contorcia as mãos; compreendia que a revelação da verdade implicava na morte de Horemseb; e como viveria ela, quando se extinguisse para sempre aquele olhar de flama que tão fundo penetrava o seu? Aquela voz harmoniosa calaria por toda a eternidade?... Comprimindo as têmporas com as mãos, e fundindo-se em pranto, exclamou:

— Não; não; nunca uma palavra da minha boca te trairá, meu bem-amado; morreria antes do que desvendar aos padres coisas que te acusariam; para te salvar, sacrificarei mil vezes a minha vida; mas, tu, foge! foge!

Horemseb abraçou-a apaixonadamente.

— Agradecido! Antes da fuga, desejava unir-me a ti para toda a vida. Sargon morreu; nada te impede de ser minha esposa, e, por isto mesmo, minha salvação.

— De acordo! Eu o desejo; mas, de que modo nosso consórcio te salvará? — balbuciou ela.

— Defenderás, perante Hatasu, a causa de teu esposo, e lhe obterás o perdão dos erros.

— Oh! sem dúvida, eu lho suplicarei, como jamais o fiz, porém, apesar da sua bondade, atender-me-á em tão grave caso?

Horemseb curvou-se para ela, olhos brilhando.

— Se existe no mundo um ser ao qual Hatasu não saberá recusar coisa alguma, esse alguém, és tu, sua filha e de Naromath, o único homem que ela amou.

— A rainha, minha mãe? — repetiu Neith, estupefata.

Recordando, porém, a inexplicável afeição que a soberana lhe testemunhava, e as palavras de Satati sobre um misterioso elo que as ligava, ficou convencida, e, enlaçando o pescoço do príncipe, exclamou, com exaltação:

— Sim, sim, a rainha não desejará destruir a felicidade de sua filha, e te salvará. Oh! depressa! providencia para nossa união, a fim de que eu tenha o direito de te defender.

Horemseb explicou sucintamente o plano que arquitetara, e, sessenta minutos mais tarde, uma barca fechada conduzia o casal a Sais. O príncipe ordenara a Hapzefaá conservar o palácio estritamente fechado até seu regresso, e acelerar a demolição do deus; mas, embarcando, e à medida que a sombria silhueta do palácio desaparecia da treva, baixou a cabeça sob turva prostração. Neith, coração contraído por lúgubre pressentimento, inclinou a fronte para o peito do príncipe e desatou a chorar.

VII

A MORTE DE SARGON

Fatigados e profundamente agitados, Sargon e Keniamun chegaram a Tebas. Haviam viajado com toda a celeridade possível, porque o príncipe hiteno fervilhava por fazer seu relato à rainha. Certamente, a notícia de que Neith estava viva deveria encher seu coração de júbilo, e ele conhecia bastante Hatasu para estar seguro de que a libertação da jovem esposa e a punição dos delitos de Horemseb, castigo que abrandaria a sua sede de vingança, não se fariam esperar. Munido dos papiros que continham a correspondência com Neftis e um traçado da planta do palácio e dos jardins, traçado feito durante a viagem, Sargon rumou para a residência real, e, sabendo, com satisfação, que Chnumhotep estava de serviço, pediu para vê-lo imediatamente. O chefe das guardas recebeu-o com tanta alegria quanto surpresa.

— De onde surges tu, Sargon? Pensamos que o Nilo te engolira. E que péssimo semblante! — acrescentou, apertando-lhe a mão.

— Lá, onde estive, o ar era detestável; mas, não é de mim que se trata: devo falar imediatamente à rainha, revelar-lhe fatos da mais alta importância. Poderei ser recebido?

— A rainha está na sala particular, com Tutmés. Vou pedir suas ordens — respondeu Chnumhotep.

Após ligeira espera, que pareceu interminável à impaciência de Sargon, o chefe das guardas reapareceu.

— Segue-me. Sua Majestade aquiesce em receber-te — disse ele, conduzindo-o, através de uma sala e pequena galeria, até junto de um reposteiro listrado de ouro e branco, que suspendeu.

Achou-se Sargon num salãozinho, do qual um dos lados era aberto para um pátio interior, plantado de acácias, palmeiras e arbustos cheirosos. A folhagem desta luxuriante vegetação penetrava no aposento, por entre as colunetas pintadas, formando como que um gradil de frescura e perfume. Junto de dourada mesa de cedro, colocada sobre estrado, de pintura vermelha, estavam sentados Tutmés e Hatasu, com um tabuleiro do jogo de damas posto entre ambos; mas, o anúncio de Chnumhotep havia interrompido a partida, e o jovem príncipe tamborilava com os dedos no dito tabuleiro, mostrando descontentamento, e o olhar desceu com desdenhoso rancor sobre o hiteno, que se prosternara após haver transposto o limiar.

— Levanta-te, Sargon, e dize o que de grave tens a comunicar-me — falou a rainha, benevolamente.

— Filha de *Ra*, tua sabedoria decidirá do valor de minha narrativa, porém o que tenho a proferir somente por teu ouvido pode ser escutado — respondeu Sargon, fixando Tutmés, com olhar sombrio e significativo.

O príncipe ergueu a cabeça, e um relâmpago de cólera iluminou seus negros olhos.

— Fala sem temor; o Faraó meu irmão tem a minha plena confiança — disse a rainha, acomodando-se na mesa e endereçando amistoso olhar a Tutmés, que, satisfeito e reconhecido, se havia levantado, e, após lhe apertar a mão, apoiou-se no encosto da cadeira.

— Pois que o ordenas, minha gloriosa soberana, falarei para desvendar-te crimes inomináveis — começou Sargon, depois de hesitar brevemente. É de Neith que se trata.

Ao nome da desaparecida, a rainha estremeceu e seu olhar se velou.

— Que soubeste sobre o seu destino?

— Ela vive, porém está em poder do príncipe Horemseb. Este criminoso homem, possuidor de um veneno desconhecido, mas terrível, que submete a ele a alma e os sentidos das suas vítimas, enfeitiçou Neith, que arde de amor por ele. Atualmente, ele a mergulhou num sono maléfico, pois, insensível qual morta e apesar de viva, dorme desde há algumas semanas num pavilhão oculto do jardim.

— Tens consciência da gravidade de semelhante acusação contra um membro da família real? — atalhou suspeitosamente Tutmés. É mais admissível que um homem belo e sedutor, qual o é Horemseb, conquistasse o coração de Neith, sem sortilégio algum, e ela o tenha acompanhado voluntariamente e se esconda no palácio precisamente para te evitar, a ti, Sargon, o esposo que ela jamais amou e cuja feroz paixão já uma vez lhe pôs em perigo a vida.

Um clarão de ódio mortal percorreu os olhos sombrios de Sargon.

— O que avanço, posso provar, Faraó. Disfarçado em escravo, introduzi-me na habitação desse príncipe, nódoa do Egito, espionei sua vida íntima, descobri seus crimes e seus segredos. Sei que, com a ajuda e sob a direção de um velho sábio, cultiva venenosa planta cujo sumo expande um aroma atordoante e escraviza quem o respira a brutais paixões. Atira rosas vermelhas, saturadas desse veneno, a quantas deseja ligar a ele por insensato amor, e ele próprio traz sobre si um perfume que as atrai invencivelmente, e, ainda, quando saciado de suas torturas, assassina as desgraçadas, sacrificando-as a um ídolo impuro que ele adora, renegando as divindades do seu povo. Oh! minha língua se recusa a relatar todos os horrores de que fui testemunha. Foi uma das vítimas do nigromante, miraculosamente fugida do seu poder, quem me pôs no caminho da verdade. Essa mulher, de nome Neftis, ajudou-me, e eis aqui a correspondência que mantivemos, durante a minha estada na mansão de Horemseb — acrescentou o narrador, fixando irônico e dissimulado olhar ao rosto subitamente pálido de Tutmés, que estremecera, ao nome de Neftis.

— Conta, em minúcias, tudo quanto viste e apreendeste, pois desejo tudo saber — ordenou Hatasu, com a voz enrouquecida de emoção, arrebatando das mãos de Sargon as tiras de papiros, antes que ele se ajoelhasse para lhas entregar.

Com satisfação cruel, prelibando antecipadamente a vindita que se apropinquava, o moço hiteno relatou abreviadamente as revelações de Neftis, o plano que concertara com ela, Ísis e Keniamun, e bem assim a maneira pela qual penetrara no palácio dos dois bruxos. Em compensação, descreveu pormenorizadamente tudo quanto surpreendera da vida de Horemseb, de suas relações com Tadar, o misterioso sábio e guardião da planta nefasta, dos sacrifícios humanos que ambos ofereciam a Moloc, e, finalmente, mencionou as festas noturnas e as orgias inauditas com que se recreava o príncipe e às quais obrigava Neith a assistir, mau grado o horror da infortunada, horror que lhe desfigurava as feições.

— Desgraçada criança! Serás liberta e vingada — explodiu Hatasu, trêmula de emoção e cólera. Sem perder minuto, vou dar ordens para que sejam presos os dois miseráveis, e farei julgar as iniqüidades que excederam a paciência dos Imortais.

Quis erguer-se, mas Tutmés, cuja palidez aumentara no decurso da narrativa de Sargon, curvou-se vivamente e pôs a mão no braço de Hatasu.

— Minha soberana e irmã, inclino-me sempre ante a tua vontade, guiada por uma superioridade de espírito que reconheço; mas, por esta vez, antes de tomar resolução definitiva, permite-me algumas ponderações. Não será lamentável imprudência entregar ao poder dos padres um príncipe ligado à nossa casa? Esses homens, insolentes e ávidos de poderio, não deixarão decerto fugir este ensejo de se apossar da imensa fortuna de Horemseb e humilhar a família real, condenando um de seus membros a morte infamante. Reflete, igualmente, em que, se o escândalo se tornar público, o pânico se espalhará no povo, que passará a enxergar em toda parte malefícios, e esse segredo perigoso, conhecido somente de Horemseb neste momento, tornar-se-á espólio de todos; as rosas que ele atirava, e que talvez se conservem em poder dos parentes das vítimas, tornar-se-iam, nas mãos dessa gente, terríveis armas a serviço dos seus interesses. Enfim, por derradeiro argumento, farei observar que essa Neftis, denunciante do príncipe (cujo principal feitiço é talvez a sua formosura), pode, quiçá por ciúme, ter inventado muitas coisas, pois a amante abandonada e exasperada é capaz de tudo. Suplico-te, Hatasu, confia-me o inquérito deste caso: eu te restituirei Neith, destruirei a planta venenosa e porei fim a esta história, sem repercussão e sem nisso imiscuir os padres.

A rainha escutara, com atenção, o especioso plano desenrolado pelo jovem príncipe: a idéia de ser juiz único em tal assunto de família, com exclusão dos sacerdotes, evidentemente agradava ao seu caráter íntegro e imperioso.

— Tu és muito jovem! — ponderou, entretanto.

— Se temes que me falte prudência e severidade, associa Semnut — rogou Tutmés. Com ele e alguns homens devotados, irei a Mênfis, e faremos inquéritos secretos. Se Horemseb for culpado, verdadeiramente, de tudo quanto o acusam, se merecer a morte, morrerá, mas sem ruído, e a honra de nossa raça permanecerá pura de opróbrio e de mácula, porque, qualquer que seja sua culpa — é nosso sangue que lhe corre nas veias. Só nós podemos julgar, e tu condená-lo; os padres nada têm a fazer aqui, e eu executarei fielmente cada uma das tuas ordens.

Com agitação sempre crescente, Sargon acompanhara a conversa entre irmão e irmã, não duvidando de que Tutmés queria intervir neste caso, para impedir a descoberta da sua cumplicidade com a infeliz Neftis; de que o príncipe, que por esse mesmo veneno havia conquistado o posto que desfrutava, jamais usaria para com Horemseb a merecida severidade, e deixá-lo-ia fugir talvez. O pensamento de que, graças a este Tutmés, tendo no momento, ao pescoço, um colar que sabia provir de Neftis, o miserável que lhe roubara Neith, que pisara aos pés todo o sentimento humano, — estaria a salvo da desonra e da justiça — tornando inócuo o pesado sacrifício — esse pensamento deu vertigens em Sargon.

— Rainha — exclamou em voz destimbrada — há crimes tão grandes que a punição deles deve ser proporcionada. Empenhando minha vida nesse perigoso empreendimento, jurei que, se os Imortais me protegessem, arrastaria esse indigno nigromante através das ruas de Tebas, coberto de correntes e de opróbrio. Que caia sobre ele a colheita do que semeou! E tu, Faraó Tutmés, não te encarregues de um julgamento que poderia ser muito pesado aos teus ombros: recusarias e abrandarias, talvez, ante o perfume das rosas rubras e dos colares enfeitiçados que encadeiam a alma e a vontade das mulheres.

O tom e olhar que acompanharam estas palavras fizeram subir um fluxo de sangue ao rosto de Tutmés.

— Insolente! — gritou fora de si. Teu ciúme contra Horemseb te cega ao ponto de ousares intrometer-te na conversação de teus senhores!

Depois, dobrando-se de todo para Hatasu, que via surpreendidíssima a alteração e o furor de ambos, disse:

— Minha irmã e soberana, em sinal de teu favor e confiança, de que não desmereci, concede-me, na qualidade de primeiro príncipe do sangue, regular este assunto de família.

Sargon, que seguia cada um dos movimentos, compreendeu o intento de Tutmés: o aroma enervante do colar devia atingir o olfato da irmã e submeter a vontade independente e enérgica de Hatasu. Insensata raiva devorou Sargon, deixando-lhe vívido apenas um pensamento: destruir a todo custo o sortilégio que lhe ia furtar a vingança.

— Abaixo o feitiço pelo qual captas a afeição da rainha! Que ela saiba qual a razão por que acobertas Horemseb e temes o processo — gritou Sargon. E não se diga que um Faraó de Egito governa — em vez de por sua vontade — pelo malefício de um bruxo!

Atirou-se feito louco, para Tutmés, e, pegando-lhe o colar, lho arrancou com tal violência que os anéis, quebrados, e os amuletos se espalharam por todo o recinto, e o dono cambaleou, soltando um grito.

— Ah! bando de traidores! — disse a rainha, voltando-se lívida e medindo o irmão com olhar faiscante. Nem a minha pessoa respeitaste. Agora compreendo a rosa vermelha!

Tutmés, que contemplara como que aparvalhado os pedaços do colar, pareceu tornar a si.

— Víbora, caluniador, morre! — rugiu ele, destacando da cintura um punhal.

E antes que Sargon, a quem não poderia ocorrer a idéia de nada semelhante em presença da rainha, pensasse em defender-se, caiu-lhe em cima, qual tigre, e lhe afundou a arma no peito. O hiteno tombou com selvagem grito.

— Acudi, meus guardas — gritou estridente a rainha.

E vendo Tutmés erguer o braço para desferir segundo golpe, agarrou-o e lhe tirou a arma, com a força e destreza das quais ninguém a julgaria capaz. Espumando, doido de ira, Tutmés refez-se e difícil seria prever o subseqüente, se nesse minuto não fosse aberto o reposteiro e no limiar da porta não surgissem Chnumhotep, arma em punho, seguido de numerosos oficiais e soldados. Ante o quadro visível, o chefe das guardas pareceu de início petrificado, mas, dominando-se, determinou que fossem vedadas todas as saídas, e depois, com os companheiros, postou-se junto da rainha, aguardando ordens. Punhal ainda na mão, Hatasu continuava de pé, muda e imóvel qual uma escultura, os grandes olhos sombrios fixados, coruscantes, sobre o irmão, que, inseguro quanto um ébrio, se apoiava fortemente na mesa. Nem por um instante a denodada mulher perdera a presença de espírito, e apenas o arfar tumultuoso do seio e o tremor nervoso dos lábios denotavam que uma borrasca se desencadeava no seu íntimo. Durante alguns segundos, temível silêncio reinou na câmara; depois, Hatasu arremessou a arma sangrenta, e, avançando um passo para Tutmés, disse, em voz alterada:

— Sai daqui! E não ouses aparecer ante meus olhos, sem seres chamado. Eu te farei saber a minha resolução. E, até lá, Chnumhotep, que o príncipe não se mova do seu apartamento, sem ordem minha, formal. Responderás por isso com a tua cabeça.

Tutmés soltou estrangulada exclamação e caminhou para a porta; mas, talvez porque o acesso de fúria que tivera reagisse mui violentamente sobre a sua nervosa constituição, de súbito, cambaleou e caiu desfalecido. Enquanto o transportavam, sob a vigilância do chefe das guardas, a rainha ajoelhou junto de Sargon e apoiou o ouvido sobre o peito do ferido. Imediatamente, estremeceu e levantou-se, lestamente.

— Respira ainda; depressa, chamem médicos. E vós outros, levantai-o.

Ergueram Sargon e estenderam-no, com precaução, num leito de repouso, e a rainha, ela própria, bandou provisoriamente a ferida, com uma faixa tomada a um dos oficiais. Tiglat, o velho médico hiteno, acorreu em primeiro lugar, e, fundamente emocionado, curvou-se sobre o apunhalado.

— Oh! rainha, todo o socorro humano é inútil; a ferida é mortal — disse dolorosamente.

Um sábio egípcio, chegado nesse interregno, confirmou o diagnóstico. Sombria, supercílios franzidos, Hatasu não havia abandonado a cabeceira de Sargon.

— Quanto tempo viverá ainda? Recobrará o conhecimento e possível lhe será, então, falar e responder às perguntas de um conselho extraordinário? — perguntou, em alterada voz.

— Resistirá até ao pôr do sol, e, segundo creio, recobrará os sentidos, respondeu o médico egípcio. Se ordenares, Faraó, dar-lhe-emos remédios que animarão as derradeiras forças vitais e lhe permitirão falar.

— Fazei tudo quanto estiver em vosso poder para lhe dar a força de repetir, ante o Conselho, o depoimento que há pouco me prestou.

Enquanto os médicos se desvelavam junto de Sargon, Hatasu passou para a câmara contígua, onde estava reunida, silenciosa, verdadeira multidão de oficiais e cortesãos, ansiosos e perturbados todos, porque a notícia de uma extraordinária cena no apartamento real circulara em todo o palácio.

— Ameni! — chamou a rainha.

Um jovem cortesão, já agraciado com um colar de honra, aproximou-se, respeitoso.

— Envia imediatamente mensageiros aos Grandes Padres dos principais Templos, a Semnut, aos Antigos do Conselho Secreto e ao chefe dos escribas da minha mesa, com ordem de se reunirem aqui — imediatamente. Ordena aos mensageiros irem correndo — acrescentou ela, com um olhar que deu asas a Ameni.

Sem atentar nos cortesãos ali reunidos em assembléia, voltou costas e regressou para a cabeceira do ferido, observando, silenciosamente, os esforços dos médicos para reanimá-lo.

Ao fim de meia hora, Sargon reabriu os olhos, e surdo gemido saiu-lhe da boca. Imediatamente, Tiglat soergueu-o com precaução, enquanto o padre lhe aproximava dos lábios o copo cheio de uma beberagem preparada. Tendo ingerido, Sargon pareceu reconfortado e seu olhar se avivou. Então, Hatasu ergueu-se, e, ordenando aos médicos afastarem-se para o outro extremo da câmara, curvou-se para o ferido.

— Reúne tuas forças, pobre filho para repetires quanto me disseste ante um Conselho extraordinário que vai reunir-se — murmurou ela. Teu depoimento será a perda do miserável sacrílego. Apenas, não menciones que Tutmés usou o aroma contra mim.

Selvagem clarão de alegria animou os olhos do moribundo.

— Silenciarei sobre o sacrilégio ousado contra ti; mas, prometes-me, Faraó, não agraciar o infame?

Frio e cruel sorriso deslizou fugitivo pelos lábios de Hatasu.

— Tranqüiliza-te: serás vingado. Por agora, basta; não te esgotes.

Cerca de trinta minutos se escoaram em profundo silêncio, quando Semnut apareceu, pálido e inquieto, e anunciou à rainha que os dignitários convocados estavam reunidos, aguardando ordens. A rainha tomou algumas breves deliberações, executadas prontamente. O leito do ferido foi posto no meio do aposento, a poltrona real ao lado, e bem assim alguns tamboretes para os mais velhos dignitários, e sobre uma esteira colocados os apetrechos necessários para escrever. Terminados tais preparativos, ingressaram os do Conselho. Hatasu, então, levantou-se e disse, em tom firme:

— Veneráveis servidores dos deuses, e vós, fiéis conselheiros, eu vos chamei para que ouçais da boca do próprio acusador os crimes e sacrilégios que ele atribui ao príncipe Horemseb. Chamados a velar pela justiça e respeito devidos aos Imortais, vós deliberareis e pronunciareis, em seguida, a vossa decisão sobre o assunto. Agora, aproximai-vos, porque a voz do ferido é fraca, e tu, Nebsuon, prepara-te para tomar por escrito o depoimento do príncipe Sargon.

Depois de todos agrupados junto do leito, Semnut soergueu o enfermo, e, acomodando-o, sustentado por almofadas, lhe disse:

— Fala agora; os veneráveis homens reunidos aqui estão prontos para te ouvir. Narra com a maior exatidão, porque aquele a quem acusas é um membro da família real.

Com a voz fraca, entrecortada, porém audível, começou a narrativa. Quando o fôlego lhe escasseava, o médico acudia com a bebida reanimadora das forças do agonizante. Ao chegar ao culto prestado a Moloc, exclamações de horror e de assombro irromperam de entre os egípcios; mas, mortal palor cobria a fisionomia de Tiglat. Tendo, com esforço, terminado o depoimento, Sargon descaiu, sufocado, nas almofadas.

— Ar! Afogo-me! — murmurou ele, ao fim de alguns instantes. Levem-me à sotéia, por derradeira vez: quero ver o céu!

— Quais são tuas ordens, Faraó, para um caso tão extraordinário? — perguntou um dos Grandes Sacerdotes, dominando a tumultuosa agitação, excitada pela denúncia inaudita de Sargon.

— Quero que a justiça siga seu curso tão inexoravelmente como se se tratasse de um "parachite" (21) — respondeu Hatasu. Ficai aqui e discuti as medidas a tomar, enquanto velo os últimos minutos daquele que acaba de prestar tão imenso serviço ao Egito.

Durante esse colóquio, vendo todos afastados, Tiglat abaixou vivamente para o ferido, e disse-lhe, vibrante na voz:

— Traidor, que atraiçoas teu deus, e entregas à morte um homem venerável de teu povo; sê maldito!

Um rancoroso lampejo de desprezo iluminou os olhos, meio extintos, do hiteno.

— Esse deus que nos entregou à destruição e me deixa matar qual a uma fera das selvas, esse deus eu renego e detesto! — murmurou ele.

E, presa de debilidade, calou. A rainha aproximara-se e, por sua ordem, o ferido foi acomodado numa cadeira de encosto e alguns homens vigorosos conduziram-no à sotéia, retirando-se depois. Ela e Semnut foram os únicos a ficar junto do moribundo.

O olhar embaciado de Sargon divagou pela paisagem que se estendia a seus pés: o Sol ia sumir na curva do horizonte, espetáculo maravilhoso naquelas regiões; dir-se-ia que a Natureza desdobrava todos os seus esplendores a fim de tornar mais penoso para o desgraçado moço o adeus à vida; num céu deslumbrante, marmorizado de veios róseos, rubros, metálicos, unindo-se, por uma faixa iluminada de verde, ao horizonte azul-safira, o astro-rei descia rapidamente, transformando em feérica paisagem a Terra, que ia abandonar. Como que por último adeus, tudo se iluminou, e, sob esse céu de jóias, todas as construções pareciam de ouro, os campos e os jardins de esmeralda, o deserto ao longe, qual ametista imensa, cuja moldura de colinas se fundia na bruma.

— Destino misérrimo que me fez nascer livre nas bordas do Eufrates, para trazer-me ao Nilo e morrer escravo! — ciciou ele, com indizível amargura.

A rainha acercou-se mais e apertou-lhe a mão, com uma lágrima em pérola nos longos cílios.

— Pobre filho! Quis fazer-te ditoso, mas meu poder é vão ante a fatalidade que destruiu teu destino.

— Eu te agradeço, Hatasu, tua bondade para comigo jamais me abandonou, e disso darei testemunho a Naromath, quando avistar a sua sombra. Contra a sorte que podias tu? Liberta Neith, não a deixes entre as mãos do ímpio.

— Podes duvidar? Demais, eu te juro. Que derradeira mensagem devo transmitir à tua viúva? Não creias que ela tenha pretendido fugir de ti; Neith é vítima do sortilégio; eu sei que ela desejava reparar sua imprudência infantil e ser junto de ti uma esposa afetuosa e dedicada.

Fraco sorriso luziu nos lívidos traços do moribundo.

— Dize-lhe que a amei acima de tudo no mundo, e que morri para libertá-la.

A voz faltou-lhe; sanguinolenta espuma subiu-lhe à boca, seguida de uma torrente de sangue rútilo. Retesou-se, olhos parados; ligeira convulsão sacudiu seu corpo. Depois, inteiriçou-se, e não se moveu mais.

— Tudo terminou, Faraó: está morto! — disse Semnut.

A rainha, que recuara vivamente, nada respondeu. Seu obscurecido olhar voltou-se para o céu, cujas últimas tintas de azul-anil se fundiam nas trevas; mas, instantes depois, passou a mão pelos olhos, e se refez.

— Vou descer. Tu, Semnut, encontra-me na câmara do Conselho, logo que hajas dado ordens com relação ao morto. Toma cuidado para que o corpo do príncipe seja embalsamado como se procede com as múmias realengas.

Quando a rainha reapareceu entre os dignitários, compreendeu, pelas fisionomias afogueadas e pela agitação de todos, que a discussão fora das mais vivas.

— E então? Que haveis deliberado? — inquiriu ela, retomando seu posto.

Ranseneb, que substituía o Grande Sacerdote de Amon, acamado desde algum tempo, aproximou-se respeitosamente.

— Somos de aviso, Faraó, que convém, em primeiro lugar, prender o culpado. Para tal fim, uma comissão, de tua escolha, deverá ir a Mênfis, e, conjuntamente com Amenófis, visitar o palácio e apoderar-se da pessoa do príncipe e do seu cúmplice.

— A meu ver, um criminoso da têmpera de Horemseb não se deixará agarrar facilmente: é bastante atrevido para recuar mesmo diante de rebelião declarada — observou um velho dignitário do Conselho Secreto. Por detrás dos sólidos muros está como se fosse numa fortaleza; os seus escravos são numerosos, e defender-se-á.

— É mister, pois, para prevenir toda eventualidade, que a comissão disponha de força armada — disse Hatasu. Ranseneb, é a ti que designo para dirigir o inquérito em Mênfis. Amanhã, darei todas as ordens indispensáveis, e, à tarde, o Conselho reunir-se-á novamente, para decidir em definitivo sobre as últimas medidas a adotar, e escolher os membros componentes da comissão que acompanhará o profeta. Tudo deve ser feito depressa, a fim de que nenhuma notícia advirta o criminoso.

Ficando só, a rainha isolou-se; mil diversos sentimentos trabalhavam-lhe a alma. A notícia de que Neith, a filha que tanto panteara, estava viva, inundava-a de júbilo; o pensamento de que Tutmés, o insolente rapaz, ousara enfeitiçá-la, e depois assassinar — ante ela própria — o irmão de Naromath, fazia fervilhar-lhe o sangue. Mas, pouco a pouco, todas essas sensações fundiram-se em odienta ira contra Horemseb. Para castigar o audacioso, que se atrevera pôr as impuras mãos sobre a filha querida, o sacrílego instigador de tantos crimes, nenhuma tortura lhe parecia suficiente. À simples lembrança dele, os dedos da rainha crispavam-se e implacável crueldade empedernia-lhe a alma.

Na tarde desse agitado dia, já a informação dos acontecimentos sobrevindos no palácio real se espalhara na cidade, e esses mesmos informes, engrossados, amplificados, desfigurados até, encheram de surdos rumores a imensa Capital. Um fundo de verdade transpirara, em conseqüência da indiscrição de funcionários subalternos, e a notícia de que Sargon morrera, assassinado no decurso de sangrenta rixa com Tutmés — em presença da própria rainha, corria de boca em boca, com as variantes cada vez mais inverossímeis. Alguns acreditavam em conspiração abortada pelo hiteno, o que confirmava a convocação extraordinária do Conselho, reunido em palácio, dando idéia de que a rainha havia perecido, boato que acarretou congestionamentos de gente defronte ao palácio; mas, a presença de Hatasu, que, em liteira, acompanhada do costumeiro séquito, rumara para o templo, aquietara o povo.

Outros narravam que Sargon, para vingar-se do exílio, tentara assassinar a rainha, no que fora impedido por Tutmés, enquanto outra versão pretendia, bem ao contrário, que Tutmés pretendera matar a irmã, e Sargon havia perecido em defesa de sua protetora, após haver, durante a luta, ferido gravemente o herdeiro do trono, tendo sido Tutmés levado, sem sentidos, para seus aposentos.

Quem primeiro imiscuiu no misterioso caso o nome de Horemseb foi difícil constatar, mas, bruscamente, o príncipe nigromante passou a desempenhar, no acontecimento, papel preponderante. Contava-se, com arrepios, que Horemseb havia raptado e matado a bela Neith; que estava acusado de enfeitiçamento, de sacrilégio e de outros crimes inomináveis, e a lembrança da morte violenta de tantas moças, vítimas do seu louco amor, ressuscitou em todas as memórias, e apenas a inexplicável querela entre Sargon e Tutmés tornava embrulhadas as variações do ocorrido. Era admissível, também, que a descoberta dos delitos do feiticeiro fosse a causa de mortal combate em presença do Faraó.

Enquanto essas estranhas e contraditórias novidades circulavam e eram discutidas nas ruas, agitação bem maior ainda reinava nos palácios: Satati, ao despertar, ouvira de Pair uma parcela da verdade; em seguida, este, indo à casa de um padre, seu parente, obtivera detalhes ainda mais circunstanciados, corroborados pelas notícias que ela diretamente colhera na Corte. Neith estava viva, e isso fazia que o casal se enchesse de alegria. Embora por motivos diferentes, ambos consideravam a jovem mulher — fonte e garantia da fortuna deles. Mena, que estivera de serviço nessa noite em palácio, chegou ao lar muito depois do meio-dia e excitou surpresa na tia, pelo aspecto concentrado e pela indiferença demonstrada com relação aos acontecimentos que apaixonavam toda a Tebas. Após um novo giro, à noite, o oficial declarou que urgente assunto reclamava-o em distante propriedade, e que, tendo obtido licença para isso, partiria na madrugada.

Em outra ocasião, Satati suspeitaria qualquer mistério na conduta do sobrinho, mas, naquela oportunidade, tanto quanto o marido, estava muito preocupada para reparar em Mena. Agitação bem maior ainda devorava Roant; em vez de regressar, à noite, terminadas as obrigações, o esposo enviara-lhe lacônica missiva, anunciando que ocorrências imprevistas o retinham ainda em palácio, e que ela não se devia inquietar. Apesar desta final recomendação, Roant estava atormentada por mil suposições, e, pela manhã, quando o rumor público lhe chegou ao conhecimento, o temor e a curiosidade aumentaram. A visita de duas amigas havia levado ao auge sua inquietude, pois essas duas mulheres, esperançadas de conhecer a verdade por intermédio da esposa do chefe das guardas, sem dúvida melhor informado do que ninguém, passaram à visitada todas as extravagâncias com que se matizavam a notícia da morte de Sargon e da descoberta dos delitos de Horemseb. Ficando só, Roant andou e reandou nos aposentos, com ansiedade sempre progressiva. Chnumhotep não viria mais, para confirmar ou desmentir tudo quanto acabara de ouvir? Finalmente, o passo, lesto e firme, do chefe das guardas ressoou na primeira sala. Toda perturbada, Roant correu ao seu encontro, e, sem mesmo reparar que o marido não viera sozinho, atirou-se-lhe ao pescoço.

— Afinal, chegaste! Oh! Dize-me a verdade a respeito de tudo quanto estão narrando.

— Se soubesse a verdade, eu mesmo estaria bem satisfeito — respondeu ele, meio a rir, meio agastado. Enfim, posso dar-te duas notícias certas: Neith vive e Sargon morreu. E agora, torna a ti, e saúda Keniamun, que não sabe mais do que todos, a respeito do belo Horemseb, que, parece, é um canalha sem rival no mundo, até o dia de hoje.

Algo confusa, Roant saudou Keniamun, que parecia triste e pensativo, e, em seguida, guiou os dois homens para o terraço, onde vinho e pastéis aguardavam-nos.

— Aqui estamos ao abrigo de indiscretos; dizei ambos: Então é possível tal ventura? Neith está viva?

— Sim, está viva, porém não te rejubiles demasiado — respondeu Keniamun, enquanto Chnumhotep enchia um copo com vinho. Atualmente, a inditosa se encontra mergulhada em sono enfeitiçado, que não é nem vida, nem morte. Conseguirá despertar? Ainda é uma pergunta. Sargon, que se introduzira no palácio, disfarçado em escravo, descobriu-a, tentou em vão reanimá-la.

— Deuses imortais! Horemseb será em verdade um feiticeiro? — exclamou Roant, perturbadíssima.

— Pior do que isso: é um envenenador, que cultiva certa planta embruxada, da qual o sumo excita louca paixão por ele; rosas rubras, temperadas com tal veneno, são ofertadas às vítimas, e, quando delas se farta, assassina-as, bebe-lhes o sangue ou as sacrifica a um horrendo ídolo hiteno. Por vezes, faz-se adorar como se fosse ele próprio um deus, e, para que nenhum servo possa traí-lo, ele os mutila, cortando-lhes a língua. Mas, deixa-me narrar-te, em minúcia, tudo quanto sei...

E Keniamun descreveu o que ouvira de Neftis e de Sargon sobre a vida do bruxo.

— O espírito recusa conceber tão espantosos crimes — murmurou Roant, que escutara, pálida e como que petrificada. E que se fará agora?

— Uma comissão, da qual farei parte, por ser uma das principais testemunhas, vai seguir para Mênfis — respondeu Keniamun. Saía eu do palácio, aonde fui chamado para prestar depoimento, quando teu marido me encontrou.

— Mas, qual foi afinal a causa da morte de Sargon? Contam-se a esse propósito tantas versões, que é impossível destrinçar a verdade — disse a jovem mulher.

— Sobre isso, não compreendo coisa alguma, embora haja sido uma das primeiras testemunhas da aventura — comentou Chnumhotep, pensativo. Ao grito de chamada, dado pela rainha, nós nos precipitamos no aposento; Sargon já estava caído no chão, num mar de sangue; Hatasu, toda fremente, segurava na mão o ensangüentado punhal de Tutmés, e, este, como que enraivecido, parecia querer atirar-se sobre ela. Que havia acontecido? É difícil adivinhar. Quando a rainha o fez prisioneiro, ele desmaiou, e desconheço o que ocorreu em seguida, porque recebi ordem de guardar à vista Tutmés. Disseram-me apenas que Sargon, reanimado pelos médicos, fez ante o Conselho seu arrasador depoimento.

— Será que Tutmés, tão orgulhoso que é, arrebatado pela cólera, matou o hiteno, ante a audaciosa acusação contra um parente da família real? — observou Roant.

— Pode ser; embora, quanto a orgulho, a irmã valha o irmão, a verdade é que Hatasu abandonou Horemseb à Justiça, sem restrições; ordenou seja o processo instruído com a maior severidade, sem nenhuma consideração pela sua hierarquia.

— Desgraçado Horemseb, que terrível sorte te aguarda! — exclamou Roant, emocionada.

— Guarda a tua compaixão para alguém mais digno do que esse celerado — disse, no momento, uma voz, vibrante e irritada.

Todos se voltaram, surpreendidos.

— Roma, tu? Sabes já que Neith está viva? — exclamou Roant, correndo para o irmão.

— Viva, talvez; que vale, porém, uma vida metade destruída pelo veneno? — respondeu o sacerdote, com amargura.

Seu semblante, tão doce e tão calmo, exprimia agora uma cólera concentrada, uma dureza rancorosa que jamais se lhe notara.

— De resto, as revelações de Sargon não me causaram surpresa; desde há muito eu desconfiava a verdade. Apenas, os indícios eram muito tênues para permitir-me acusar. Agora é diferente, e já fiz minhas declarações a Ranseneb, que corroboram as do hiteno, e deixei em suas mãos as provas palpáveis da culpabilidade de Horemseb.

Notando o espanto dos seus ouvintes, Roma relatou, abreviadamente, as circunstâncias que o haviam levado à pista das rosas vermelhas, e os indícios que, pouco a pouco, tinham feito concentrar as suspeitas sobre Horemseb.

— Pobre Sargon, seu devotamento e sua coragem foram verdadeiramente sublimes, e sua morte resgata os erros com relação a Neith — concluiu Roma, suspirando.

— Também sua memória será rodeada de honrarias — informou Chnumhotep. A rainha ordenou o embalsamento igual ao das múmias da casa real, custeará os funerais, e Ranseneb declarou que todo o clero assistirá à cerimônia, cumprindo os ritos, e dirá as preces usitadas para os príncipes de raça, o que o finado mereceu, pelo serviço que prestou à religião, desvendando um sacrilégio abominável, e renegando, por isso mesmo, o deus impuro e sanguinário do seu próprio povo.

— Sim, ele bem mereceu das divindades do Egito; mas, uma outra razão me traz — disse Roma. A comissão segue amanhã, e porque devo acompanhá-la, vim despedir-me de vós.

— Já amanhã? — exclamou Keniamun. Julguei que somente dentro de três dias partiria, e ignorava mesmo que nos acompanharias.

— Eu solicitei, embora Ranseneb me houvesse escolhido, à revelia. É compreensível que eu deseje rever Neith e reconduzi-la para aqui. Quanto à partida, está sendo acelerada o quanto possível: Ranseneb arde por assentar a mão sobre o sacrílego.

— E também sobre a sua fortuna, que será presa dos templos — acrescentou Chnumhotep, com malicioso sorriso.

Enquanto Keniamun, o chefe das guardas e esposa continuavam a discorrer a respeito da incrível aventura, Roma sentou-se, e, apoiando os cotovelos sobre a mesa, abismou-se em profundo cismar: verdadeiro temporal de sentimentos sanhudos, desesperados, ciúme, se desencadeara na alma pura e harmoniosa do jovem sacerdote; previa o áspero combate que o aguardava, a pungente dor de ver a mulher amada preteri-lo por um outro, sob a ação do terrível veneno, do qual ele mesmo já experimentara o poderio. E, ao pensamento de que o abominável criminoso lhe roubara o ídolo, para manchá-lo, e de que, gota a gota, havia derramado o veneno e a corrupção na alma honesta e cândida de Neith, seus punhos se crispavam, e, sem piedade, teria entregue Horemseb às mais bárbaras torturas. Nenhuma punição era bastante severa para esse assassino de almas. Que cenas espantosas, que vícios repugnantes tinham manchado o olhar, que sentimentos abomináveis haviam assolado quiçá todo o ser da jovem mulher, que ele, Roma, respeitara, não abusando nunca do poder que o amor lhe dava sobre ela? Quanta paciência e abnegação, quanta luta íntima contra seu legítimo ciúme precisaria suportar, antes de erguer, purificar, curar tudo quanto o monstro havia pisado, ferido e destruído?

A voz de Keniamun, que se despedia, arrancou o sacerdote aos pungentes pensamentos. Ergueu-se, igualmente, e, pouco depois do oficial, deixou a residência da irmã. Necessitava ainda concluir preparativos para estar em condições de embarcar na manhã seguinte.

Alguns dias após a partida da comissão para Mênfis, a rainha achava-se, sozinha, em um gabinete do apartamento particular. Esse retiro favorito, das horas de liberdade, estava, em grande parte, consagrado à lembrança de seu pai, Tutmés I, cuja memória era sagrada para Hatasu. Ao fundo do aposento, em um nicho, via-se a estátua do falecido rei; em prateleiras, estavam reunidos objetos que lhe haviam pertencido, alguns troféus que trouxera das campanhas, enquanto pinturas, cobrindo as paredes, ilustravam os altos feitos do Faraó, suas vitórias nas margens do Eufrates e suas caçadas.

Os diversos objetos, armazenados nessa câmara, provavam que o móbil espírito da ocupante recreava-se por diferentes maneiras: ali figuravam engenhos de caça e pesca, planos e modelos do túmulo em construção na cidade-morta, e bem assim dos anexos destinados ao templo de Amon-*Ra*. Uma grande harpa, de vinte e quatro cordas, maravilhosamente incrustada, jazia a um canto, e um trabalho feminino pousava sobre um tamborete; mesa de expediente, sobrecarregada de papiros e tabuinhas, instalada junto da janela.

Silêncio profundo reinava no gabinete e nas câmaras circunvizinhas, quebrado apenas pelo roncar sonoro do lebreiro favorito da rainha, que dormia em grande almofada, listrada e de franjas nos dois extremos. Recostada no alto espaldar da sua poltrona, Hatasu refletia, mas, os supercílios contraídos, seu olhar sombrio, lábios fortemente plicados, demonstravam que os pensamentos eram desagradáveis. Realmente, a deliberação que tomara, e se preparava para comunicar ao irmão, custava viva luta íntima. Sempre o olhar voltava a um papiro aberto e revestido da sua assinatura.

Ao ruído de um caminhar, ora rápido, ora hesitante, que se aproximava, Hatasu retesou-se. Sabia tratar-se de Tutmés, a quem não mais avistara desde o fatal dia da morte de Sargon. Pouco depois, a cortina bordada a ouro foi afastada, e a elegante estatura do príncipe apareceu na moldura da porta. Visivelmente, estava mais magro e pálido; seu semblante, carrancudo e taciturno, dizia claramente não esperar nada agradável dessa entrevista com a real irmã; mas, nos olhos brilhantes e na ruga da caprichosa boca, alternavam-se a pertinácia e a resolução desesperada de encarar o inevitável. Evitando o olhar claro e perfurante da rainha, andou para ela, e, sem fazer a saudação de estilo, cruzou os braços, e, em soturno tom, disse:

— Chamaste-me: eis-me aqui, minha irmã! — falou, acentuando as duas últimas palavras — Que desejas dizer-me?

Hatasu franziu levemente as sobrancelhas, mas o rosto permaneceu impassível, quando disse, calma e severa:

— Obstinação e insolência, em lugar de humildade e arrependimento, é o remédio eficaz, quando não se pode negar; é o recurso dos poltrões, que temem uma justa punição. Ah! muito me enganei contigo, supondo que, com o sangue, herdaras as qualidades de alma do teu glorioso pai, o qual, armas na mão, triunfava dos inimigos e conquistava o mundo, rei pela audácia, tanto quanto pela origem! E "tu", seu filho, filho que sonha ser um dia Tutmés, o Grande, armado de colares enfeitiçados e de flores envenenadas é que abres caminho tortuoso para o poder? Por haver usado tais meios, vergonha sobre ti e sobre o sangue real que te corre nas veias!

À medida que escutava, púrpura violácea invadiu as faces do príncipe; vergonha e raiva insensata sufocavam-no. Arfante, espuma nos lábios, por instantes não pôde falar. Depois, torrente de palavras sofreadas e incoerentes acudiu-lhe. Afinal, dominando-se, com esforço, balbuciou, em voz refreada:

— Corta-me a cabeça, mas não me insultes; prefiro ser morto do que ridicularizado por uma mulher.

Hatasu observara, sem pestanejar, o louco acesso de ira, e, com a mesma serenidade severa vibrando na voz, respondeu, erguendo a mão:

— Basta! Torna a ti, insensato, e cala, quando a tua soberana te fala. Não tenho necessidade da tua cabeça, menino estúpido, que pões a tua honra à mercê de uma rasteira mulher que vende filtros e está ligada a uma tenebrosa teia de crimes! Tens necessidade, eu vejo, de uma escola mais rígida do que a vida da Corte, para seres digno do poder. Vice-rei da Etiópia, ensaiarás tuas forças; não esqueças, pois, desde este momento, que não é mais o rapaz malcriado, e sim o primeiro funcionário do reino que se acha em presença do seu Faraó.

Ao título de vice-rei da Etiópia, um assombro incrédulo desenhou-se primeiramente no expressivo rosto de Tutmés; depois, acalmando-se súbito, disse, com respeitosa gravidade, que trouxe leve sorriso aos lábios da rainha:

— Não olvido na presença de quem estou; apenas observo que teu irmão, o vice-rei da Etiópia, como acabas de chamá-lo, não deve ser denegrido e desconsiderado em sua presença.

— Não foram as minhas palavras, e sim teus próprios atos que te desconsideraram; mas, quero esquecer o tom estranho das tuas observações.

— Sempre fui obediente executor das tuas ordens, minha irmã — ponderou Tutmés, enrubescendo. Minha falta única foi usar o encantamento, sem dele jamais abusar, contentando-me com a tua amizade, sem te inspirar um louco amor, o que me seria tão fácil!

— És especioso na desculpa; apenas, desta vez, fazes de teu interesse uma virtude — respondeu, com ironia, a rainha. Não sou suficientemente jovem para que me desejes na qualidade de mulher, e, em contrapeso, meu amor e meu ciúme seriam os mais incômodos do mundo para um jovem libertino. Agiste sabiamente, preferindo a minha amizade enfeitiçada, que te proporcionaria facilmente todos os favores desejados. Agora, basta, sobre esse incidente: o que passou, seja esquecido para sempre! Horemseb pagará os abusos provocados pelo filtro que inventou, e tu seguirás, dentro de três dias, para assumir o cargo, com teu séquito, do qual designarei a metade, deixando-te livre a escolha do resto dos teus companheiros. É muito perigoso ter junto de si um irmão armado de filtros de amor. Quem sabe? Terás ainda em reserva esse irresistível meio de êxito?

— Não; não. Atualmente, eu próprio me horrorizo disso — exclamou, vivamente, o príncipe.

— Tanto melhor! — disse a rainha, estendendo-lhe o papiro aberto diante dela. Eis a tua nomeação; torna-te digno da minha graça. Tu havias posto em minhas mãos terrível arma, enredando-te nesse criminoso caso; nunca me faças arrepender de haver resguardado tua vida, arriscando quiçá a minha própria. O feitiço agia ainda em mim? Não sei, mas não quis destruir-te.

Tutmés ajoelhou e recebeu, respeitosamente, o precioso rolo de papiro, que lhe restituía liberdade e poderio.

— Perdoa-me, Hatasu — disse, voz baixa — e despede-me sem cólera. Nossa amizade, ai de mim! era enfeitiçada, mas o poder do filtro é recíproco, minha irmã; esse malefício que me salvou, também me impedirá de estender a mão contra tua coroa.

— Se ele te inspirar paciência para aguardares, honestamente, que eu desapareça, e então subires ao trono dos teus progenitores, esse filtro terá prestado serviços a nós e ao Egito — disse a rainha, com melancolia. Sabes que és meu herdeiro, a esperança da gloriosa raça de Tutmés. Vai agora preparar-te para a partida, e possam os deuses assistir-te e conceder êxito em tudo que empreenderes no país para onde te envio!

Tutmés, sempre ajoelhado, pegou a mão da irmã e a beijou, com respeito e gratidão; depois, despediu-se e retirou-se alegre, cabeça erguida; sua natureza elástica reconquistara todo o aprumo.

Hatasu permaneceu imersa em sombria quimera, e, olhar fixo na efígie do rei, murmurou:

— Cumpri minha palavra! Acontece o que tem de acontecer!

VIII

DERRADEIRAS VÍTIMAS

Depois da partida de Horemseb e de Neith para Sais, o velho sábio, que os havia acompanhado ao embarque, reentrou, precipitadamente, no palácio. Sombrio e preocupado, subiu ao mais alto telhado liso e examinou, atento, o céu estrelado. E, quanto mais estudava os astros e calculava os símbolos traçados sobre um papiro, mais seu semblante se anuviava e assumia expressão de ansiosa cólera.

— Só trevas; constelação terrível; presságio de desgraça e morte — murmurou. É evidente que forças inimigas o carregam, e Horemseb não reingressará senhor neste palácio. Ele não quis fugir; é que o destino inexorável lhe obscureceu a razão. Fatalidade maldita! Quando penso que mais dois anos de tranqüilidade ainda, teriam bastado para ultimar a grande obra, a conquista da vida eterna!

Seus dentes rilharam e os fechados punhos ameaçaram o invisível. Tadar estava horrendo nesse momento; o frenesi interior retorcia e sacudia-lhe o corpo ossudo, e seus angulosos traços, seus profundos olhos refletiam ira e malvadez infernais. Ao fim de alguns minutos, pareceu acalmar-se; passou as mãos pelo rosto e estirou os braços.

— À tarefa, em vez de perder tempo precioso! — falou a si mesmo.

Enrolou o papiro que consultara e desceu à sua câmara. Ali, pegou pequena ânfora, que escondeu na ampla vestimenta, e fez misteriosa excursão pelas despensas do palácio, o que lhe custou quase uma hora. Ao voltar, chamou Chamus, o qual, com Hapzefaá e todos os homens válidos, trabalhava na demolição da pirâmide.

— Deixai esse trabalho; vós o reiniciareis amanhã, quando eu o ordenar — disse. Agora, é mister dar descanso aos homens, que devem regressar aos seus alojamentos. Vós, Hapzefaá e Chamus, segui-me, e bem assim todos os eunucos e vigias, à sala de refeição.

Quando ali reunidos, Tadar falou:

— Tomai cada um os preciosos copos que se acham nos aparadores, enchei-os com o vinho das ânforas. Bebei e guardai os copos, dádiva que vos faz o príncipe Horemseb, em retribuição do vosso zelo em servi-lo neste momentâneo dissabor que o atinge. Se continuardes fiéis e não revelardes, a quem quer que seja, tudo quanto tiverdes visto aqui de anormal, ele vos recompensará mais generosamente, quando regressar, pois compreendereis que um parente do Faraó se desenvencilha de qualquer embaraço e de qualquer calúnia.

Contentes e surpresos de tal munificência régia, os homens beberam, protestando fidelidade e devotamento, e retiraram-se para descanso.

— Agora sereis fiéis e discretos, tenho certeza — murmurou Tadar, irônico. E ainda vos poupei a tortura, que talvez vos soltasse a língua.

Regressou ao aposento e despiu a ampla vestimenta branca, da qual fez um pacote, cingindo-se com o avental de pano grosso e pondo o "claft" de homem do povo. Depois, atirando às costas o saco onde enfurnara diversas coisas, dirigiu-se ao jardim, que atravessou em toda a extensão. Habilmente disfarçada em espesso mato bravo, havia pequena porta secreta, de cuja existência ninguém jamais desconfiaria, e que, aberta, lhe deu passagem a um segundo abrolhal, não distante das bordas do Nilo.

Tadar margeou o rio, sem encontrar viva alma, pois ainda era noite, e todos evitavam as vizinhanças do palácio encantado. Sem estorvo, esquadrinhou os caniçais e achou pequena barca, na qual, agarrando os remos, rumou célere para o lado oposto. Tendo costeado a cidade-morta até seus últimos confins, encostou em local escondido, ocultou o barco e prosseguiu pedestremente.

Após fatigante e rápida marcha, chegou próximo de uma cadeia de rochas, nas quais se viam, aqui e ali, negras aberturas, rasgões hiantes de velhas tumbas violadas por malfeitores. A região era selvática, deserta, de total desolação e supersticioso horror para aqueles que ali se aventurassem, porque ali repousavam, em milhares de túmulos, gerações desaparecidas, contemporâneas das primeiras dinastias faraônicas.

No entanto, mais de um habitante de Mênfis deslizava misteriosamente rumo desse desolado local, porque lá vivia um homem que, na cidade, desfrutava, mais ou menos, da mesma fama que Abracro conquistara em Tebas. Era igualmente um feiticeiro, aparecido ali pouco depois do regresso de Tutmés I da sua campanha na Ásia. A voz pública tinha-o por hiteno liberado ou fugido, de qualquer modo, do senhor que o trouxera, e o tipo do mago, sua tez clara, e o sotaque estrangeiro com que falava um vernáculo egípcio mui defeituoso, confirmava a suposição. Não se conhecia o nome do incógnito, e, por isso chamavam-lhe o "homem da montanha", e o mistério que lhe cobria o viver envolvia-o de supersticioso temor, o que lhe dava mais segurança do que a de uma escolta.

Desde sua aparição, o desconhecido da montanha não mais deixara o sítio solitário que escolhera para residir. De que se alimentava? Era também mistério, porque jamais fazia compras e não aceitava, absolutamente, qualquer remuneração de quantos tinham coragem de vir solicitar-lhe conselhos. Tal desinteresse e a fama de extraordinário saber atraíam-lhe clientes, embora bem menos numerosos do que os de Abracro.

Chegado perto de um conjunto de rochas, Tadar escondeu-se e emitiu, com perfeição, o prolongado grito de um pássaro noturno, e idêntico som fez-se ouvir em resposta, som que, permutado três vezes, em sinal, fez que o sábio encetasse, a correr, caminho para a cadeia de rocha. À metade da distância, encontrou o solitário, que o saudou, com respeito.

— É a prevista desgraça que te traz hoje, venerado mestre?

— Sim, Spazar; tudo vai muito pior do que eu julgava. Entremos, porém, depressa, porque estou exausto de fadiga.

Haviam chegado junto da montanha. Spazar, seguido do sábio, rastejou, com as mãos e joelhos, por entre fragmentos da rocha e grandes pedras; depois, ergueu uma cortina de espinhos e penetrou em longo e escuro corredor. Após muitas viravoltas, em completa escuridão, Spazar empurrou uma lousa de pedra, que girou sobre si mesma, e ingressou, com o companheiro, em uma cova bastante espaçosa, iluminada por lâmpada.

Era antiga sepultura, composta de duas câmaras sepulcrais, que o hiteno havia adaptado para habitação; o ar, embora pesado e aquecido, era respirável. Quem deitasse um olhar à segunda das duas divisões, não se admiraria de que o bruxo não comprasse mantimentos, pois lá se achavam amontoadas provisões consideráveis; carnes defumadas e salgadas, frutas secas, queijo, mel, etc., e bem assim grandes ânforas de óleo, vinho e cerveja. A fonte de tal abundância era Horemseb, que autorizara Tadar a suprir seu compatriota de tudo quanto necessitasse. Cada mês, o velho sábio, durante a noite, transportava para lá todo o suficiente, e, depois do temor da descoberta, Tadar escondera no refúgio de Spazar os seus mais preciosos haveres.

Na primeira câmara, confortavelmente mobilada, Tadar se estendera num leito de repouso, e, reconfortado por um copo de vinho, narrou a Spazar os recentes acontecimentos.

— Se Horemseb estivesse comigo, neste seguro teto, eu não desesperaria do futuro; mas, o insensato preferiu fazer derradeira tentativa para salvar a posição, e receio que, nessa empresa, ele venha a perder a cabeça. Em qualquer conjuntura — concluiu o velho sábio, com um suspiro —, ele conhece o caminho do teu retiro, e aqui se refugiará, em caso de necessidade.

No dia seguinte ao desta agitada noite, cerca de seis horas da tarde, muitos barcos, ocupados por padres e militares, chegaram a Mênfis: era a comissão incumbida de proceder a inquérito no palácio de Horemseb, chegada de Tebas algumas horas mais tarde do que previra Mena. Enquanto Ranseneb, Roma e seus companheiros sacerdotais se encaminhavam ao templo de Ápis, para combinações com o Grande Padre Amenófis, e comunicar-lhe o depoimento de Sargon, Antef, com o destacamento que comandava, dirigiu-se à cidade para entregar uma ordem real ao comandante de Mênfis. Keniamun ficou, para localizar a flotilha, que devia manter-se à parte, sem comunicação com pessoa alguma. Estava ele incumbido igualmente de prevenir Neftis e fazer uma visita ao esconderijo do muro, para colher as últimas notícias. No dia seguinte, à alvorada, propunha-se forçar a entrada no palácio. O oficial começava a subir a rua que, do rio, conduzia ao interior da cidade, quando, com grande espanto, viu Hartatef, que, sombrio e preocupado, caminhava ao lado de uma liteira fechada, que quatro homens carregavam com precaução. Keniamun aproximou-se célere e bateu no ombro de Hartatef.

— Pensei estares ainda em teu posto — disse, após as primeiras saudações. Que transportas tu nessa liteira, com tanto mistério, se a pergunta não for indiscreta?

— Terminei minhas ocupações mais cedo do que esperava, e nessa liteira se encontra uma jovem ferida que os meus pescaram, esta noite, no Nilo, e eu levo para Tebas, para onde regresso.

Sem esperar permissão de Hartatef, Keniamun pegou e ergueu a cortina da liteira, e, ao primeiro olhar para o interior, recuou, pálido, exclamando, com abafada voz:

— Ísis!

— Conheces esta mulher, que murmura incessantemente o nome de Horemseb? — indagou, vivamente, Hartatef.

— Sim, e não é a Tebas que deves conduzi-la, e sim ao templo de Ápis imediatamente: salvaste uma terrível testemunha contra o bruxo! Mas, ainda não sabes nada; vou pôr-te ao corrente dos fatos, e depois tu me dirás onde e de que modo encontraste esta pobre criaturinha.

Keniamun relatou, abreviadamente, a morte de Sargon, seu depoimento, disse que Neith estava viva, e ainda que um inquérito se preparava. Súbito rubor cobrira as faces de Hartatef, ao ouvir as extraordinárias notícias.

— Suspeitava tudo isso, desde há muito, e não me equivoquei, desconfiando que os deuses haviam posto em minhas mãos terrível arma contra o miserável. Eis de que maneira isso aconteceu: Voltava eu, ontem à noite, quando, aproximando-me de Mênfis, julguei ouvir sobre a água débil gemido. Fiz parar e iluminar tudo em redor, e então foi vista esta mulher, agarrada a uma tábua, que largou no momento em que a apercebemos. Pela minha gente, foi ela retirada, e, já em nosso barco, vi estar ferida gravemente. Enquanto eu banhava o ferimento, reabriu os olhos e murmurou: "Horemseb, não me mates!" Tais palavras causaram-me alarma, e, porque o nome do nigromante lhe voltasse incessantemente aos lábios, resolvi tratá-la em minha própria casa.

Aceitando o conselho de Keniamun, Hartatef transportou o seu achado ao templo, onde os padres deram a Ísis todos os cuidados possíveis. Algumas horas mais tarde, Keniamun, muito agitado, anunciou que Neftis, que saíra de casa, na noite anterior, não havia retornado.

Os primeiros raios do Sol douravam o horizonte, quando destacamentos de soldados sitiaram o palácio de Horemseb e bloquearam a saída comunicante com o Nilo, enquanto os padres, à frente de forte escolta, batiam na porta de comunicação com a cidade. Durante algum tempo, silêncio de morte foi a resposta aos golpes, e já se preparava o arrombamento, a golpes de machado, quando os ferrolhos foram retirados interiormente, e um jovem preto, tremendo, apareceu. Interrogaram-no, mas, a todas as perguntas, respondia apenas não saber coisa alguma, e que, desde a noite precedente, o chefe dos eunucos, Chamus, o intendente Hapzefaá e todos os vigias haviam desaparecido. Quanto ao senhor, jamais o avistara.

— Pressinto que vamos descobrir algum novo crime — disse Amenófis, ordenando ao escravo indicar o caminho da habitação do intendente.

Com tanta estupefação quanto horror, a comissão constatou que o intendente, todos os eunucos e vigias estavam mortos, evidentemente envenenados, porque os corpos não apresentavam nenhum traço de violência, nenhum ferimento; os infortunados pareciam pacificamente adormecidos. Então, os padres ordenaram a todos os seres vivos existentes no palácio se reunissem em um dos pátios, e, bem depressa, um rebanho tremente de homens e mulheres agrupou-se; mas, o interrogatório não trouxe, igualmente, resultado algum.

— Não sabemos nada; somos dançarinas e cantoras do senhor — repetiam as mulheres.

Outros, empregados em trabalhos grosseiros da casa, nunca haviam transposto o recinto reservado ao palácio; alguns homens, apenas, declararam terem sido levados ao jardim, duas noites antes, para demolir uma construção de pedra, mas o trabalho fora prontamente mandado cessar. Quanto aos do serviço íntimo, tanto masculino, quanto feminino, eram invariavelmente mudos e também surdos, em parte. Impossível se tornava obter algo, e já os da comissão se aprestavam para prosseguir na visita, quando da turba se destacou um rapazelho, que, prosternando-se, começou a traçar diversas letras no chão.

— Sabes escrever? — exclamou Ranseneb, admirado. E, erguendo o adolescente, acrescentou, bondoso: Vamos dar-te tabuinhas. Escreve nelas, se puderes, tudo que sabes de teu senhor. Um escriba apresentou o necessário, e o jovem traçou:

"Anteontem, à noite, Horemseb seguiu para Sais, com a mulher chamada Neith."

Os padres permutaram olhares espantados. Roma exclamou, impetuosamente:

— É preciso perseguir o facínora, e saber com que fim arrastou com ele a sua vítima. Deixai-me libertar Neith!

— O que propões é justo, e nós disso te diremos, logo que esteja terminada a visita — respondeu, gravemente, Amenófis. Regressados ao templo, interrogaremos a fundo este rapaz e obteremos informações que te auxiliarão a libertar mais depressa a infortunada moça. No momento, ele nos servirá de guia, pois havendo pertencido ao serviço íntimo, deve conhecer os meandros deste covil.

Conduzidos pelo jovem escravo, cujo olhar faiscava de ódio satisfeito, os padres, oficiais e soldados penetraram na misteriosa casa onde Horemseb, durante tanto tempo, escondera a todos os olhares indiscretos seu estéril e criminoso viver, suas orgias e seus assassínios. O palácio perdera, em grande parte, sua feição original: as mil caçoletas estavam extintas, o ar purificado dos aromas atordoantes, os mais preciosos objetos desaparecidos, os servos adereçados não mais circulavam nos aposentos desertos. Contudo, o luxo real do mobiliário, a arquitetura bizarra, a arrumação fantástica e toda particular, excitavam a cada instante o pasmo dos visitantes.

Pelo terraço, no qual tantas vezes Horemseb escutara os cânticos ou contemplara, sonhador, o fascínio da Natureza, e onde Chamus também lhe apresentara Kama, a inocente vítima que substituiu Neftis, a comissão penetrou nos jardins. Lá, igualmente, se constatou que grandes modificações haviam ocorrido, depois da fuga de Sargon. O pavilhão do sábio e a planta misteriosa tinham totalmente desaparecido.

Enfim, a vista da pirâmide, em via de demolição, convenceu definitivamente aos padres que Horemseb tentara destruí-la e apagar todo traço visível dos seus crimes, o que teria conseguido, se a chegada prematura da comissão não houvesse anulado tal projeto. Mas, de que maneira fora ele avisado? Isso ficava por descobrir.

Quando os soldados desentulharam a entrada da pirâmide, obstruída por ladrilhos e lousas de pedra arrancados, os padres e oficiais nela penetraram, e a seus olhos se apresentou, em todo o seu grandioso horror, o colossal ídolo hiteno, a sanguinária divindade sorrateiramente surgida no coração do Egito vitorioso, para nutrir-se, durante largo tempo, com o sangue de seus filhos.

— Ah! — gritou Amenófis, olhos cintilantes — infame sacrílego! Era esta a verdadeira razão da tua negligência para com todos os deveres religiosos!... Muitas vezes eu lhe recordei as obrigações que tinha de cumprir para com os verdadeiros deuses. Compreendo agora que permanecesse surdo às minhas admoestações. Osíris, farto de crimes, fez surgir a verdade.

— Sim, também eu desde há muito suspeitava — observou Ranseneb. Mas, que significa o cheiro de putrefação que enche este impuro local? O cadáver de alguma vítima estará aqui?

Os soldados pesquisaram, alumiaram cada recanto com archotes, porém em vão. Afinal, avistaram a porta existente acima das pernas do colosso, e abriram-na: nauseante cheiro saiu do interior. Apesar disto, todos se inclinaram, avidamente, para olhar o que ia ser retirado das entranhas do ídolo. Primeiramente, detritos de combustíveis e ossamentas calcinadas; depois, algo volumoso foi retirado de um montão de cinzas úmidas, o que provava haver sido o braseiro extinto bruscamente.

Era um corpo de mulher, crivado de horrorosas queimaduras, enegrecido, inchado, porém não consumido. Quando o cadáver foi trazido para a luz plena, verificou-se que a um lado havia um ferimento hiante e que o sangue, correndo a jorro, ficara calcinado em torno das ancas, formado como que uma cintura negra; o rosto intumescido, pele fendida, estava, entretanto, menos desfigurado do que o resto, e de sobre o crânio pendiam, em alguns pontos, tufos de espesso cabelo ruivo, colados na fronte pelo sangue ou pelo suor da agonia.

Petrificados de horror, todos contemplavam esse resto humano, de membros retorcidos, face crispada, sobre a qual estava indelével uma expressão de sofrimento super-humano, quando Keniamun expeliu um grito enrouquecido, e, cambaleante, recuou violentamente.

— Que tens tu? — perguntou Ranseneb, amparando o oficial.

— É Neftis! — murmurou ele, oprimindo a cabeça entre as mãos e tentando readquirir calma.

Por momentos, reinou tumular silêncio; a revelação pesava sobre todos, consternando-os. Súbito, um dos padres curvou-se e pegou uma das mãos do cadáver, enegrecida e crispada, cujos dedos, fechados, pareciam apertar qualquer objeto. Com dificuldade, ele os abriu e achou espremida contra a palma, que se conservara alva e macia, uma rosa rubra, murcha e machucada.

— A prova flagrante da culpabilidade de Horemseb, conservada pela justiça celeste, na mão da própria vítima! — afirmou, solenemente, o velho. Esta flor, idêntica às reunidas pela perseverança de Roma, afasta as derradeiras dúvidas sobre a origem dos crimes cometidos em Tebas.

Enquanto isso se passava no interior do palácio, o sussurro de um inquérito na residência misteriosa e acusações capitais trazidas contra Horemseb se haviam espalhado na cidade. As sentinelas, postadas em todas as saídas, tinham confirmado a novidade, e, pouco a pouco, enorme multidão de curiosos, entre a qual eram vistas escassas pessoas categorizadas, aglomerou-se em redor do palácio; a agitação era febril, falava-se de crimes cometidos, de mortes constatadas, de sacrilégios inauditos... Toda a raiva suspeitosa, que, desde muito tempo, jazia na alma dos habitantes de Mênfis, começava a transbordar.

Assim, quando a comissão apareceu na saída, foi cercada de pessoas notáveis que solicitavam informações. Os padres não fizeram dificuldade em narrar quanto haviam visto, silenciando apenas sobre a fuga de Horemseb para Sais, carregando Neith. Enquanto Amenófis falava aos dignitários e lhes concedia permissão, inclusive às respectivas famílias, para visitar o palácio, Antef informou Ranseneb de que os escravos de Horemseb declararam não haver comido coisa alguma desde a antevéspera, e suplicavam que lhes dessem qualquer alimento. O profeta do templo de Amon ordenou verificasse se existiam provisões no palácio, e, caso afirmativo, as distribuísse aos famintos, até que destes ficasse decidida a sorte. Em seguida, todos os padres retornaram ao templo, para deliberar, levando o pequeno escravo, que iam submeter a um interrogatório em regra.

Depois de haver registrado o depoimento desta grave testemunha, decidiu-se que Roma, com Keniamun e um destacamento de soldados, rumariam a Sais, para prender o culpado, se ali ainda se encontrasse, e tomar-lhe Neith para ser reconduzida a Tebas, conforme ordem da rainha. Amenófis terminava uma carta endereçada ao Grande Padre do templo, missiva que Roma devia levar para ter assegurado o concurso desse dignitário, quando acorreu, todo atarantado, um oficial enviado por Antef.

Viera rogar aos padres se dirigissem, o mais rapidamente possível, ao palácio de Horemseb, onde ocorriam funestos acontecimentos. Em primeiro lugar, os privilegiados admitidos a visitar a misteriosa casa, que fora durante longo tempo um enigma para todos, divertiam-se em examinar em detalhe os maravilhosos apartamentos, os encantados jardins, teatro das selvagens orgias, mortes e enfeitiçamentos, distrações do príncipe. Entre esses curiosos, contavam-se muitas moças e rapazes, imprudentemente levados ali pelos parentes. Esses estouvados haviam retirado do vaso que servira para a correspondência de Ísis e Sargon um maço de rosas nefastas que a jovem conspiradora ali atirara para livrar-se do mortal efeito. Ignorando o perigo, os imprudentes tinham cheirado, avidamente, o aroma deletério, e, tomados de súbita loucura, esqueceram honra e decência. Com dificuldade, os parentes, espantados, separaram os infelizes e os afastaram; todavia, o efeito do veneno foi tão violento sobre os tenros organismos, que muitos estiveram longamente acamados, e uma das jovens enlouqueceu.

A perturbação ocasionada por este incidente ainda agitava todos, quando clamores nos pátios e casas de serviço para ali atraíram os oficiais, que viram os desgraçados escravos correr, embravecidos, batendo com a cabeça de encontro às paredes ou debruçarem-se, ansiosos, sobre os companheiros estendidos, sem movimento, junto das tigelas que tinham esvaziado. Alguns tombavam para sempre. Antef, fora de si, mandara chamar os padres; mas, quando chegaram, a toda pressa, puderam apenas constatar a morte de todos os infortunados que se haviam saciado com as provisões encontradas no palácio, e, entre eles, alguns soldados, que se tinham deixado tentar por uma ânfora de vinho, vinho também envenenado por Tadar, antes de sua retirada.

Mudos de horror, os padres moveram-se no meio daquela hecatombe inaudita, contemplando os homens, de todas as idades, as arrebatadoras moças estendidas em grupos, lembrando flores atingidas por uma foice. Todos haviam servido Horemseb, recreado seus olhos com as danças, encantado o ouvido com os cânticos — estavam mortos; todas essas bocas, fechadas para sempre, não mais poderiam acusá-lo ante os juízes terrestres; mas, o número dessas novas vítimas causava estupor ao mais animoso.

Embora Horemseb ignorasse os derradeiros crimes cometidos pelo sábio, foi sobre sua cabeça que se acumulou a raiva excitada por essa atrocidade. Um clamor de reprovação e de repulsa se elevou em toda a Mênfis; o nome do nigromante, maldito e apupado, tornou-se sinônimo de crime; sua personalidade, agrandada pelo terror e pelas narrativas exageradas, alcançou dimensões de um ser fantástico e horrífico, que dava morte a todos que se lhe aproximassem.

O palácio foi fechado e voltou a ser inacessível, como havia sido no tempo do seu esplendor; seu acesso proibido, sob pena de morte; seu recinto guardado por sentinelas, qual fortaleza; nas salas, vazias e quietas, instalado Antef, com uma companhia de soldados e alguns oficiais subalternos.

Neith e seu acompanhante atingiram Sais sem empecilho, e foram recebidos de braços abertos pelo velho Grande Sacerdote, parente de Horemseb. O príncipe tivera o cuidado de não confiar ao venerável Ameni as verdadeiras causas da sua fuga de Mênfis, impingindo-lhe uma intriga de Corte, complicada com rivalidade de amor, o que lhe suscitara inimigos poderosos, obrigando-o, por prudência, a ocultar-se com a jovem que desejava desposar, até que o assunto ficasse resolvido; rogava a Ameni lhe conceder, por algum tempo, asilo e proteção.

O velho padre, não tendo dúvida alguma quanto à veracidade dessa história, e após haver consagrado e legalizado em boa forma a união do príncipe e de Neith, escondeu o jovem casal em pequena casa que possuía, fora da cidade. Essa habitação, à qual se chegava por uma extensa aléia de plátanos e sicômoros, comunicava, pelas serventias, com vastos jardins, plantados de árvores frutíferas e de hortaliças, servidos por aléias umbrosas e comunicantes com campinas.

Temendo, apesar de tudo, ser localizado, Horemseb mantinha, noite e dia, um cavalo aparelhado, num pátio precedendo os jardins, para fuga, ao primeiro alarme. Propunha-se enviar Neith a Tebas, para defender sua causa ante Hatasu, e ela esperava, para tal, apenas a ocasião segura e cômoda que Ameni lhe havia prometido. Em caso de perigo, Horemseb contava refugiar-se no retiro inacessível de Spazar, e lá aguardar o indulto e reabilitação; fracassada esta, deixaria o Egito.

Neith estava informada de todos esses projetos, e o príncipe lhe confiara os detalhes circunstanciados, tanto com relação à furna onde vivia Spazar, quanto ao meio de penetrar no palácio de Mênfis, pela porta secreta do muro exterior; ela devia ter todas as facilidades de comunicar-se com ele, em qualquer imprevista eventualidade.

Certa tarde, três dias mais ou menos depois do casamento de Horemseb, um grupo de homens, composto de um sacerdote, um escriba real, um oficial e destacamento de soldados, veio bater à porta do templo de Neith; eram Roma, Keniamun e um funcionário do Departamento da Justiça que chegavam de Mênfis para prender o criminoso príncipe e solicitar a extradição à jurisdição do templo, se ali se houvesse refugiado.

— De que é acusado o príncipe? — indagou Ameni, quando os enviados chegaram à sua presença.

— Esta carta, que te envia o Grande Sacerdote Amenófis, dará todos os esclarecimentos necessários, venerável padre — respondeu Roma, apresentando-lhe a missiva.

Apenas, porém, terminou de ler, tomado de horror, deixou-se cair numa cadeira.

— Deuses imortais! Que tecido de crimes me revela Amenófis! O culpado convenceu-me com mentiras, mas, vou indicar seu esconderijo, imediatamente, e vos fornecerei servidores do templo, para ensinar o caminho e auxiliar a prisão.

Embora acreditando-se em segurança, sob a proteção de Ameni, Neith e Horemseb permaneciam sombrios e entristecidos; desesperada raiva corroía o príncipe, e invencível pressentimento de próxima desgraça perseguia a jovem. Desde o amanhecer desse dia, principalmente, inquietude e angústia aumentavam, de hora em hora, e, cedendo a uma súplica, Horemseb subira com ela à sotéia do prédio. Apoiando os braços na amurada, Neith avidamente sondava a planície circunvizinha. De repente, estremeceu e o olhar se concentrou em uma nuvem de poeira que se aproximava, e bem depressa percebeu dois carros ocupados por padres e oficiais e por um destacamento de soldados e servidores do templo.

— Olha! — gritou ela, pegando o braço do príncipe, que sonhava, de supercílios franzidos.

Endireitando-se, viu, juntamente com a jovem, a caravana deter-se na aléia dos sicômoros, dividir-se, combinada, distanciando-se alguns, no visível intuito de cercar a habitação.

— Devo fugir; é a mim que vêm prender! — murmurou Horemseb, com a lividez de um morto.

— Sim, sim; apressa-te. Eu ficarei aqui e irei defender tua causa em Tebas — respondeu Neith, arrastando-o, tremente.

Sem perda de um instante, o príncipe apanhou suas armas e envolveu-se em escuro manto; depois, atraindo a si a jovem mulher, lhe deu incendido beijo.

— Adeus, minha bem-amada; emudece, quanto ao passado; não esqueças que é teu esposo quem vais defender, e que a rainha do Egito é tua mãe. Se tiveres boa notícia a comunicar-me, na casa de Spazar ou no esconderijo de meu palácio tu me encontrarás. Mena servirá de teu mensageiro.

Neith retribuiu o abraço, com o corpo a fremir de paixão e de desespero; depois, afastando-o, exclamou:

— Foge! Cada minuto é precioso.

O príncipe lhe dirigiu derradeiro adeus com a mão, e precipitou-se para fora. Neith caiu, alquebrada, sobre uma cadeira; mas, violentos golpes na porta de entrada arrancaram-na da prostração, e, com instantânea energia, levantou-se, pegou uma machadinha deixada sobre a mesa, e saiu correndo. Continuavam os golpes na porta, com a intimativa:

— Em nome do Faraó e do Grande Sacerdote Ameni, abri, sob pena de morte!

Um escravo, a tremer, abriu os ferrolhos, e os soldados iam ingressar no interior da casa, quando, no estreito corredor de entrada, surgiu um vulto de mulher, vestindo de branco. Momentaneamente surpreendidos, os homens retrocederam, e Neith apareceu no limiar, brandindo a arma e gritando, em voz vibrante:

— Para trás! Aqui não se passa, e o primeiro que se aproximar, eu o matarei!

A jovem mulher estava soberba na sua desesperada exaltação: olhos fulgurantes, lábios frementes de orgulho e de virilidade, semelhava um gênio da guerra, aparição fantástica. Por momento, todos recuaram; mas, destacando-se dos companheiros, Roma avançou.

— Neith, torna a ti, desditosa criança!

Ao som daquela voz melodiosa, à vista daquele que tanto amara, Neith tremeu, como que despertando de uma embriaguez; os braços, erguidos, descaíram; a machadinha rolou ao chão, e, correndo para o Sacerdote, exclamou, com a voz embargada:

— Roma! Tu, aqui? — Oh! então tudo está bem.

— Sim, Neith, todos os teus sofrimentos findaram; estás liberta de Horemseb.

— Horemseb? Ele me é mais precioso do que a vida. Salva-o, Roma, se me amas! — implorou ela, de mãos postas.

O jovem recuou, como que picado por uma serpente.

— Salvar esse assassino infame? Nunca!

Vendo que a moça estava em mãos seguras, Keniamun, o escriba e os soldados invadiram a residência. Neith cobriu o rosto com as mãos, e chorou amargamente.

— Minha bem-amada — murmurou Roma, pegando as duas mãos de Neith — torna a ti, e compreende estares cega por um sortilégio que te faz amar esse homem abominável; Horemseb roubou-te o sossego, envenenou tua alma, enlodou teus olhos e teu corpo com um malefício que acorrenta os sentimentos. Essa paixão não emana de teu coração, porque é produto do veneno que excita teus sentidos e avilta a tua dignidade de mulher. Minha altiva Neith, torna a ti, desperta desse pernicioso sonho; restitui-me teu coração, a mim que te amo muito mais do que a mim mesmo. Podes tu preterir-me por esse assassino cheio de sangue humano?

Ela baixou a cabeça, aniquilada. Tudo quanto ouvira era verdade, ela o sabia, mas, aquele fogo, que queimava em seu peito, devorava ódio e desprezo, para só deixar de pé a paixão indomável.

— É feitiço ou amor que me devora? Não sei — ciciou ela, curvando a fronte. Mas, em qualquer caso, não existe mais salvação para mim, minha existência está destruída, meu coração, devastado, só tem lugar para sua imagem; não posso viver sem seu olhar de fogo, sem o amor entorpecente; dever e sentimento prendem-me a ele. Não sabes que sou sua mulher, desde há três dias?

Roma emitiu um grito.

— Tu te casaste com Horemseb? Ah! o infame coroou bem dignamente a criminosa carreira, ligando a inconsciente vítima ao seu futuro de vergonha.

Penoso silêncio fez-se; o moço sacerdote foi quem primeiro se dominou.

— Apesar de tudo, permanecerei teu amigo — disse, passando a mão pela fronte. Tem confiança em mim, e deixa-me acompanhar-te a Tebas, de acordo com a ordem da rainha. Não podes ficar aqui por mais tempo.

— Sim, sim, quero ir a Tebas, partamos! — respondeu Neith, com um clarão de esperança no olhar.

Roma viu, compreendeu e se voltou, com amargo e irônico sorriso. Esperava ela salvar o criminoso? Sem responder, porém, envolveu-a com uma capa, conduziu-a a um dos carros, e rumou para o templo.

Horemseb conseguira fugir; a salvo da casa, parecia ter-se abismado no solo, e após muitas horas de galopes e de infrutíferas buscas, o escriba regressou ao templo com uma parte dos servidores. Keniamun, cheio de fúria, encarniçara-se na perseguição do fugitivo, do qual julgava ter descoberto a pista, não se sabendo, por isso, quando retornaria.

Roma decidira partir o mais depressa possível, e Neith, que julgava conquistar em Tebas a salvação do esposo, partilhava desse desejo. Assim, aos primeiros raios do nascente dia, o moço sacerdote instalou sua companheira de viagem em vasta barca, comodamente preparada, e, após haver dado ordem de içar velas, colocou-se no outro extremo da cabina. A jovem mulher deixara-se cair sobre a almofada de sua cadeira; sentia-se alquebrada; a excitação, as emoções dos recentes dias, somadas ao terrível veneno que Horemseb lhe propinara, faziam quase sucumbir seu delicado organismo, e somente à força de vontade ela dominava a debilidade que a invadia cada vez mais. Neith convencera-se de que só ela estava em condições de pleitear em favor de Horemseb, e, enquanto pudesse manter-se de pé, esperava salvá-lo. Desde que, morta ou enferma, desaparecesse do cenário de ação, voz alguma se levantaria em favor do homem que todo o Egito abominava, e que não soubera fazer um único amigo.

Bem quisera dormir e aumentar forças para a luta que a esperava, esquecer também a presença de Roma, cujo silêncio, olhar sombrio e entristecido estraçalhavam-lhe o coração. Voz íntima segredava-lhe que ele tinha direito de se ofender, que era bem superior ao homem impiedoso que havia desencadeado sobre ela tantas dores e tantos sofrimentos; mas, ante a paixão insensata que a devorava, todo outro sentimento cessava: a presença de Horemseb e o suave aroma exalado por ele faltavam-lhe, tal qual a água à planta, aquela atmosfera asfixiante se lhe tornara uma necessidade para a existência, e o ar fresco e vivificante do Nilo parecia-lhe acre e aniquilador.

Evitando o olhar de Roma, Neith recostou a cabeça e fechou as pálpebras, mas o sono lhe fugia. Maquinalmente, prestou ouvido ao barulho regular dos remos, ao da água fendida, e, ninada por esses ruídos monótonos, esqueceu onde estava, sua imaginação evocou imagens de um passado recente. Sentiu-se sob as sombras copadas do jardim misterioso: na relva iluminada pela Lua, viravolteavam, em danças fantásticas, moças vestidas de branco, e do fundo dos bosquetes subia um cântico bizarro, tão depressa vibrante e selvagem, no ritmo de elementos desencadeados, tão depressa doce, melancólico, agonizante, extinguindo-se qual um lamento do zéfiro. E esses sons, dissera-lhe Tadar, eram o reflexo das sensações da alma, sua respiração, de algum modo, na luta com a divindade. Uma borrasca irresistível e destruidora não intumesce o peito humano, quando, impotente e dolorido, em choque com o seu destino? Todo sentimento não se extingue, amortecido e embriagado, nos momentos de inefável ventura? Não passava ela própria por uma dessas horas terríveis, quando a alma luta contra o inevitável? Uma tempestade não estrondeava nela contra o destino que a constringia?

A voz ruidosa do piloto, comandando manobras náuticas, tirou-a bruscamente das quimeras; reabriu os olhos; danças, cânticos mágicos, o feiticeiro e seu palácio, tudo desaparecera; a realidade, o porvir, em toda a sua nudez, ressurgiram à memória, e, avassalada por súbito desespero, desatou a soluçar.

Raiva e ciúme apertaram o coração de Roma: ele estava presente, e ela não pedia consolação, nem mais lhe estendia as mãos. Coração e pensamentos pertenciam a um outro.

Neith chorou durante largo tempo, e, sucumbindo à fadiga e esgotada de lágrimas, terminou por adormecer, num sono pesado e febril. Somente então Roma se avizinhou, e, com olhar de mortal aflição, fixou o semblante desfeito e emagrecido da mulher amada.

— Neith! Neith! — murmurou ele — estarás em verdade perdida para mim por todo o sempre, joguete infortunado de impura mão que te roubou àqueles que te amam, para te destruir e acorrentar tua alma? Não; deve existir um meio de curar-te, de libertar-te do carrasco pelo qual queres interceder.

O jovem sacerdote estava devorado de cólera e amargura, pensando na ironia da sorte que arrastava aquela inocente vítima, cega por infame enfeitiçamento, a defender, com amor, o destruidor da sua própria vida.

A noite tombava, quando se aproximaram de Mênfis, onde Roma devia deter-se, para dar contas a Amenófis do resultado da viagem a Sais, e aguardar o dia para prosseguimento no rumo de Tebas.

Com a rapidez típica de tais regiões, a escuridão se fazia, afogando tudo em uma noite impenetrável. Inclinada sobre a borda da barca, Neith havia contemplado, com olhar velado, o quadro feérico do sol cadente; seus olhos e seu pensamento buscavam apenas uma coisa: o palácio misterioso que abrigara tantos sofrimentos e tantos crimes, a testemunha de tão revoltante violência feita ao fraco pelo forte. O farol aceso à prôa da barca iluminava o rio que se estendia, e a essa luz a jovem mulher percebeu o muro imenso que cercava os jardins de Horemseb. Subitânea angústia comprimiu-lhe o coração; tomou-a invencível convicção de que seu amor seria impotente para defender o príncipe. O temerário não havia desafiado todas as leis, divinas e humanas? As maldições das vítimas haviam chegado aos Imortais, e, abandonado às forças do mal, o culpado ia despenhar-se no abismo que ela tinha visto abrir-se aos pés dele.

Nesse momento, apareceu a escadaria das esfinges, iluminada por uma tocha: duas sentinelas vigilavam nos degraus... Mas, quem eram essas, como que sombras, voluteando entre os soldados, parecendo estenderem-se sobre a escada, ou, à semelhança de longos listrões, com reflexos sanguinolentos, ondulavam sobre as águas? Os olhos de Neith concentraram-se nessas estranhas aparições, mas, subitamente, o coração parou de bater; as negras nuvens tomaram formas, e ela reconheceu as mulheres horrendas, extravasantes de ódio, que havia visto, empurrando Horemseb para o abismo. Duas dentre elas pareciam nadar na direção da barca, e, erguendo fora da água o torso coberto de chagas, brandiam nas duas mãos, erguidas, tufos de flores vermelhas, gritando:

— Não esperes arrancar-nos o monstro cheio do nosso sangue, recreando-se com as nossas vidas; ele vai rolar no abismo, entregue, afinal, à nossa vingança!

Mortalmente pálida, Neith atirou-se para trás e soltou um grito de angústia, para depois cair sem sentidos entre os braços de Roma, que acorrera. Ele não vira coisa alguma, e atribuiu a penosa emoção à vista do palácio de Horemseb. Sombrio, sobrecenho franzido, prestou cuidados à desfalecida, que só voltou a si ao termo de algumas horas, e num tal estado de abatimento, que, na opinião dos médicos do templo, era indispensável observar uns dias de repouso, antes de prosseguir viagem para Tebas.

Cinco dias depois, mais ou menos, das ocorrências precedentes, depois do jantar, a barca do jovem sacerdote de Hator aproximava-se rapidamente de uma escada servindo para desembarque. Pálida e desfeita ainda, Neith estava de pé, procurando avistar Roant, a quem dera aviso por um mensageiro e devia vir buscá-la, pois era em casa da amiga que desejava alojar-se, aguardando os acontecimentos. O palácio vazio de Sargon causava--lhe medo, e, depois da visão noturna de Mênfis, ficara nervosa e impressionável. Quanto mais se aproximava da Capital, mais diminuía a esperança de salvar Horemseb. Talvez Roant, a sempre risonha, a quem jamais faltava um recurso, pudesse dar-lhe um conselho.

Quando a barca atracou, Neith divisou, não sem surpresa, Chnumhotep, que descia lestamente, ajudou-a a saltar e a conduziu a uma liteira fechada, dizendo-lhe cordialmente:

— Graças sejam rendidas aos deuses que me permitem rever-te viva, pobre criança! Roant tem um pé machucado e não pôde vir, mas espera-te, impaciente.

Tendo instalado a jovem mulher, o chefe das guardas voltou-se para o cunhado, que o seguira silencioso, e, apertando-lhe a mão, disse:

— Felicito-te, por haveres triunfado em tua missão; vem no meu carro, e conversemos em caminho.

— Agradeço, mas devo deixar-te, entrego Neith em tuas mãos. Minha presença lhe é inútil; não posso remediar seu sofrimento; ela recusa todo tratamento; retorno, assim, a casa. Amanhã, irei abraçar Roant e as crianças.

Surpreendido com a amargura de tais palavras, Chnumhotep não fez objeção alguma, e olhou curiosamente Neith, que, olhos baixos, não parecia ouvir; e, após curtas saudações, separaram-se.

Roant recebeu a jovem amiga com alegria mesclada de dor. Notando-lhe a fisionomia de enferma, celebrou sua vinda com palavras entrecortadas, e, apertando-a de encontro ao coração, inundou-a de lágrimas e beijos. Neith retribuiu-lhe silenciosamente as carícias, com o corpo a tremer nervosamente. Assim, o chefe das guardas julgou oportuno pôr um termo à comoção recíproca.

— Tua recepção não fará muito bem a Neith; não vês que tem necessidade de repouso, de uma alimentação reconfortante, e não de pranto? — disse com a sua vivacidade franca.

A esposa voltou-se depressa, e respondeu, a sorrir:

— Tens razão; vou imediatamente levá-la ao aposento e acomodá-la para dormir, e depois conversaremos. Dá-me o braço, Neith, e vamos! porque ainda claudico um pouco com o pé.

Chegando à câmara que lhe era destinada, Neith foi recebida pela velha nutriz que, louca de alegria, rindo e chorando, de joelhos, apalpava, com ansiosa incredulidade, sua senhorazinha adorada, que, durante tanto tempo, chorava por morta. Profundamente emocionada, Neith enlaçou os braços em volta do pescoço da sua fiel guardiã, e, tal qual nos tempos da infância, encostou o rosto, inundado de lágrimas, de encontro à cabeça encarapinhada da preta.

— Calma-te, minha velha, e ajuda a deitar tua senhora, que necessita de repouso — disse Roant.

A nutriz levantou-se e, celeremente, despiram e deitaram Neith, que, exausta e apática, tudo deixou fazer silenciosa. A rogos da amiga, bebeu um pouco de vinho e serviu-se, com esforço, de um pedaço de ave assada, fria, mas Roant sentiu o coração contraído de consternação, ao constatar as devastações que o sofrimento e a doença haviam produzido em toda a pessoa de Neith. Tendo despedido todos, Roant inclinou-se para a jovem, abraçou-a e disse com ternura:

— Minha pobre amiga, estamos a sós, e espero que, tal qual outrora, me desvendes tua alma. Vejo que muito sofreste, mas, eis que estás liberta, e, com a liberdade, saúde e alegria voltarão. Se agora algo oprime especialmente teu coração, confia-me esse particular, e tudo envidarei para te ajudar.

— Agradecida, Roant; sei que me compreendes, e não me condenarás, como o fez Roma, que se afastou de mim, colérico — murmurou Neith. Em verdade, estou livre, mas o futuro não me deixa esperança alguma.

— Compreendo; amas Horemseb, apesar de todas as acusações — respondeu Roant, hesitante. Mas, reflete, minha querida, que esse fatal amor é um produto do terrível feitiço, com o qual destruiu muitas mulheres!

— De que feitiçaria falas tu? — perguntou Neith, admirada. Sei que se atribui injustamente a Horemseb toda sorte de crimes: acusam-no também de usar feitiços para fazer-se amar?

— E sem dúvida alguma. Todo o mundo sabe agora que ele possui um veneno, desconhecido, porém terrível; esse veneno, que exala delicioso aroma, ele o derrama sobre rosas vermelhas, que envia às mulheres nas quais pretende despertar insensata paixão. Tu mesma, delas recebeste, porque, no dia imediato ao da tua desaparição, encontrou-se uma flor envenenada presa ao véu que perdeste na escada. Algumas vezes, ao que se diz, ele faz também beber do veneno.

— Existem provas palpáveis do feitiço? — indagou Neith, em voz sumida.

— Tenho certeza. Em Tebas mesmo foi descoberta toda uma série de delitos e de flores enfeitiçadas.

Com um rouco suspiro, Neith cobriu o rosto com as duas mãos. Não podia duvidar; recordava-se das rosas que ele lhe dava, cada vez que ela ousava uma veleidade de resistência. Antes da partida para Sais, não lhe havia ele feito beber um vinho estranhamente picante? E, após havê-lo ingerido, não havia aumentado a paixão insana? Oh! covarde aquele que se furta ao amor e impõe amor! Entretanto, malgrado o desprezo e o tormento que lhe torturavam a alma, sentia-se presa a ele, e as palavras de Horemseb retiniam-lhe no ouvido:

— Ser-me-ás fiel, a despeito de tudo que te digam? Não revelarás nada do quanto viste?

Movida por instantânea resolução, levantou a cabeça.

— Feitiço ou amor, estou acorrentada a ele; não me desprezes tal qual mereço, Roant, por amar um homem que me aniquilou frivolamente, sem me amar, e para quem fui apenas um brinquedo nos dias de sua opulência e esposa na hora da sua ruína.

Roant recuou, com um grito.

— Tu és sua esposa? É impossível; há somente quinze dias que Sargon morreu!

— Alguns dias depois de recebida essa notícia, o Grande Sacerdote do templo de Neith, em Sais, casou-nos, em boa forma, e será o perdão de meu esposo que implorarei de Hatasu.

Com um gesto de afetuosa compaixão, Roant atraiu-a a si.

— Então, minha pobre querida, arma-te de coragem. Devo prevenir-te de que toda a esperança está perdida. Os crimes de que acusam Horemseb são de tal modo enormes, que os sacerdotes, e assim a lei, têm de puni-lo impiedosamente, e, ainda que o pretenda, a rainha *não pode* opor-se à justa satisfação reclamada pelo povo contra o sacrílego homem que zombou de todo sentimento humano.

Neith baixou a cabeça, com prostração.

— Não importa! Devo tentar comover a rainha e os sacerdotes; talvez o sacrifício de tudo quanto possuo consiga abrandá-los.

Roant não quis insistir, compreendendo que quaisquer palavras redundariam em pura perda.

— Sim! Esperamos que sejas bem sucedida! E agora trata de dormir; necessitas de todas as tuas forças para o dia de amanhã.

Totalmente exaurida, a jovem mulher deitou-se e fechou os olhos. Roant agasalhou-a cuidadosamente, e só se retirou quando a viu entregue a profundo sono.

Quando Neith despertou, no dia seguinte, sentiu-se mais forte. Levantou-se, ajudada pela nutriz, e apenas terminava de vestir-se, quando Roant veio avisá-la da presença de Semnut, trazendo ordem para conduzi-la, sem demora, à presença da rainha. Neith pegou um véu, na intenção de sair, mas, mudando de idéia, disse, subitamente:

— Querida Roant, roga a Semnut vir falar-me, pois desejo consultá-lo, sem testemunhas.

— Então, vem para este gabinete contíguo, onde estarás a coberto de qualquer curioso. Vou transmitir teu pedido a ele.

Trêmula de emoção, Neith arrimou-se a um móvel, com o coração batendo a termo de romper-se, quando, pouco depois, o reposteiro foi erguido, e o poderoso conselheiro de Hatasu encaminhou-se para ela, saudando-a, com benevolência.

— Benditos sejam os deuses que me concedem rever-te viva, nobre Neith — disse, apertando afetuosamente as duas mãos que ela lhe estendera.

— Semnut, em memória da amizade que sempre me testemunhaste; tu, que tantas vezes me carregaste em teus braços, quando eu era pequenina, não recuses ouvir-me e aconselhar-me. Minha alma está cheia de temor e de desespero.

— Tu o sabes; mas, sossega e fala, nobre Neith; minha amizade e minha ajuda te estão asseguradas.

Fê-la sentar-se, sentando-se ele também; mas, notando molesta a hesitação da sua interlocutora, disse, gravemente:

— Calculo, em parte, do que me vais falar. Esta manhã, Roma esteve em minha casa, e me fez ciente de que o maldito, cujos crimes afinal cansaram os deuses, ousou fazer de ti sua esposa.

— Oh! Semnut, não fales assim tão cruelmente — exclamou ela, unindo as mãos; não é tão culpado quanto julgas, e se trata de meu marido. Ajuda-me a obter o perdão para Horemseb; tu tens tanto poder junto da rainha!

O sobrecenho de Semnut franziu.

— Estás sonhando! Seria mais fácil deslocar a pirâmide do rei Queops (22) do que subtrair a uma justa expiação semelhante criminoso. Só o feitiço que te acorrenta a ele e obscurece o teu senso desculpa tal pedido.

Ardente rubor invadiu bruscamente as faces de Neith, cujos olhos fuzilaram.

— Tu também, tu condenas Horemseb? Pois bem: é preciso arriscar meu derradeiro recurso, porque a *sua* vida é a minha; implorarei a *minha mãe*, pois ela não quererá matar-me, com o mesmo golpe que o matar.

Semnut ergueu-se, empalidecendo.

— Desgraçada criança, que dizes tu, e quem te insinuou semelhante pensamento?

— Quem mo disse não importa: sei que Naromath era meu pai, que Hatasu amou, tal qual eu amo Horemseb, e *ela* me compreenderá.

Semnut pegou um braço de Neith, e, vergando-se para ela, sussurrou, severamente:

— Guarda-te de tocar imprudentemente nesse perigoso mistério, que só um infame te teria desvendado. Os reis não gostam que se fale daquelas coisas que preferem silenciar, e tu podias acarretar prejuízo, em vez de ajuda, àquele a quem desejas salvar! Não te esqueças, além disso, de que teu casamento com Horemseb pode ser declarado nulo: os sacerdotes decidirão se um matrimônio com tal sacrílego, e ainda quando o corpo de Sargon não foi sepultado, pode ter validade. Sê prudente, pois. E, agora, vamos; a rainha nos espera.

Vacilante e desfeita, Neith seguiu-o. Deixou-se instalar na liteira, silenciosamente, e durante o trajeto nenhuma palavra foi pronunciada.

A rainha estava no pequeno gabinete particular, já descrito quando da entrevista de despedida de Tutmés, e estudava atentamente o plano de uma casa de campo que se propunha construir. Ao ouvir os passos de Semnut, que acabava de chegar, com a sua acompanhante, Hatasu ergueu a cabeça, e, reconhecendo Neith, que, pálida e trêmula, permanecia de pé perto da entrada, estendeu-lhe as duas mãos.

— Minha filha querida, aproxima-te; deixa-me abraçar-te, tu, que chorei por morta.

Neith correu para ela, e, caindo de joelhos, enlaçou os da rainha, murmurando, com a voz estrangulada pelos soluços:

— Perdão! Perdão!

Hatasu abraçou-a e lhe beijou a descorada boca. Mas, talvez pelas muitas emoções demasiado fortes para o enfraquecido organismo de Neith, subitamente descaiu e deslizou sem sentidos no pavimento. Semnut precipitou-se para ela e, erguendo-a, a colocou sobre um leito de repouso.

— Quão mudada está a desgraçada criança! O que fez dela aquele miserável, em poucos meses! — murmurou a rainha, com os olhos úmidos. Mas, de que perdão falou ela?

— Do de Horemseb, que espera obter de ti, Faraó. E sou obrigado a fazer uma revelação, ó rainha! Neith foi informada do segredo do seu nascimento, que, sem dúvida, o criminoso revelou-lhe, pois só ele o podia ter conhecido, por intermédio do hiteno que vivia em sua casa, e que decerto tinha relações com homens do seu povo.

Fugitivo rubor passou pelo móbil rosto da rainha, e os supercílios franziram.

— Compreendo agora com que intuito ele se uniu a esta pobre criança. Apenas, ele se engana (e a voz vibrou duramente); não fugirá à punição merecida, e nós a curaremos. Agora, Semnut, manda ao templo de Amon chamar os mais peritos médicos, e dizer a Rameri que venha imediatamente ver a doente.

O velho esculápio chamado pela rainha não tardou em vir, e graças a seus cuidados Neith bem depressa reabriu os olhos, em plena consciência, mas em tal estado de debilidade que Rameri aconselhou não lhe falar. Sem demora, os sacerdotes de Amon chamados reuniram-se no gabinete de trabalho de Hatasu, depois de haverem examinado Neith.

— E então? Qual o vosso parecer, veneráveis padres? Posso esperar que curareis esta criança? — perguntou a rainha. As rosas envenenadas que se encontram em vossas mãos vos revelaram o segredo do feitiço que se liga a esse veneno?

— Potente filha de *Ra*, seria necessário muito tempo para aprofundar todas as qualidades desse nefasto suco — respondeu gravemente um velho sacerdote, de aspecto venerável. Entretanto, podemos dizer-te que se a nobre Neith olfatou apenas o deletério aroma, poderemos restabelecê-la totalmente do cego amor que, sem dúvida, tem por Horemseb; mas, se ele a fez beber o suco envenenado, será mais difícil, porque, em tal hipótese, seria necessário dar-lhe o contraveneno, que é o suco da planta gêmea, e nós não o possuímos. Em todo o caso, nós te rogamos levar a jovem para o templo, onde ficará alguns dias. É necessário purificá-la e estudar o seu estado para lhe dar alívio.

A rainha achou razoável esse alvitre e aquiesceu imediatamente. Neith ficou indiferente a tudo, e, algumas horas mais tarde, estava instalada em uma das construções dependentes do templo de Amon, para ser ali purificada, antes de penetrar no santo lugar.

Sob a direção de um velho sacerdote centenário, célebre pelos conhecimentos de medicina, foi ela submetida a sério tratamento: remédios internos, abluções, fumigações deviam purificar-lhe o corpo dos miasmas deletérios, da sobrecarga de aromas sufocantes que nele se acumulara. Por vezes, um dos padres impunha-lhe as mãos sobre a cabeça, pronunciando invocações aos deuses, e então ela mergulhava em profundo sono, que se prolongava por muitas horas, parecendo morta, e do qual despertava mais forte e mais calma. Após oito dias desse tratamento, Neith pareceu restabelecida exteriormente; belas cores, mais vigorosa, readquirira a calma exterior; mas, a alma continuava enferma, tanto quanto anteriormente, algo queimava no imo, e cada fibra do seu ser chamava por Horemseb.

Os sacerdotes de Tebas desconheciam o veneno que a devorava, e não podiam, conseqüentemente, administrar-lhe o antídoto; contudo, declararam-na restabelecida, e foi autorizada a regressar a domicílio, após uma derradeira e solene purificação. No dia da cerimônia, Neith foi conduzida, pelas virgens consagradas do templo, ao sacro lago, e, depois de sete vezes imersa na água santa, as donzelas vestiram-na de roupas novas, de espelhante alvura, ornaram-na de jóias, e, por entre cânticos e danças simbólicos, conduziram-na à entrada do templo, onde foi recebida pelo Grande Sacerdote, que, após havê-la benzido e posto ao seu pescoço amuletos consagrados, e seguido dos mais veneráveis padres, introduziu-a no lugar santo, onde ela sacrificou aos deuses e rezou fervorosa, orou (ai! dela!) pelo seu perseguidor, implorando aos Imortais subtraí-lo à sorte que o esperava.

Terminada a cerimônia, subiu para a liteira, ornada de flores, e, seguida pela família de Pair, de Chnumhotep e esposa, e ainda de numerosos amigos e dignitários da Corte, que se haviam reunido no templo, rumou para o palácio de Sargon, onde uma refeição estava preparada. Todavia, tudo foi simples e teve o aspecto de reunião íntima, pois a morte recente do príncipe hiteno, ainda insepulto, impunha à viúva, a despeito do estranho casamento posterior, a maior reserva. Em todo o percurso do cortejo, havia gente em multidão, curiosa de ver a jovem egípcia miraculosamente ressuscitada, e cuja estranha sorte e misteriosas aventuras haviam tomado proporções de lenda.

À noite dessa mesma data, Neith foi ao palácio real, para audiência a que fora chamada por Hatasu. Introduziram-na no gabinete, e, vendo-se a sós com a soberana, atirou-se-lhe aos pés, fundida em pranto. Hatasu atraiu-a a ela e lhe deu um beijo nos trêmulos lábios.

— Filha querida, enfim, não existe mais mistério entre nós; sabes que o amor de tua mãe vela por ti. Oh! por que não te disse há mais tempo a verdade! Muitas infelicidades, sem dúvida, teriam sido evitadas.

— Mãe, salva-o! — implorou, com indescritível consternação.

— Minha pobre filha, não estás curada, e ainda sonhas com o impossível? — disse a rainha, com tristeza. Compreende, Neith, eu não poderia salvá-lo, mesmo que tivesse tal intenção.

— Teu poderio é tão grande!

— Sim, mas, por grande que seja, meu poderio, e assim minha vontade, esbarra ante as leis, que sou chamada a sustentar, e não a afrontar. Esse homem, que calcou aos pés todas as prescrições divinas e sociais, pertence à Justiça do Reino e ao julgamento dos sacerdotes: nisso reside a barreira onde o meu poder termina. O povo clama e pede vindita para o sangue de suas filhas. Quantas infortunadas pereceram, sem sequer ter sepultura! Horemseb destruiu-lhes os corpos e arruinou as almas. Por semelhantes delitos, as famílias ultrajadas têm direito a uma reparação meridiana.

— Não há, pois, salvação para ele? — murmurou ela, desatando em soluços.

— Salvação terrestre, não. Mas, esse homem ímpio e criminoso merece verdadeiramente tantas lamentações? Levanta a cabeça, Neith, e dize-me, com franqueza: acreditas no amor de Horemseb por ti?

Neith curvou silenciosamente a fronte. Não, ela sabia não ser amada por ele, e que não passava de um instrumento de salvação.

— Tua muda resposta é bastante eloqüente — disse, grave, a rainha. Esclarecido este último ponto, faço um apelo à tua dignidade de mulher: lembra-te do soberbo sangue que corre em tuas veias; revigora tua vontade, e expele o feitiço impuro que te cega. Com o esquecimento, a felicidade virá.

IX

HARTATEF

Em conseqüência desta conversação com a rainha, profundo desânimo apoderara-se de Neith, e Hatasu, receando que a tristeza da filha e o isolamento a que se condenara no seu palácio reagissem fatalmente sobre a saúde, designou-lhe, na residência real, um apartamento, no qual Neith devia passar grande parte do seu tempo, quer ao serviço da soberana, quer recebendo as numerosas visitantes, que a curiosidade e a bajulação faziam acorrer para ela.

A amizade de Roant continuava sendo constante esteio. A jovial e ditosa mulher sabia, melhor do que ninguém, distrair a amiga, transmitindo-lhe fielmente todos os constas referentes a Horemseb, que circulavam na Capital, e isso, apesar da proibição do marido e de Semnut; Roant, tagarela e romanesca, não podia privar Neith das novidades cujo interesse para esta ela compreendia, e, também, em verdade, a sorte do formoso Horemseb inspirava-lhe curiosidade e compaixão. Por esse veículo, Neith soube dos detalhes da visita dos padres ao palácio de Mênfis, e bem assim que os assassínios, em massa, dos infelizes servos do príncipe, haviam exasperado todo o Egito.

Malgrado a abominação que esses novos crimes despertaram, Neith continuava escrava da sua paixão, e o pensamento da espantosa sorte que aguardava Horemseb causava-lhe estremecimentos. Com o coração batendo fortemente, ela esperava, de hora em hora, a notícia da prisão; mas, o tempo decorria... E já se passara um mês desde sua chegada a Tebas, e o príncipe continuava desaparecido. Teria ele conseguido deixar o território do Egito, ou perecera em algum esconderijo? Em vão tentou adivinhar.

Certa manhã, Roant, que viera passar junto dela alguns minutos, contou que Hartatef chegara de Mênfis, trazendo com ele Ísis, agora em convalescença, e a quem se pretendia submeter a interrogatório, por ser uma das principais testemunhas contra Horemseb. Hartatef, que mostrava o maior interesse pela sua protegida, havia instalado Ísis em sua própria residência, cercando-a de cuidados e conforto.

Após a partida da amiga, Neith entregou-se a pensamentos agitadíssimos, sentindo quase ódio contra a pobre Ísis, que traíra o príncipe e não deixaria de narrar, com vigorosas minúcias, todos os mistérios da vida fantástica que o bruxo tinha tanto interesse em esconder. Recordou o interrogatório a que ela mesma fora submetida; mas, ficara — impenetrável — e, a todas as perguntas de Ranseneb e do funcionário encarregado da instrução do inquérito, limitara-se a responder que tudo ignorava e que não vira coisa alguma, porque habitara sempre um apartamento isolado, do qual se afastava apenas para as refeições com o príncipe, ou para passear nos jardins, sempre desertos nessas ocasiões. De Ísis, o pensamento passou para Hartatef, revivendo na imaginação a imagem quase apagada do antigo noivo. Que sentimento o levava a proteger Ísis? Seria ainda ressentimento, desejando vingar o desdenhado amor, com o aniquilamento do rival preferido?

A chegada da nutriz veio interromper as reflexões. A boa velha anunciou que um homem, dizendo-se enviado de Mena, pedia ser recebido imediatamente para transmitir mensagem direta a ela e da mais grave importância. Surpreendida e intrigada, ordenou o imediato ingresso do mensageiro, e sem demora a nutriz guiou um homem, obeso, pele negra, provido de enorme cabeleira, e vestido com roupas de servo de casa rica.

Ficando a sós, o enviado tirou do cinto pequeno rolo de papiro e o estendeu, dizendo, baixinho:

— Da parte do nobre Hartatef.

Neith desenrolou vivamente o escrito e leu, com estupefação:

"Tenho notícias daquele em quem pensas dia e noite, e a esse respeito quero dizer-te coisas tão graves, que uma entrevista secreta parece-me indispensável. Não desconfies: — juro pelos quarenta e dois juízes de Amenti que venho na qualidade de amigo leal. Marca-me hora e ponto do encontro; não recuses, pois tu o lamentarias amargamente. O portador é pessoa de confiança; destrói este recado, imediatamente."

Não havia assinatura, mas o mensageiro declinara o nome do autor da estranha missiva; mil pensamentos contraditórios esbarravam-se no espírito de Neith: que lhe queria Hartatef? Que sabia ele do príncipe? (pois a alusão a Horemseb era iniludível.) O ardente desejo de receber notícias do fugitivo calou todos os escrúpulos de Neith. Demais, que recear? Era livre em suas ações, e conhecia bastante Hartatef para estar segura de que nenhuma insolência de sua parte havia a temer. Sob o impulso de tais sentimentos, pegou em tabuinhas e escreveu:

"Ao pôr do Sol, estarei no jardim, junto do pequeno pavilhão que abre para o rio. A porta ficará aberta."

Não assinou, igualmente. Fechando o recado, estendeu as tabuinhas ao mensageiro, que, saudando humildemente, se retirou.

O dia pareceu interminável. Que lhe iria dizer Hartatef? Que fim visava ele, trazendo-lhe novas do fugitivo, cuja cabeça estava a prêmio? Com estranho sentimento, pensou no tempo em que Pair a fizera, a contragosto dela, noiva desse homem tenaz e apaixonado... Então, ela supunha amar Keniamun, e mais tarde Roma havia dominado seu coração, e depois a imagem de Roma sumira, a seu turno, ante a paixão desenfreada que a chumbara a Horemseb, amor que lhe devorava o coração e o corpo, porém a razão e o orgulho condenavam. Esse sentimento onipotente parecia haver empanado todos os outros, destruído sua faculdade de sentir; todo o passado dir-se-ia embaciado, longínquo; o pouco tempo decorrido semelhava uma longa existência de lutas e de sofrimentos, na qual tinham soçobrado sua felicidade e seu repouso. Outrora, detestara Hartatef; agora, só lhe inspirava indiferença.

Quando, enfim, o Sol começou a descambar no horizonte, Neith, seguida por sua fiel nutriz, desceu ao jardim. Chegada ao pequeno pavilhão, onde se dera o nefasto encontro com Roma, no dia do casamento com Sargon, abriu a porta que dava para o rio, e sentou-se num banco pouco distante da entrada, ordenando a Beki ficasse na aléia contígua, ao alcance da sua voz.

Não esperou muito tempo. Escassos minutos haviam-se escoado depois que sentara no banco, quando a elevada estatura de Hartatef surgiu na porta. Envolvia-se num manto escuro, e um "claft" raiado, de grosseiro estofo, lhe dava aparência de homem do povo.

A dois passos de Neith, parou, saudando-a respeitoso, e apenas o olhar rutilante com que a envolveu mostrou que o seu irredutível amor não se extinguira. A jovem mulher, absorvida pela preocupação exclusiva, não reparou em nada.

— Sê bem-vindo, Hartatef, e explica-me, sem demora, o sentido do teu misterioso recado — disse, indicando, com impaciente gesto, lugar a seu lado.

O recém-chegado sentou-se, e disse, sem preâmbulos:

— Conheço o refúgio de Horemseb, mas, nele não poderá permanecer por muito tempo. De ti depende que eu o denuncie e o deixe perecer, ou que eu o salve. Não julgues que te venho iludir — acrescentou, surpreendendo no semblante descorado de Neith uma expressão de sombria desconfiança. Está oculto nas proximidades de Mênfis, na antiga necrópole, em uma velha tumba violada onde vivia famoso feiticeiro, que desapareceu logo após as pesquisas no palácio. Suponho que esse homem era um hiteno e tinha relações com o criminoso sábio que perdeu Horemseb, porque também ele sumiu, sem deixar rasto. Não te descreverei a custo de que trabalhos encontrei a pista do príncipe: em resumo, sei que se esconde na necrópole, onde o reconheci, quando sai, à noite, para respirar ar puro; mas, é claro que, com o tempo, morrerá de fome, ou será apanhado, se abandonar o refúgio. Posso salvá-lo, e o farei por devotamento a ti... se me deres a recompensa que desejo.

Neith escutara, ofegante. Não mais duvidava.

— Tu, Hartatef, tu, consentirias em salvá-lo? De que modo, e a que preço?

— O meio é simples: irei buscá-lo, à noite, e, explicando que sou amigo, fá-lo-ei meter-se numa caixa de múmia, com perfurações para que respire à vontade. Sem despertar suspeitas, aos olhos de todos, conduzi-lo-ei a qualquer cidade do delta, onde poderá juntar-se a uma caravana, rumo de Babilônia ou de Tiro. Quanto à recompensa (inclinou-se e fogoso olhar mergulhou nos perturbados olhos de Neith), és tu mesma, porque jamais cessei de te amar. Teu casamento com Horemseb será anulado, em qualquer hipótese; Sargon morreu; nada pode impedir me desposes, escoado o intervalo do luto. Promete-me seres minha mulher, e salvarei aquele a quem amas!

— Tu ainda queres desposar-me, apesar do ardente amor que tenho por Horemseb? — balbuciou Neith.

— Tu nunca me amaste, e Horemseb estará longe — respondeu Hartatef, com amargura. Ninguém, tanto quanto eu, te será fiel: serei um esposo indulgente e terno, contentando-me com a posse da tua pessoa, sem exigir o teu amor, até que teu coração, curado, mo dê, voluntariamente. A convicção de haver salvo o homem teu amado, restituir-te-á a calma. Deixa-me amar-te; meu devotamento vencerá tua aversão, e nos dará felicidade.

— Oh! não é ventura o que eu dou aos que me amam, e sim desgraça e morte. No entanto, se desejas ligar meu nefasto destino à tua vida, que seja segundo a tua vontade; salva Horemseb, e serei tua mulher. Eis minha mão, em penhor da minha palavra. Apenas, concede-me vê-lo, uma derradeira vez, antes que deixe o Egito para sempre.

— Combinado! Não hesitaria em te conceder este encontro derradeiro; mas, avalia, tu mesma, se tal é possível: não podes sair de Tebas, e trazer aqui o fugitivo é um risco quase mortal. Se queremos subtraí-lo a uma sorte espantosa (ele será torturado e murado vivo, se o apanham), ele deve...

— Murado vivo! Sim, sim, Hartatef, faz com que saia do Egito o mais rápido possível; não quero mais vê-lo, contanto que se salve. Mas, conseguirás isso sozinho? E de que viverá o mal-aventurado?

— Tranqüiliza-te; serei acompanhado de alguns homens de confiança, e munirei Horemseb de uma soma, que combinaremos, e, em Tiro ou em Babilônia, encontrará o apoio dos padres de Moloc. Trarei uma declaração dele, que te provará haver eu cumprido a minha palavra.

— Eu te agradeço, Hartatef, e renovo minha promessa de ser tua, ou de nenhum outro. Agora, deixa-me dar-te alguns esclarecimentos que te poderão ser úteis na tua difícil tentativa.

Rapidamente, transmitiu as particularidades que lhe comunicara o príncipe, sobre a porta secreta do muro, os esconderijos do jardim e sobre o meio de se comunicar com ele, e ainda indicações topográficas que permitiam orientar-se no palácio e nos jardins. Tudo tratado, minuciosamente, Hartatef ergueu-se.

— Devo partir, porque cada hora é preciosa. Adeus, pois, Neith! Arrisco a minha cabeça para te conquistar, porque vales para mim muito mais do que a vida. Possam os deuses conceder-me rever-te ditosamente!

Atraiu-a, brusco, deu-lhe um beijo, e precipitou-se para fora. Na porta, parou e fez um aceno com a mão.

— Até breve, minha noiva!

Dividida entre o temor, a esperança e um tristonho abatimento, Neith voltou ao aposento e deitou-se, proibindo a presença de quem quer que fosse.

De acordo com o que Roant narrara à amiga, Ísis retornara a Tebas, sob a proteção de Hartatef, e os padres haviam-no autorizado a conservar em sua residência a órfã que salvara de morte inevitável. A convalescente fora instalada em pequeno apartamento, comunicando com um jardim bastante vasto, e velha governante estava incumbida de assisti-la.

Tendo tomado conhecimento dessa combinação, Hanofer, cheia de desconfiança e ciúme, viera oferecer seus serviços, que a jovem egípcia aceitou, sob a influência do estranho poder que a megera exercia sobre Hartatef. Ísis estava muito diferente, embora em convalescença plena; a palidez e o enfraquecimento eram extremos, e os cabelos renascentes, que cobriam a cabeça raspada, davam-lhe a aparência de rapaz. O rumor da chegada da corajosa moça, que arriscara a vida para vingar a irmã e desmascarar os crimes de Horemseb, espalhara-se rapidamente na cidade, e, durante todo o dia, senhoras de hierarquia social, Roant inclusive, iam visitá-la e expressar o seu interesse, interrogando-a curiosamente sobre a sua estada em casa do nigromante.

Nessa tarde, Ranseneb e Roma visitaram-na também e examinaram o estado do ferimento, fazendo algumas interrogações e assegurando à jovem que seu estado não oferecia mais perigo algum, e que só seria inquirida quando se achasse suficientemente descansada e fortalecida.

Depois da retirada dos padres, Ísis afinal ficou a sós. Hanofer também se eclipsara, a pretexto de indispensável caminhada, mas, em realidade, para imiscuir-se nas dependências, onde papagueava e perguntava as serviçais, intrometia-se nos serviços e dispunha sem cerimônia das provisões e outras coisas de Hartatef.

Sem embargo da fadiga extrema, Ísis ia ao jardim. Tinha necessidade de solitude, e temia o regresso da enfermeira, cujo falatório e brutal curiosidade repugnavam-lhe. Chegada a um bosquete cerrado, ao centro do qual havia um banco, sentou-se cansada, e, encostando-se ao tronco de uma acácia, abandonou-se a vagas quimeras. O rumor de dois homens, que, caminhando, falavam a meia voz, arrancou Ísis do seu langor contemplativo.

Prestou atenção, e reconheceu Hartatef e Smenkara, que pareciam passear, margeando o bosquete, indo e vindo regularmente. Súbito, estremeceu e, inclinando-se, ávida, procurou entender as palavras da conversação. E quanto mais escutava, mais a agitação crescia; a raiva e o pasmo alternavam-se na expressão do seu lívido rosto, e, quando enfim os passos dos dois interlocutores se perderam distanciados, Ísis retomou, quase a correr, o caminho do seu aposento. O escuro e a emoção fizeram-lhe errar o rumo e somente quando a luz da Lua lhe permitiu orientar-se conseguiu chegar; mas, o esgotamento e a superexcitação fizeram-na perder os sentidos. Ao tornar a si, a noite avançara, e Hanofer, que lhe prestava cuidados, indagou curiosa sobre o que havia acontecido.

— Ah! — murmurou Ísis em desfalecido tom — querem libertar Horemseb, e, se fugir à punição merecida, o miserável achará meio de voltar aqui e se vingar de todos.

— Tu deliras, minha filha. Quem iria livrar um ímpio, cuja cabeça vale cinco talentos de prata (23). Se se soubesse onde o encontrar, pegá-lo-iam, seguramente, mas não para lhe dar fuga.

Ísis soergueu-se: ódio e sede de vingança sufocavam-na, quase a ponto de esquecer a repulsa por Hanofer.

— É teu marido e Hartatef que querem ajudá-lo a fugir para Babilônia, escondido numa caixa de múmia. Estão combinados com uma certa mulher que desposará Hartatef, em recompensa do serviço.

O bronzeado rosto da megera enrubesceu instantaneamente, e, sobrecenho franzido, dobrou-se para Ísis, e obteve desta a repetição, palavra por palavra, do quanto conseguira apanhar da combinação.

— Não pude ouvir tudo, porque se afastavam, indo e vindo de um a outro extremo da aléia, mas o principal é perfeitamente certo.

— Não duvido; esse asno de Hartatef é incorrigível — falou Hanofer, numa risada roufenha. Quanto ao velho crocodilo Smenkara, não pode viver sem embrulhadas; mas, tranqüiliza-te, Ísis, e deixa-me o cuidado de fazer falhar essa coisa, que desaprovo e que acarretará ao meu digno esposo bofetões como nunca apanhou iguais. Se os dois imbecis ainda não partiram, segundo pensas, também não se moverão de Tebas. Caso contrário, inútil será a viagem a Mênfis.

Curta indagação convenceu Hanofer de que os dois homens haviam partido num barco previamente preparado. Transbordando de ira, meditou o meio mais seguro de impedir a execução do projeto, e, apenas os primeiros albores da alvorada apareceram no horizonte, rumou para o templo de Hator, e pediu para falar a Roma. Com um bem natural espanto, o jovem sacerdote escutou a estranha denúncia, a qual, malgrado das lacunas, lhe foi tão compreensível quanto para Hanofer. Recomendando-lhe absoluto silêncio, ele a despediu, e, sem perda de um instante, dirigiu-se ao templo de Amon e informou ao Grande Sacerdote o que se passava. Foram dadas ordens imediatas, e, duas horas mais tarde, um correio partia para Mênfis, munido de uma carta para Amenófis, com instruções para impedir a evasão com o menor escândalo possível, caso não se conseguisse abortar previamente a tentativa. Hartatef era considerado possesso, cujo cego amor obscurecia-lhe a razão, e que mais valia salvá-lo do que destruí-lo.

Penosamente agitado, Roma regressou a casa. O pensamento de que Neith havia consentido em entregar-se a Hartatef para salvar o miserável que a enfeitiçara, desencadeava nele uma tormenta; nenhuma tortura lhe parecia suficiente para satisfazer a sanha contra Horemseb. Sob o peso dos seus tumultuosos sentimentos, o moço sacerdote não suportou a solitude da casa, e foi para a de Roant, onde, desagradavelmente surpreendido, encontrou Neith.

Igualmente movida por surda irritação, viera ela buscar distração junto da amiga. Esbarrando no olhar sombrio e estranhamente escrutador de Roma, baixou os olhos. Não tinha ela renunciado definitivamente a ele, o fiel e generoso, para salvar o homem que ele desprezava, com razão? Que diria ele, quando soubesse a verdade?...

Notando o desagradável constrangimento reinante entre o irmão e a amiga, Roant, procurou um desvio de atenção.

— Estiveste, ontem, em casa de Ísis, conforme tencionavas, Roma? Eu lhe fiz uma visita, durante o dia. Como está formosa ainda a pobre criança!

— Sim, lá estive, com Ranseneb, e constatamos que está em vias de completo restabelecimento.

Neith erguera abruptamente a cabeça; os olhos fuzilavam e os lábios tremiam.

— Como! Roma e tu visitais ainda essa miserável? — exclamou ela, com a voz sofreada.

— Não compreendo — disse Roant, surpreendida — por que não nos interessaríamos por essa inocente vítima, que, voluntariamente, sofreu medonha sorte para prestar um serviço ao Egito?

— Ela teve o que mereceu, essa traidora! — explodiu Neith, fora de si. À semelhança de dois ladrões, ela e seu digno aliado insinuaram-se onde ninguém os chamara, para espionar e trair. Sargon achou a justa recompensa, e considero-me feliz por não haver tornado a avistá-lo, pois tê-lo-ia repelido com a ponta do pé, a esse ser abominável que perdeu Horemseb! Quanto a Ísis, o príncipe fez-lhe muita honra, ferindo-a com a sua própria mão. É essa serpente que vai recuperar a saúde para acusar o príncipe com mil mentiras, que têm acumulado sobre a minha cabeça tantas dores, desgraça!...

A voz faltou-lhe. Roant escutara, pálida e consternada, esse veemente desabafo, mas, o rosto de Roma cobrira-se de ardente rubor; os olhos, tão serenos e tão doces habitualmente, flamejavam, e uma cólera, mesclada de desprezo, vibrava-lhe na voz, quando, pousando a mão sobre o braço de Neith, disse, severamente:

— Pára, a fim de que as tuas indignas palavras não recaiam sobre ti mesma, feitas lodo. Compreendo e perdôo teu estado, porque conheço o império do veneno que te cega, mas, esse império só se estende aos sentimentos, e não destrói o raciocínio. Tu pareces sentir prazer nesse rebaixamento, porque não tentas esforço algum para sacudir o jugo, tu não buscas a cura. Seja! Não tenho direito de te acusar, mas possuo o de apreciar a injustiça que testemunhas à inditosa Ísis, que, corajosamente, se sacrificou para salvar outras vítimas. Quanto a Sargon, ele te testemunhou um devotamento mais absoluto do que o meu próprio, que tanto te amei e amo; para libertar-te de uma escravidão vergonhosa, ele deu o mais precioso bem que se possa possuir: a vida! Com uma coragem, com um sangue-frio heróico, ele se entregou ao poder desse homem sangüinário, do qual, pelo menor acaso, podia tornar-se identificado e que dele se vingaria, tão desumanamente quanto de Neftis. Sem dúvida, Sargon não podia prever que a sobranceira Neith beijaria as algemas e detestaria até a memória do homem que morrera por ela. Tua indigna paixão corrói-te qual uma lepra, e não queres compreender que Horemseb te poupou, não por amor, mas por cálculo. Apenas tu queres salvar o réu, do qual todo o Egito reclama a cabeça. Teus esforços serão, porém, em pura perda, porque os deuses se afastaram dele!

À medida que falava o moço sacerdote, lívido palor cobrira o semblante de Neith; as mãos premidas contra o peito, respirava dificilmente; cada palavra soava qual pancada de martelo. Tudo quanto Roma dizia era verdade, e a condenava, mas, podia ela arrancar do coração esse sentimento incendiário ante o qual *tudo* se empanava e diluía? Não; ela bem lutara, bastante sofrera; essas censuras, por isso mesmo que merecidas, irritavam a chaga. Abandonando-se ao irascível orgulho, à teimosia, Neith endireitou-se e respondeu, em tom glacial:

— Teu discurso só me demonstrou uma coisa: em parte alguma estou ao abrigo de censuras e de uma tutela demasiado pesada. Na Corte, a rainha é surda às minhas súplicas, e não tem perdões para Horemseb; aqui, verifico que, para condenar, tu sabes ser suficientemente duro e cruel. Vou, pois, retirar-me para o meu palácio, e lá aguardarei o que tiver de acontecer, mas não me desviarei do infortunado que todos abandonaram, e será preciso que me convençam de que é feitiço, e não amor, o que acorrenta meu coração!

Voltou costas e caminhou rapidamente para a porta, porém, Roma a antecedeu.

— Neith! — disse, apenas.

Mas, esse único vocábulo chumbou a jovem onde estava, e lhe fundiu o orgulho: é que um mundo de ternura e de piedade vibrava naquela voz, outrora tão amada, que sempre exercera sobre ela um benfazejo poderio. Ergueu os olhos, e, encontrando o olhar do Sacerdote, que a fixava cheio de dor e de censura, desatou em soluços, e, atirando-se-lhe nos braços, balbuciou:

— Roma, não sejas rigoroso, não me condenes!

O jovem padre aconchegou-a de encontro ao peito; os lábios tremiam dolorosamente, mas o coração generoso já triunfara, sacrificando o próprio sofrimento.

— Tens razão, Neith; para contigo, que amo acima de tudo no mundo, devo ser confortador, e não juiz; façamos pazes, pobre criança, esquece meu ciúme, minha raiva legítima contra aquele que te roubou a mim, e volta à calma, à confiança. Desde este momento, sou de novo o teu amigo, o teu esteio, o confidente das tuas dores, tal qual fui outrora, e talvez Hator me permita sarar teu coração enfermo.

— És o melhor dos homens, Roma. Ah! se soubesses uma coisa! Mas, não, não a posso dizer, porque, com isso, bastante eu sofreria ainda.

Melancólico sorriso deslizou pelos lábios do moço sacerdote.

— Nada quero saber no momento; espero na sabedoria e na misericórdia dos deuses; eles farão tudo pelo melhor. E agora voltemos para junto de Roant, que está abatida.

Sentaram-se novamente à mesa. Roant, sentindo-se ditosa pelo bom termo da discussão, deu à palestra um cunho mais generalizado, e, quando Neith regressou a casa, o fez mais tranqüila, mais feliz do que, de há muito, não se sentia.

QUARTA PARTE

AS VÍTIMAS SE AGRUPAM

I

O BRUXO EM PODER DAS SOMBRAS VINGATIVAS

Sombra, tu serás a presa da sombra; tu que vens da noite, retorna ao Erebo (rio do inferno).

(Mistérios de Dionisos)

Feliz acaso fizera Horemseb salvar-se dos soldados que o perseguiam, e o ótimo cavalo por ele montado fizera-lhe ganhar considerável avanço; mas, bem depressa compreendeu que essa montada denunciá-lo-ia, e, forçado a abandoná-la, deveria prosseguir pedestremente para o rumo, andando durante a noite, escondendo-se durante o dia nos campos, nas rochas ou nos caniçais. Quebrado de fadiga e pelas privações, atingiu afinal Mênfis, e teria sido difícil, mesmo a um familiar antigo, reconhecer o soberbo príncipe Horemseb naquele vagamundo andrajoso, com a barba inculta, que, exausto, se arrastava penosamente.

Em uma grande povoação, próxima de Mênfis, onde entrou forçado pela necessidade de procurar algum alimento, uma derradeira emoção aguardava-o; fanfarras luzidas emocionaram e atraíram a população para as bordas do rio, onde um escriba real leu a ordem da rainha e depois a proclamação do Conselho dos Sacerdotes, ordenando a todo egípcio buscar e entregar à Justiça o príncipe Horemseb, acusado de crime capital, e proibindo, sob pena de morte, dar-lhe asilo, alimento ou proteção. Quem o entregasse receberia a recompensa de cinco talentos de prata.

Consternado e cheio de terror, o príncipe deixou a aldeia, e, chegada a noite, alcançou, com mil precauções, a necrópole e o esconderijo de Spazar, onde esperava encontrar seu mestre e cúmplice. O misterioso refúgio, porém, estava deserto, pois Tadar e seu companheiro haviam partido, deixando apenas um escrito, comunicando haverem seguido para Tebas, onde se consideravam mais em segurança, e aconselhando-o não perder a coragem e a esperança.

Malgrado essa contrariedade, Horemseb sentiu-se bem feliz, porque no abrigo existiam vestes, alimentos e mesmo objetos de luxo em abundância. Durante alguns dias, o esgotamento mergulhou-o em verdadeira prostração; mas, o sono e a nutrição restabeleceram bem pronto as forças do seu jovem e robusto corpo, substituindo o sofrimento físico por uma tortura moral cada vez mais intolerável. Forçado a haurir um pouco de ar fresco, apenas à noite, começava a sentir palpitações do coração e sufocações; o ambiente espesso e aquecido do local, destinado a mortos, tornou-se-lhe insuportável, por isso que, ao contrário de Spazar, ele não podia sair da toca a qualquer momento.

Os dias tornavam-se semanas, e notícia alguma, nem mensagem lhe chegavam; as provisões tocavam seu termo, e o próprio esconderijo não mais lhe parecia seguro, porque surpreendera um homem rondando, à noite, na necrópole, a espionar suas saídas.

O príncipe ainda mais se confinou, e, embora houvesse desaparecido o misterioso espião, receava uma surpresa a qualquer momento. Torturado pela inquietude, levada ao extremo pelo silêncio obstinado de Neith, pela ausência completa de notícias do exterior, ameaçado de morrer à fome, dentro de alguns dias, resolveu abandonar o vale dos túmulos e alcançar seu palácio. Lá também poderia ocultar-se e, principalmente, talvez saber algo a respeito de Neith, sua última esperança. Estaria ela morta? Ou, igualmente, ter-se-ia afastado dele, a despeito do veneno que ingerira?

Tomada tal decisão, Horemseb acomodou em uma sacola os restantes alimentos, e, à noite, esgueirou-se para fora do abrigo, encetou a marcha para o seu palácio, onde atingiu sem embaraços a porta secreta, e penetrou no jardim. Tudo estava silencioso, tal qual ao tempo do seu poderio, mas, que total mudança! Com inseguros passos, atravessou as aléias tão suas conhecidas, todos os recantos que lhe recordavam ou as orgias, as mortes, ou os divertimentos com que distraía suas noites.

A Lua, em seu segundo quarto, acabava de surgir, inundando de pálida luz o grande lago, não longe do qual se elevava, sombrio e isolado, o vasto palácio, com os seus terraços e galerias, esfinges e vasos de bronze; mas, os fogachos avermelhados não mais estavam acesos, nenhum servo corria para recebê-lo, nenhum delicioso aroma se espalhava no ar. Tomado por vertigem, arrimou-se a uma árvore e comprimiu a testa com ambas as mãos; estava aniquilado, perdido, abandonado de todos, e reentrava, qual mísero fugitivo, naquele palácio onde — senhor absoluto — cada olhar seu valia por uma ordem, onde todos se rojavam a seus pés. Uma espécie de estertor fugiu-lhe da boca; desespero mesclado de raiva louca sacudiu-lhe o corpo, como se tivesse um acesso febril.

De toda aquela desventura, de todo aquele desmoronamento da sua existência fora Neftis a causadora! À lembrança de quem o atraiçoara, rangia os dentes, e um selvagem desejo de torturá-la novamente invadia-lhe a alma. Nesse momento, o olhar incidiu para o lago, e assim permaneceu, com surpresa: da superfície da água, do sombreado das árvores sobre as bordas surgiam vapores cinzentos, que se expandiam e condensavam, tomando aspecto de mulheres desgrenhadas, envoltas em roupagens pretas. Os estranhos seres deslizavam para ele, tornando-se cada vez mais individualizáveis, à medida que se aproximavam; a aragem noturna sacudia-lhes os negros mantos, descobrindo os corpos desnudos e pintalgados de sangue; os longos cabelos, em desordem, pendiam sobre o peito; os rostos, descorados, denotavam sofrimento e paixão; entre os crispados dedos, entrelaçavam-se rosas rubras.

Esse cortejo, medonho e sempre aumentado, caminhou para ele, rodeando-o qual círculo de fogo. À frente dessas mulheres, estava Neftis, como se a ira de Horemseb a houvesse evocado: os ruivos cabelos envolviam-na, qual manto de fagulhas; os olhos, queimando de sanha feroz, fascinavam o seu algoz. Sacudido de horror, olhos dilatados, Horemseb contemplava a multidão de espectros, cujo círculo mais e mais se fechava. Ele as conhecia, a todas, a todos aqueles rostos, outrora tão formosos, aquelas jovens criaturas, cheias de vida e de amor, que ele assassinara lentamente, divertindo-se com a sua agonia, abeberando-se do seu sangue. E, agora, Neftis sacudia-lhe, quase junto do rosto, a vermelha rosa que apertava na mão crispada. O aroma sufocante atingiu-lhe o olfato, mas, desta vez, despertando desgosto e repulsão. Como se estivesse ébrio, Horemseb cambaleou, e depois se atirou para a frente, no intuito de fugir; mas, parecia chumbado ao solo, faltava-lhe a respiração, o cérebro dir-se-ia prestes a estourar, e as sombras vingadoras comprimiam-se contra ele; braços gélidos enlaçavam-lhe o pescoço, lábios álgidos, exalando pútridos odores, colavam-se aos seus, dedos enrijados dentavam-se-lhe nos braços e nas vestes...

Desatinado e meio sem fôlego, ensaiou desembaraçar-se. A cabeça girava: ficaria louco, ou um pesadelo o esmagaria? Por sobre-humano esforço, estendeu os braços, repelindo os fantasmas; depois, qual cervo sob ladridos, atirou-se para o palácio, mas, após ele, voavam, à semelhança de flocos de penugens sopradas pelo vento, as sombras das suas vítimas. Guiado pelo instinto, na ausência de reflexão, encaminhara-se ele para o terraço comunicante com os seus antigos apartamentos, e ali chegou feito um furacão. As portas estavam abertas, e respirou aliviado: o palácio não se achava abandonado, conforme supusera; lá, na galeria brandamente iluminada, deslizavam, tal qual outrora, servos ricamente ajaezados, e, no fim da galeria, dois jovens serviçais, acocorados junto de tripés, pareciam nestes derramar perfumes. Foi para eles que dirigiu seus passos; à proporção, porém, que se apropinquava, parecia que recuavam, e desapareceram subitamente. Tomado de terror, ainda uma vez, precipitou-se para outra galeria, à qual fora atraído por uma nova luz: era a da sala das refeições, onde, junto da sua cadeira, elevada num estrado, se viam Chamus e Hapzefaá, seguidos de um grupo de eunucos. Rodearam imediatos o seu senhor, porém, os rostos estavam estranhamente lívidos e crispados, suas mãos agitavam copos cheios de um líquido negro e as vozes, ensurdecidas como se fossem bramido longínquo, diziam:

— Bebe este veneno que nos deram em recompensa de nossos serviços, de nossa fidelidade.

O príncipe ignorava os últimos envenenamentos cometidos por Tadar, e, ao pensamento de que lá também encontraria espectros de suas vítimas, de que apenas ele vivo erraria por entre aqueles mortos, os cabelos se lhe eriçaram de pavor, e se abateu sobre as lajes do chão. No mesmo instante, as luzes extinguiram-se e só um raio fraco de claridade escassa continuou a brilhar no terraço que separava a sala das refeições.

Com grito selvagem, Horemseb retesou-se, e, como que perseguido por mil demônios, pulou para o jardim; mas, lá, aguardava-o o cortejo desgrenhado das mulheres sangrentas; precedendo-o, rodeando-o, a ondular em seu derredor, pareciam arrastá-lo de aléia em aléia, colando-se a ele, atravessando-o com uma friagem de gelo, quando ele tentava deter-se. Na caminhada louca, desembocou de súbito no redondel ao fundo do qual se elevava o estrado de pedra onde outrora se entronizava, enquanto a seus pés chafurdava-se a embrutecida multidão de seres humanos que lhe serviam de diversão. A cadeira dourada havia desaparecido, as guirlandas de flores ausentes; só a luz do luar brincava sobre os degraus pétreos e sobre as alvas colunas que sustinham o dossel do nicho. Pareceu-lhe, nessa conjuntura, que lá, naquela elevação, estaria a coberto dos perseguidores; encontrava-se, de resto, no limite das forças. Manando suor, arquejante, tropeçando a cada passo, subiu a escadaria e agachou-se no fundo da concavidade.

Tudo em torno era calma; o séquito horrífico desaparecera. Extenuado, querendo comprimir com as mãos o agitado coração, fechou os olhos; mas, de pronto, estremeceu: sons confusos, cânticos distantes atingiram seu ouvido. O rumor aproximou-se, pouco a pouco, aumentando de intensidade; lembrava o sibilar de uma ventania de temporal, entremeado de ruídos surdos, esvaindo-se qual a queixa de um moribundo, e depois uma selvagem melodia atroante qual fanfarra, acompanhada de gritos dissonantes e de sussurros de orgia.

Fremente, endireitou-se, e o olhar, espavorido, voltou-se para a clareira que começava a popular-se: lá, deslizavam, em fila, as cantoras, com as harpas nos braços, os dedos lívidos percorrendo as cordas, os lábios azulados entreabertos, enquanto as dançarinas, tão vaporosas que deixavam ver os objetos circundantes através de seus corpos diáfanos, bailavam sem descanso nem trégua, sacudindo as brancas vestimentas, torvelinhando num rodar desenfreado. Em redor, agrupava-se uma turba, muda, de faces lívidas e imóveis: era a corte que ele tivera prisioneira no palácio encantado, e que vinha, tal qual outrora, rodeá-lo e distraí-lo... Apenas, todos quantos tinham vivido, trabalhado e divertido o amo, estavam mortos, ceifados na flor da idade, e a recreação que ofereciam ao antigo carrasco era uma diabólica vingança.

Acocorado, qual quadrúpede da selva, no fundo do nicho, o corpo encharcado de transpiração gelada, fixava o terrificante espetáculo; quisera fugir, mas não ousava tal, porque nos degraus estavam igualmente agachadas Neftis e suas companheiras, e se ele pousasse o pé nos degraus eles afundariam, e o atro abismo, antevisto por Neith, o engoliria. Não; estava prisioneiro ali, e devia assistir às danças, escutar os cânticos que, na sua discordante e selvática melodia, como que incorporavam as paixões insaciadas daquelas almas sofredoras, e excitavam os desejos desordenados do coração humano, que tomavam vida, bramindo qual tempestade. Quem não conhecia aquela dolorosa música, imagem da luta entre o homem e a divindade, entre o bem e o mal, entre a destruição e a conservação?

Esses sons trespassavam, tal qual agudas flechas, o dolorido coração do homem encarnado, criminoso, sucumbindo sob a expiação, igual ao Espírito que erra sem repouso no Espaço, ouvindo gritar em todas as suas vibrações:

— As leis divinas que afrontaste vingam-se sobre ti mesmo; teus próprios abusos criaram os sofrimentos. Criatura cega, que, em tua ira, matas, fica sabendo que destróis apenas uma forma de argila, e a centelha imortal, que habitava nela, transforma-se e eleva, na marcha grandiosa do labor eterno! Não te olvides de que o gozo do crime é sempre um transitório momento, em seguida do qual pesadamente se estende a punição. Por incoercível lei de equilíbrio, o mal praticado recai sobre ti, apossa-se do teu frágil coração e o tritura sob a dor expiatória, até que, tornado tenro e flexível, seja apto para refletir a divindade na sua perfeição infinita.

Sem o compreender, Horemseb pagava, durante aquela infernal noitada, os criminosos prazeres; ele se considerara invulnerável nos momentos em que tudo se quebrava a seus pés.

O primeiro raio do Sol no Levante pôs, afinal, um termo às horas de angústia; as trevas desapareceram e com elas as sombras vingativas; benfazejo calor penetrou os membros entorpecidos do culpado, dissipando-lhe o torpor. *Ra* parecia dizer-lhe:

— Vê! Eu sou a claridade, inimiga das trevas, e meus fulgentes raios põem o crime em fuga. Se me houvesses ficado fiel, não temerias a noite; repouso, quentura, amor, tudo a ti eu teria dado!

Lentamente, cabeça baixa, Horemseb desceu e arrastou-se para o pavilhão onde Neith dormira o sono encantado. O leito ainda ali estava, e, afastando as cobertas, o príncipe mergulhou num sono de chumbo, exaurido totalmente de todas as forças. Quando, afinal, despertou, o Sol descia no horizonte; sentiu-se alquebrado, a cabeça pesada e atormentado pela fome e sede. Aproximando-se de um nicho, abriu pequeno armário secreto e dele retirou uma ânfora com vinho e uma caixeta com frutas confeitadas em mel, com o que acalmou a fome, voltando novamente ao leito, para coordenar idéias.

O horror da sua posição apareceu-lhe em toda a nudez: estava perdido, sua cabeça posta a preço, aquele palácio deserto seu último asilo; os mortos, é certo, serviam-no ali fielmente, porém, só em lembrar-se da noite, gelado arrepio percorreu-o. Pensou em Neith, a única vítima que poupara, não por amor, e sim por interesse, e que, evidentemente, o abandonara, ou tivera infrutífera a intercessão junto à rainha... Decididamente, tudo terminara. Amargo desencorajamento, uma lassitude sem classificação avassalava-o; não valeria mais terminar tudo, entregar-se ele mesmo?

A noite surpreendeu-o nas reflexões, e, com as trevas, ressuscitaram os terrores; cada rumor fazia-o estremecer; de cada canto acreditava ver surgir um dos terríveis espectros. Com súbita resolução, ergueu-se: arriscar tudo era melhor do que permanecer sozinho naquele local. Avizinhando-se do armário secreto, retirou um archote, que acendeu, e, evitando olhar para a direita ou para a esquerda, rumou para o palácio. Parecia-lhe que, por detrás, pisava no chão a turba invisível e que, da sombra de uma coluna, se destacava a cabeça desfigurada de Neftis, olhando-o com raivoso chacotear; mas, reunindo toda a coragem, passou além, atravessou correndo os seus apartamentos, e bem depressa se encontrou na parte reservada antigamente ao pessoal dos serviços. De repente, confuso murmúrio chegou-lhe ao ouvido.

Parou para orientar-se, e compreendeu que um grupo numeroso de homens devia encontrar-se no pátio contíguo, dependente dos aposentos ocupados outrora por Hapzefaá, Chamus e outros servidores de confiança.

Apagou o archote, e, abrindo uma porta oculta, achou-se sob a arcada sombreada de um peristilo, contornando vasto pátio no meio do qual se encontrava uma escudela. Respirando custosamente, encostou-se à parede e fixou, com sombrio olhar, os imprevistos hóspedes que se albergavam em seu palácio. Em redor de muitos braseiros, estavam acocorados soldados, conversando e brunindo suas armas, enquanto num pequeno terraço, fortemente iluminado, dois oficiais se entretinham no jogo de damas. Uma escolta, comandada por um terceiro, entrava então, regressando de ronda. Resolvendo-se bruscamente, o príncipe abandonou o esconderijo e andou reto para o terraço; mas, ao aparecer no círculo da luz, os soldados pularam, aos gritos, os oficiais pegaram as armas, e, num abrir e fechar de olhos, estava no centro de uma roda ameaçadora de lanças e espadas.

— Todo este tumulto é desnecessário — disse Horemseb, calmo —, eu me entrego, voluntariamente.

— Ages sabiamente — respondeu Antef, baixando a espada — em poupares uma luta. Vou comunicar ao Grande Sacerdote Amenófis a tua prisão, e, até novo aviso, ficarás aqui, prisioneiro.

Tendo dado algumas ordens, Antef pôs a mão no ombro de Horemseb, que permanecia silencioso, e disse:

— Segue-me; vão servir-te uma refeição e preparar uma cama. Alimenta-te e dorme, pois me pareces exausto.

Meia hora mais tarde, o príncipe estava à mesa, ante um bom jantar, em sala do seu antigo apartamento. Ao menos, não estava só.

— Come, sem temor; nada está envenenado como estavam as provisões que deixaste aqui e que mataram os teus servidores — disse Antef, com amargura.

Horemseb baixou a cabeça; com esforço comeu um pedaço de caça e bebeu um pouco de vinho. Depois, voltando-se para o oficial, perguntou, hesitante:

— Sabes onde se encontra, agora, Neith, minha esposa?

— A nobre Neith está em Tebas, mas, se contas com ela para obter teu perdão, esperarás inutilmente, a menos que consigas inocentar-te dos crimes e sacrilégios que te imputam — respondeu, irônico, Antef. Deita-te, dorme; tu careces de forças.

Silenciosamente, Horemseb estendeu-se no leito que lhe haviam preparado, e seu esgotamento moral e físico, absoluto, fez que bem depressa adormecesse.

Na tarde desse mesmo dia, Hartatef, Smenkara e um velho preto, devotado, haviam chegado a Mênfis, dissimulando no fundo da sua embarcação uma grande caixa para múmia, destinada a esconder em seu interior o perigoso réu procurado em todo o Egito.

Quando anoiteceu, Hartatef e seu cúmplice rumaram para o vale dos túmulos; mas, em vão procuraram o príncipe e chamaram por ele; guiados pelas indicações de Neith, foram ao esconderijo de Spazar, e convenceram-se de que Horemseb abandonara o refúgio.

— Acabaram as provisões, e refugiou-se no palácio — monologou Hartatef.

E, maldizendo a infeliz eventualidade, resolveu procurar o príncipe, imediatamente, em seu novo retiro. Penetraram sem estorvo nos jardins, deixando a embarcação escondida nos caniçais; mas, infrutiferamente vasculharam todos os latíbulos indicados por Neith: o príncipe não era encontrado.

— Estará no palácio — murmurou Smenkara, enxugando o suor que lhe escorria da testa.

— Vamos lá, e o acharemos, salvo se foi preso. Eu sei, felizmente, onde se alojam os soldados — respondeu Hartatef.

E os dois aventureiros penetraram resolutamente na casa, que, de início, examinaram, sem resultado. De repente, porém, o audaz homem parou, estremecendo, e pegou o braço de Smenkara: por uma porta aberta, viu uma sala, iluminada por archote preso à parede, e, sob a luz avermelhada, reconheceu Horemseb, estendido, olhos fechados, sobre um leito de repouso. Soldado etíope, de costas, estava de sentinela, encostado a uma coluna. Serpeando, qual réptil, Hartatef, deslizou para o vigilante, e lhe enterrou um punhal nas carnes. Sem um grito, o soldado estendeu os braços e, sustido pelo assassino, resvalou para o chão, sem ruído. Então, Hartatef, célere qual sombra, aproximou-se do leito do príncipe, e, apoiando-lhe a mão na boca, sussurrou:

— Não grites, Horemseb; sou um amigo enviado para te salvar — acrescentou, ao ver que o prisioneiro abria os olhos.

Sem discutir, animado de nova esperança, o príncipe levantou-se e seguiu o seu libertador. Smenkara reuniu-se a eles, e, sem obstáculos, atravessaram grande sala contígua, quando, inesperadamente, uma porta abriu, e, mudos de espanto, encontraram-se face a face com uma esquadra de soldados, sob comando de oficial, que regressava de render sentinelas.

— Traição! — gritou, reconhecendo o príncipe.

Este, porém, e os dois companheiros tentaram abrir caminho, atirando-se com furor contra a patrulha, e encarniçado combate se travou, por isso que Hartatef também armara o príncipe com uma machadinha e punhal.

Os gritos e o barulho da luta alarmaram todo o palácio, e Antef, seguido de uma dezena dos seus, irrompeu na sala. Instantes depois, tudo terminara: Horemseb, desarmado, estava seguro por vinte braços, enquanto, por entre sete ou oito cadáveres espalhados, se viam Hartatef, com uma faca enfiada no peito, e Smenkara, com o crânio fendido por golpe de machadinha.

— Não acreditaria houvesse no Egito um homem, e principalmente um dignitário, que pretendesse subtrair-te à Justiça — disse Antef, embainhando a espada — mas, parece que possuis bons sortilégios, suficientes para perturbar um cérebro tão sólido quanto o de Hartatef. Como não tenho vontade de arriscar ainda uma vez a minha cabeça, por tua causa, vou acorrentar-te, e vigiar-te, eu mesmo.

Uma hora mais tarde, mensageiro do templo cientificava-o do projeto de evasão que se soubera pelo enviado de Tebas. Antef respondeu a isso, levando o portador do aviso até junto dos cadáveres dos dois cúmplices e mostrando-lhe o prisioneiro acorrentado.

Ao amanhecer, Amenófis, acompanhado de muitos sacerdotes, veio ao palácio, e, após curto interrogatório, ao qual Horemseb não deu resposta alguma, declarou que dentro de duas horas partiriam para Tebas, ordenando a Antef conduzir o prisioneiro, sob conveniente escolta ao ponto onde estava reunida a flotilha destinada a transportar para a Capital o Grande Sacerdote, o prisioneiro, os soldados e algumas testemunhas de importância.

A notícia de que o feiticeiro fora preso espalhou-se na cidade, qual rastilho de pólvora, e sanhuda multidão, ávida de ver o terrível homem, afinal derribado, atropelou-se na direção do palácio, congestionando todos os acessos e espiando, sôfrega, a saída do cortejo. Verificando a existência desse tumulto, Antef pensou em conduzir o prisioneiro pela saída sobre o Nilo, mas o rio também estava coberto de barcos, que bloqueavam a escadaria, e o jovem chefe teve de renunciar a tal projeto.

Após uma espera, que pareceu eterna para a populaça aglomerada, a maciça porta foi aberta, dando passagem a um destacamento militar e de policiais, que forçou a turba a abrir em filas. Em seguida, apareceu Horemseb, pés e mãos ligados a correntes, escoltado por Antef, empunhando a espada desembainhada, rodeado por um destacamento de soldados.

À vista daquele que durante tão longo tempo fora temido, desse bruxo que se divertira com todos os sentimentos humanos, havia matado tantos inocentes e semeado em seu caminho desgraça e loucura, febril agitação apossou-se da multidão, e um clamor de ódio e reprovação elevou-se qual rugido. Horemseb ergueu a fronte e seu velado olhar perpassou pelos milhares de cabeças ondulantes, tanto quanto a vista podia alcançar; mas, vendo os punhos erguidos e ouvindo as vociferações, retesou-se arrogantemente, e, fervilhante de raivoso desprezo, continuou caminhando. Os clamores aumentaram, porém:

— Assassino! Sacrílego! Enfeitiçador! — ululavam centenas de vozes.

E pedras, lama, imundícies nauseantes, e até facas, começaram a voar sobre o prisioneiro, ferindo-o e machucando-o, e bem assim aos da escolta.

Abrindo caminho dificultosamente, o cortejo dirigiu-se para o Nilo, acrescido de alguns padres que rumavam para seus barcos e cuja autoridade evitou as vias de fato; mas, sob essa tempestade de reprovação e de sanha, sob esse alarido de injúrias e maldições, Horemseb fraqueou. Cambaleante, como se estivesse embriagado, a cabeça baixa, sucumbido à humilhação e à vergonha, arrastava-se a custo, e, subindo ao barco, perdeu os sentidos.

Tornando a si, fechou-se em irado mutismo, absorvendo-se nos seus desesperados pensamentos. Por vezes, parecia-lhe que um pesadelo atormentava-o, e ser impossível que ele, príncipe de sangue real, o poderoso e rico senhor, descesse àquele grau de aviltamento. Verdadeiro ciclone de desespero varreu-lhe a alma, quando, à claridade do sol nascente, percebeu, desenhando-se no azul do céu, os templos e os palácios de Tebas. Sonhara acaso retornar assim à esplêndida Capital, que deixara um ano antes, por entre honrarias? Oh! se tivesse podido prever o futuro, não teria decerto arrebatado Neith!

Para prevenir cenas lamentáveis, idênticas às ocorridas em Mênfis, as autoridades de Tebas, avisadas por um mensageiro, haviam tomado precauções, e alas de soldados, enfileirados em todo o percurso do cortejo, continham as torrentes humanas que haviam acorrido igualmente para ver o criminoso, cujo nome fazia fremir o Egito. Graças às prudentes disposições, o trajeto fez-se sem incidentes, e bem depressa as brônzeas portas do imenso âmbito do templo de Amon-*Ra* fecharam-se sobre Horemseb e sua escolta, e a multidão, tumultuosamente agitada, dispersou pouco a pouco.

O prisioneiro, sempre acompanhado por Antef, foi conduzido a uma sala do subsolo, onde se reuniram Amenófis, Ranseneb, substituindo o Grande Sacerdote de Amon, enfermo desde algum tempo, e grande número de dignitários do templo. Sombrio, mas de cabeça erguida, Horemseb parou, fixando os assistentes com arrogante e impassível olhar.

— A cólera de Amon-*Ra* enfim te alcançou e trouxe aqui, coberto de correntes e de opróbrio — disse afinal Ranseneb, após um momento de silêncio — e ousas ainda altear a cabeça, em vez de te aproximares dos juízes, ajoelhado, arrependido e com humildade!

Um lampejo de ameaça jorrou dos olhos do príncipe; mas, não se moveu: aversão, raiva e rebeldia quase o sufocavam. Murmúrio de descontentamento correu entre os padres, e um velho pastóforo exclamou, indignado:

— Malfeitor infame, prosterna-te, rosto no chão, ante os representantes dos deuses, ou receberás o tratamento que torna flexíveis os mais recalcitrantes.

Vendo Horemseb sorrir, motejador, e os sacerdotes franzirem as sobrancelhas, o velho pastóforo, rubro de cólera, ergueu um relho de correias, que empunhava, e um golpe sibilante abateu-se sobre as costas nuas do prisioneiro, abrindo um extenso vergão sangrento.

Grito de animal selvagem ouviu-se dos lábios de Horemseb: espumando de ódio, voltou-se e, apesar das correntes que o prendiam, pulou, com agilidade tigrina, sobre o pastóforo, derrubou-o e lhe ferrou os dentes na garganta. Isso foi feito com tal rapidez, que os circunstantes, petrificados, só compreenderam a realidade quando os dois homens rolaram pelo chão. Antef e dois jovens padres atiraram-se ao furioso, mas em vão tentaram separá-lo do velho, cujo corpo se contorcia convulsivamente: Horemseb parecia chumbado a ele, colada a boca à garganta, sangrando, que seus dedos apertavam tal qual tenazes. De repente, seus braços afrouxaram e ele pendeu pesadamente para o lado, olhos fixos e imóveis, espuma sanguinolenta nos lábios: a superexcitação causada pelo ultraje, aliada à violência do seu caráter, parecia havê-lo morto.

— Bem se vê que os espíritos impuros moram neste malfeitor — disse Amenófis, recobrando do estupor. É preciso verificar se está morto; caso contrário, transportá-lo à prisão e dar-lhe assistência.

— Vou expedir as ordens necessárias, e farei dobrar as sentinelas, a fim de que o nigromante não fuja, antes de haver confessado seus segredos — falou Ranseneb, que examinara ambos os corpos. O miserável está simplesmente desmaiado, mas do pobre Penbesa a alma reentrou em Osíris. Vede: a artéria foi cortada, como que por tesoura, pelos dentes desse chacal.

Alguns servidores do templo, sob a supervigilância de Antef e de um moço sacerdote, transportaram Horemseb à prisão subterrânea especial para os grandes culpados e iluminada por uma lâmpada posta em nicho. Quando o príncipe foi estendido sobre uma barra, servindo de leito, o médico ordenou que lhe tirassem as correntes e trouxessem luz. Em seguida, bandou o ferimento que abrangia do ombro aos rins.

— Seu estado é de perigo? — indagou, curiosamente, Antef.

— Creio que sim, e despertará numa febre das mais malignas — respondeu, gravemente, o padre. Seria lamentável que morresse, antes de haver revelado o segredo do terrível veneno e do respectivo antídoto.

— Ele já desmaiou em Mênfis, por efeito dos insultos e maldições com que foi alvejado pelo povo, durante todo o trajeto do palácio ao Nilo. Foi espantoso; pensei que o fizessem em pedaços.

— Sim, não é fácil suportar tal queda dos degraus do trono a uma tal abjeção — suspirou o médico, lavando o rosto do prisioneiro.

Nesse instante, Horemseb reabriu os olhos, mas o perturbado olhar pareceu não reconhecer ninguém, e seu corpo cobriu-se de gélido suor. Vendo o padre ocupado em promover o bem-estar do príncipe e preparar-lhe um leito mais cômodo, Antef retirou-se, apressado em repousar. A sorte, porém, decidiu de maneira diferente.

Numa esquina de rua, encontrou Chnumhotep, que regressava do palácio real e se achegou a ele, tão logo o percebeu, desejoso de conhecer todos os detalhes da prisão. O chefe das guardas convidou o oficial para subir ao seu carro e acompanhá-lo a casa, para conversação e para almoçarem juntos. Antef alegou fadiga, para desculpar-se, mas Chnumhotep não aceitou escusas, e carregou com ele.

Chegando com o hóspede na sala que abria para o jardim, onde o esperavam Roant e um repasto preparado, o chefe das guardas encontrou também o cunhado; mas, o semblante animado do jovem sacerdote e algumas veementes palavras ouvidas da esposa, provavam que houvera altercação.

— Creio, por Anúbis, que caímos no meio de uma querela — disse, a rir.

— Perdeste, por não chegares mais cedo; terias ouvido os hinos de admiração cantados por tua esposa em honra do irresistível ímpio que chegou hoje — respondeu Roma, irritado.

— Disse, e repito: é lastimável que um homem do porte de Horemseb possa ter cometido tantos crimes; sua sorte corta o coração; compreendo que a mulher que haja fruído do seu embriagador afeto ame-o até a morte e não o esqueça nunca.

— Esse miserável, de quem todo o Egito reclama a cabeça! — resmungou Roma.

— Acalmai-vos, ambos, e escutai antes as estranhas notícias que Antef nos traz. É indubitável ser Horemseb um extraordinário mago, para poder conquistar um cérebro tão sólido quanto o de Hartatef, que se fez matar para salvá-lo.

— Ah! ele morreu! — murmurou Roma, enquanto Roant assediava de perguntas o jovem oficial.

Este narrou então os pormenores da captura do príncipe e a frustrada tentativa de evasão, que custara a vida a Hartatef e a Smenkara. Em seguida, contou as cenas terríveis que se desonrolaram no percurso do prisioneiro até ao Nilo.

— E hoje — concluiu Antef — o belo Horemseb recebeu a primeira vergastada na sala inferior do templo, por haver recusado prosternar-se.

Roant, que escutara palidíssima, emitiu um grito e escondeu o rosto com as mãos.

— Não queres beber um pouco de vinho? Temo que desfaleças — disse, ironicamente, Roma. Pensamento esmagador; dorso principesco e tão formoso receber um golpe de vergalho! A meu ver, *uma* chicotada é bem pouco. Esperemos que o resto venha!

— Não te reconheço mais, Roma — exclamou a irmã, faces afogueadas. Tal crueldade é indigna de um servidor dos deuses; o teu ciúme faz-te cego e enraivecido.

— O restante não teria faltado, nobre Roma — disse Antef, a rir — se Horemseb tivesse deixado ao executor tempo de agir, mas, atirou-se a ele, e lhe seccionou completamente a garganta com os dentes. Em seguida, de raiva, todo o seu corpo se inteiriçou e descaiu no chão. Quanto ao pobre Penbesa, já estava morto quando o ergueram.

— Foi Penbesa que ele matou? Eis o que é dololoso! — murmurou Roma, aturdido.

— É um verdadeiro animal feroz. Teria ele explodido de raiva? perguntou Chnumhotep.

— A princípio, acreditamos isso, mas era apenas um desmaio. Levaram-no à prisão e um padre ministrou-lhe cuidados, porque se pretendia arrancar o segredo da planta misteriosa, da qual Sargon falou, veneno maldito que quase me custou a cabeça, quando da fuga de Tutmés. Oh! o que daria eu para saber a verdade dessa história! É claro que Neftis casou-me, para desembaraçar-se de mim; mas, desempenhou ela um papel na fugida de Tutmés, e ajudou-o a obter as graças da rainha? Esse solícito favor, logo que Tutmés chegou de Bouto, terminou por um exílio dourado, depois da morte de Sargon, cuja misteriosa querela com o herdeiro do trono jamais foi esclarecida.

— Sim, nós não chegaremos nunca ao encontro da verdade nesse dédalo — suspirou o chefe das guardas. Quanto a Horemseb, pagará duramente seus crimes.

— Que sorte o aguarda? — indagou Roant.

— A morte, e morte afrontosa: será enforcado e seu corpo dado aos corvos, ou murado vivo.

— É doloroso! De que modo suportará Neith o saber que assim foi condenado? Por agora, escondem-lhe a prisão, e não sabe da sua chegada; mas, com o tempo, não lhe poderão ser ocultadas tais coisas.

— O mais razoável seria enviá-la em peregrinação a algum templo distante — observou Chnumhotep. Desse modo, estaria longe durante o julgamento e suplício, todas essas pungentes emoções ser-lhe-iam poupadas, e, uma vez morto Horemseb, ela o prantearia, e, em conseqüência, esquecê-lo-ia pouco a pouco.

Todos concordaram com esse parecer, mas, porque Neith se encontrava no palácio real, e ninguém ousasse aconselhar Hatasu nesse sentido, por isso que a rainha decidia de tudo com referência à sua protegida, força era sobrestar no assunto. Pouco depois, cada um tomou rumo: Antef para regressar a casa, Chnumhotep para fazer a sesta e Roma para ir ao lar da filha de Penbesa e dar consolo à família tão inopinadamente atingida pela morte do velho pastóforo, querido e considerado de todos.

Trabalhada pela inquietude e expectativa, consumida pelo sutil veneno que lhe ardia nas veias, Neith confinava-se o mais possível na solitude do apartamento, e somente quando os serviços a chamavam junto da rainha, sacudia o torpor, e espreitava avidamente nos olhos da soberana um momento favorável para lhe arrancar a promessa de perdão. Depois do jantar, no dia em que o feiticeiro fora reconduzido aos muros de Tebas, circunstância da qual apenas ela ignorava as emocionantes peripécias, Neith estava deitada, quando lhe anunciaram que Mena desejava vê-la. Mandou que o introduzissem, e, tão logo ficaram a sós, o oficial disse, misterioso:

— Quisera informar-te de graves notícias dele, tu me compreendes, mas juras não divulgar de quem as obtiveste? Porque é proibido falar nestes assuntos em tua presença, e arrisco a cabeça pela desobediência.

Neith levantara-se, muito pálida.

— Juro pelos quarenta e dois juízes de Amenti: morrerei antes de te atraiçoar; mas, suplico-te, dize o que sabes dele.

Sem se fazer rogar por mais tempo, Mena narrou tudo quanto conhecia sobre a prisão do príncipe, a morte de Hartatef, a cena ocorrida pela manhã no templo, e, por fim, a enfermidade de Horemseb.

A jovem mulher escutara anelante; no episódio com Penbesa, teve um grito de horror:

— Maltratá-lo como se fosse um escravo, é espantoso! Desventurado Horemseb! — exclamou, retorcendo as mãos. É evidente que os deuses o abandonaram; Hartatef morreu; minhas orações e assim meus sacrifícios foram vãos, e, na sua enfermidade, jaz sozinho, privado do necessário. Oh! Mena, ajuda-me, aconselha-me: que posso fazer para aliviá-lo, ao menos?

Mena coçou a orelha.

— Não é fácil imaginar; no entanto, eis o que me parece mais eficaz: implora à rainha permissão para enviar-lhe socorros em vestimentas, trastes e nutrição substanciosa. Sei que amanhã, cedo, Amenófis e Ranseneb têm audiência a propósito do processo. Espreita-os, finge-te inteirada de tudo e pede, a eles também, autorização de confortar o enfermo. Para dispô-los a favor, envia, ao amanhecer, dádivas ao templo. Eu me encarrego de as oferecer em teu nome, se assim o desejas.

— Sim, meu bom Mena, faz isso — concordou Neith, apertando, com reconhecimento, as mãos do irmão. Vou dar ordens para o meu intendente.

— Tu poderias também ajudar-me um pouco, pois estou em grande embaraço.

— Tens necessidade de dinheiro? Por que não o disseste antes? Quanto precisas?

Mena jamais fora modesto, e apontou uma cifra redonda, que Neith concedeu, sem discutir. Depois, escreveu uma lista dos objetos de preço que ofereceria ao templo de Amon e ao de Ápis, em Mênfis. No momento em que o oficial se despedia, lembrou:

— Leva também uma pele de tigre que Tutmés me presenteou; as garras são de ouro, e Ranseneb não deixará de admirá-la.

A jovem mulher passou uma noite de insônia. A superexcitada imaginação desenhava-lhe a prisão de Horemseb, todos os sofrimentos do enfermo, e sua alma estava transbordante de desespero e compaixão. Decidira-se a tentar, uma derradeira vez, enternecer a rainha, por lhe estar facilitado o aproximar-se, no dia seguinte, sem despertar atenção, pois estava de serviço junto da soberana. As horas, até esse momento, pareceram-lhe uma eternidade.

Hatasu era madrugadora. Assim, quando Neith penetrou no apartamento real, a velha Ama apontou-lhe a sotéia onde a rainha já tomava o seu pequeno almoço. Para essa refeição, não admitia nunca a embaraçosa comitiva que rodeava, pela etiqueta, os reis do Egito, desde o levantar ao deitar. A mulher espiritual e original, que tão virilmente sustinha o peso do cetro e da dupla coroa, dera prova, na questão da etiqueta, da independência de espírito que caracterizava todas as suas ações; sacudindo o esmagador cerimonial que regia cada gesto do Faraó, reservara para ela, exclusivamente, as horas que mediavam entre o levantar-se e a da primeira audiência, e apenas uma das damas de honra, de serviço, tinha permissão de aproximar-se, durante esse período.

Quando Neith penetrou na sotéia, a rainha estava com os cotovelos apoiados à mesa, na qual se via a refeição, visivelmente intacta, nos pãezinhos vermelhos postos na cestinha de prata cinzelada e no copo hiteno, lavrado, de que se servia sempre, cheio de leite até as bordas. O belo e severo semblante do Faraó estava pálido, e era evidente que tristes, penosos pensamentos oprimiam a rainha, que não se apercebeu da chegada de Neith, e somente quando esta se ajoelhou e beijou a fímbria, estremeceu e se voltou:

— És tu, Neith! Tens mau semblante, pobre filha! — disse Hatasu, passando, num gesto acariciador, a mão pela abaixada cabeça da jovem. Vamos! Não recomeces a chorar; tua dor desgarra meu coração, porque dela compartilho, sem poder remediá-la. Compreende, pois, minha querida, que sou rainha do Egito, o Faraó guardião nato das leis, e que esse louco furioso, ébrio de assassínios, não me deixou, ele próprio, meio algum de poder salvá-lo. Submete-te, por isso, ao inevitável; o tempo, que sara todas as chagas, fará que esqueças esse homem indigno; a vida reconquistará seus direitos. Sei, por experiência pessoal, porque perdi mais do que tu: Naromath era um herói, tão nobre quanto formoso, valente guerreiro, que tombou defendendo sua pátria e cujas façanhas despertavam a admiração dos próprios inimigos. Os deuses são por vezes cruéis, e não concedem nunca aos mortais ventura completa: deram-me o poderio, mas recusaram-me qualquer outra alegria. Tu, pobre filha, eu te devo negar ante o mundo, e quando quis, ao menos, dar-te felicidade, fui impotente ante o Destino...

— Não me julgues ingrata, minha mãe e benfeitora — murmurou Neith, premindo os lábios escaldantes na mão da rainha. Em todas as horas da minha vida, eu te bendigo, e, por ti, quisera vencer o sentimento infernal que me devora, mas não posso. Não me condenes por isso, porque tenho lutado contra esse poder que me aniquila. É feitiço ou amor — quem o sabe? Não posso descrever o que se passa em mim, porém, longe de Horemseb, definho, qual a flor sem água, e o pensamento de perdê-lo priva-me da razão.

A entrada da velha Ama interrompeu a jovem, ao anunciar que o Grande Sacerdote Amenófis e Ranseneb, o profeta do templo de Amon, solicitavam a graça de vir à presença do Faraó.

— Está bem — disse Hatasu. Que sejam introduzidos na sala contígua ao gabinete de trabalho. Ali estarei dentro de instantes.

Ao anúncio da chegada dos dois padres, vivíssimo rubor cobriu o rosto de Neith, e, quando o reposteiro recaiu, à saída da escrava, correu para a rainha, que bebia rapidamente alguns goles de leite, e, erguendo as mãos postas, murmurou:

— Sei que Horemseb, doente e prisioneiro, está em Tebas. Concede-me, não o seu perdão, mas o favor de aliviá-lo, e licença de pedir aos sacerdotes que lhe façam entrega do que eu lhe enviar.

Hatasu ouvira surpreendida e com os supercílios franzidos: sombrio clarão jorrou de seus olhos negros.

— Quem ousou desobedecer minhas ordens, e te informou da prisão do malfeitor? — perguntou.

— Ah! pode-se ocultar o que toda a Tebas sabe? E pensas que meu coração não soprou que ele estava próximo? Tem piedade, concede-me a mísera alegria de aligeirar seus sofrimentos.

Uma rude recusa chegara aos lábios da rainha; mas, ao ver a fisionomia desfeita de Neith, seu febricitante olhar, a superexcitação febril, comoveu-se.

— Seja! Vai e roga aos padres tal consentimento; se permitirem, autorizo-te a enviar diversas coisas para alívio do prisioneiro.

Com um grito de contentamento, Neith curvou-se, beijou a veste da rainha, e correu para fora. Atravessou, correndo, os apartamentos reais, e penetrou na câmara designada, no momento em que os padres ali entravam, por outra porta. Era uma grande sala, algo sombria, de paredes incrustadas de ouro e de cornalina, apoiada em colunas de pintura muito viva. Ao fundo, junto de uma porta, encoberta por pesado reposteiro de púrpura bordada a ouro, vigilavam dois oficiais armados, e um terceiro funcionário, ornado com um colar de distinção, estava de pé, próximo de uma coluna. Retirado o camarista que introduzira os sacerdotes, Neith aproximou-se, e, ajoelhando, elevou as mãos súplice. As dádivas feitas pela manhã ao templo, por Mena, em nome da irmã, haviam prevenido os padres, e, assim, não duvidaram de que a muda petição da jovem mulher subentendia algum favor que desejava obter para Horemseb.

Ambos a abençoaram, e, depois, Ranseneb perguntou, com bondade:

— Desejas alguma coisa de nós, pobre filha? Vejo, pelo teu olhar, que tens a alma ainda bem enferma!

— Santos e veneráveis servidores dos deuses — murmurou, com a voz lacrimosa —, se vossos corações sentem alguma piedade pelo meu sofrimento, concedei-me a graça de confortar Horemseb, meu esposo. Está ferido, doente, privado de toda a comodidade a que se habituara. Permiti enviar-lhe roupas, um leito e confortante nutrição.

Os dois sacerdotes consultaram-se com o olhar.

— Seja, minha filha; acedemos ao teu pedido — respondeu Amenófis. Remete ao prisioneiro o que desejares para socorrê-lo; vinho, frutas, cobertas e roupa.

— E posso esperar que tais coisas serão fielmente entregues? — indagou, timidamente.

— Não tenhas receio — respondeu Ranseneb. Envia um dos teus servos, e endereça os objetos ao padre Sepa, que cuida do prisioneiro. Darei ordens para que tudo lhe seja entregue.

— Pois que a tua bondade é tão grande para comigo, concede-me rever Horemseb, durante rápidos instantes.

O profeta meneou a cabeça.

— Isso, minha filha, não depende de mim, mas da rainha. Se ela autorizar que vejas o culpado, eu te conduzirei junto dele, com a condição de lhe falares na minha presença.

Nesse momento, som metálico, vibrante e prolongado, retiniu do gabinete.

— A rainha nos chama — disse precipitadamente Ranseneb —, mas aguarda aqui. Transmitirei teu pedido a Sua Majestade, e dar-te-ei a resposta.

Quinze minutos talvez eram decorridos (uma eternidade de angústias para Neith), quando, inopinadamente, o reposteiro foi erguido, e Ranseneb chamou-a por um gesto. O primeiro olhar sobre a rainha fez-lhe compreender que a soberana estava irritada.

— Contenta-te com o que te foi concedido, porque já é graça imerecida amenizar e mimar esse criminoso e sacrílego inaudito. Não autorizo um encontro, porque não teria objetivo, e somente revigoraria o poder do veneno que te definha.

Vendo Neith cambalear, mortalmente pálida, Hatasu acrescentou, mais bondosa:

— Em todo caso, não é quando te vejo assim agitada que te permitirei vê-lo. Torna-te calma e razoável, e talvez então poderei autorizar o que hoje proíbo. E agora, filha, retira-te!

Com paternal benevolência, Ranseneb avizinhou-se de Neith, e, abençoando-a, disse:

— Não desesperes; a bondade de nosso Faraó é inesgotável quanto a do seu divino pai, Amon-*Ra*. Se, pois, Sua Majestade abrandar-se, vem buscar-me e conduzir-te-ei junto ao prisioneiro. Apenas, lembra-te de que deves apresentar-me o sinete real.

Depois que a jovem mulher deixou o gabinete, a rainha, voltando-se para os padres, indagou:

— Não se poderia apressar a instrução do processo e a execução do criminoso, para pôr fim à expectativa e incerteza desta infortunada vítima? A consumação do fato quiçá quebre o feitiço.

— Teu desejo, Faraó, é lei para nós, mas, digna-te de observar que o culpado está doente, e é indispensável obter dele o depoimento concernente à planta venenosa e seu antídoto. Por outra parte, cada dia nos chegam novos depoimentos, e a principal testemunha, a jovem Ísis, ainda tem necessidade de algum tempo para recuperar forças. Em último lugar, o cúmplice de Horemseb, o miserável hiteno, não foi apanhado, e todavia seria útil acareá-los.

— Não estão na pista do infame causador de todas estas desgraças? — exclamou a rainha, subitamente colérica. *Quero*, entendeis, *Quero* seja encontrado. Fazei duplicar a soma da prometida recompensa a quem entregar o ímpio, que ousou esconder-se no coração do Reino, para empestar e destruir um príncipe do Egito! Eu lhe ensinarei, e assim a todo estrangeiro insolente, o custo de semelhante audácia; farei queimá-lo vivo sobre o deus impuro quanto ele, inventarei para ele um suplício que fará tremer de espavento os demônios do Amenti!

— Decerto os deuses satisfarão tua justa cólera, divina filha de *Ra*, e lavarás o coração no sangue do criminoso, que, com o tempo, não poderá fugir, pois parece averiguado que não transpôs as fronteiras do Egito; apenas, visto ser este teu desejo, não aguardaremos a prisão do hiteno para condenar Horemseb — disse Ranseneb, respeitoso.

— Perfeitamente. Horemseb mereceu a morte e a sofrerá, porque o povo tem direito a esta satisfação. Não desejo, porém, que a execução seja pública. Que suplício lhe reservais?

— Será murado vivo, no âmbito mesmo do templo — respondeu duramente Amenófis. E quais são, ó rainha, tuas disposições quanto aos haveres do culpado?

— Faço doação aos Imortais. Em teu regresso a Mênfis, tomarás posse de tudo, Amenófis. Relativamente ao palácio maldito, desejo seja arrasado e que no respectivo terreno se erga um templo a Ptah, a fim de que, com a presença do deus e seus servidores, se purifique aquele lugar manchado de sangue.

— Tua generosidade, Faraó, iguala a do teu divino pai, de igual modo que a tua sabedoria confunde os humanos — disse Amenófis, cheio de satisfação.

Ranseneb, que escutara atentamente, perguntou, imediato:

— A morte de Hartatef deixa também sem dono, nem herdeiro próximo, considerável cabedal. Que destino terá?

Imperceptível sorriso pairou nos lábios de Hatasu.

— Creio justo doar esse patrimônio a Ísis, a corajosa filha que arriscou a vida para desvendar crimes inauditos. Uma vez que os deuses miraculosamente lhe preservaram os dias, tem direito a uma recompensa. Não vos retenho mais, veneráveis padres, e, na marcha do processo, entrego-me à vossa sabedoria.

A rainha saudou-os com a mão, e eles saíram.

Após deixar o gabinete real, Neith fizera conduzir-se ao seu palácio, e preparara a remessa destinada a Horemseb: macias coberturas, roupa, perfumes, e bem assim vinho, leite e algumas aves assadas, em uma das quais enviou um bilhete assim redigido:

"Cada dia receberás de mim tudo que necessitares, para o que obtive permissão. — *Neith.*"

Mas, quando o portador seguiu, desatou a chorar. Que seria dela, no dia em que tais remessas devessem cessar, porque ele não mais delas necessitaria, porque o teriam matado? A esse pensamento, o olhar se lhe obscureceu, e desejou morrer com ele.

O tempo que se seguiu foi custoso; o extraordinário processo, instruído no templo de Amon-*Ra*, caía sobre todos qual pesadelo; as ramificações do drama tornavam-se cada vez mais extensas; descobriam-se novas vítimas, das quais muitas não haviam tratado diretamente com Horemseb, mas, por acaso, tinham tido contacto com as envenenadas rosas, como acontecera aos embalsamadores e à jovem curada também por intervenção de Roma. E ainda havia os que calaram, do que davam exemplo Antef, Satati, sendo que esta só agora compreendia a inconcebível fraqueza com Mena, na memorável noitada em que quase teve decepado o nariz. Os mais implacáveis acusadores eram as famílias das moças que se haviam miseramente suicidado depois da partida de Horemseb de Tebas.

Ísis recuperava rapidamente a saúde. A doação real, que a tornara dona do palácio de Hartatef, contribuíra consideravelmente para ajudar a cura. Também estava livre da antipática enfermeira, porque afinal justa punição havia alcançado a abominável mulher.

Ao saber da morte de Hartatef e Smenkara, Hanofer fora como que fulminada, e, em seguida, um acesso de raiva e desespero tomara-a: rugindo, arrancando os cabelos aos punhados, arranhando o rosto, rebolcara-se no chão, invectivando e maldizendo-se, porque à sua denúncia atribuía a morte do marido e do amante. Depois de dois dias de crise e demência, Hanofer acalmara, entrando em febril, mas secreta atividade em todos os lugares onde o falecido Hartatef guardava os objetos preciosos. Os frutos desse misterioso labor, acumulados no cômodo que ocupava, deviam ser, durante a noite, transportados para a residência dela, quando a fatalidade a atingiu. Em primeiro, à chegada do comissário real para comunicar que Ísis era herdeira de Hartatef, quase teve um derrame bilioso; a raiva, porém, mudou-se em espavento, quando, horas mais tarde, a aprisionaram, não só por ser a mulher de Smenkara, morto em ato de traição, mas também por ser cúmplice em diversos negócios tenebrosos, descobertos recentemente, e ainda por dois assassínios praticados na sua baiúca.

Alguns meses decorridos, a megera, convicta de seus crimes, rumava para os trabalhos forçados nas minas, e ali morreu.

II

O JULGAMENTO

Mais de um mês se escoara desde a prisão do nigromante, sem que a agitação febricitante que mantinha os espíritos em alerta houvesse de modo algum acalmado. Um acontecimento verificado a esse tempo havia igualmente emocionado a população: fora trazido de Mênfis o ídolo de Moloc, e toda a Tebas acorrera ao vale pedregoso e árido, confinante do deserto, onde o colosso estava provisoriamente colocado, com que intento, ninguém o sabia. Mas, com a avidez emocional que caracteriza as multidões, cada qual queria contemplar o deus sangüinário, sobre cujos rubros joelhos tantas inocentes vítimas haviam sido destruídas, no corpo e na alma.

Sabia-se que Horemseb estava restabelecido e que o julgamento devia, conseqüentemente, realizar-se de um dia ao outro. Neith sofria acima de qualquer expressão, e teria — decerto — procurado no suicídio um término à dor, se não houvesse sido tomada pela ingênua idéia de que a sua vida representava uma garantia para Horemseb, uma espécie de escudo contra qualquer coisa de odioso.

No dia designado para o julgamento, lúgubre atividade dominava no templo de Amon-*Ra*: em vasta e sombria sala, iluminada por lâmpadas suspensas ao teto, foram colocadas, em semicírculo, cadeiras reservadas aos juízes. Dadas a gravidade da causa e a qualidade do culpado, tinham sido convocados os pontífices e Grandes Sacerdotes dos principais templos do Egito, na sua maioria idosos, e seus rostos severos e rugosos, as vestimentas brancas, ampliavam ainda mais a solenidade do cenário. Bem ao fundo, em gabinete dissimulado por um reposteiro, estava uma poltrona destinada a Hatasu, que desejava assistir ao julgamento.

Logo que a soberana ocupou seu lugar, o mais idoso dos juízes ordenou fosse introduzido o réu. Houve um momento de solene silêncio. A luz vacilante das lâmpadas projetava-se fantasticamente sobre as pinturas que ornavam as paredes e representavam o julgamento de Osíris e os horrores do Amenti, espelhava-se nos crânios luzidios dos juízes, concentrando-se sobre os escribas, que, sentados sobre os calcanhares, nas esteiras, estavam atentos para escrever as respostas do culpado.

Entre os sacerdotes mais jovens, sentados nas últimas filas, encontrava-se Roma, que, à entrada do criminoso, de mãos acorrentadas, fixou o olhar cheio de rancor sobre o homem que Neith amava apesar de tudo, o carrasco que a destruíra e, não obstante, a fascinava.

A palidez de Horemseb era lívida; magro e envelhecido; em seus olhos, porém, lia-se uma lúgubre pertinácia, quando, silenciosamente, parou ante os julgadores.

A um sinal de Amenófis, levantou-se um escriba, e, em alta voz, leu o libelo acusatório, enumerando os crimes cometidos e a influência nefasta das rosas envenenadas, tão frivolamente atiradas às mãos das vítimas.

— Queres confessar todos os delitos de que te acusam, e revelar o segredo da planta misteriosa, e bem assim a maneira pela qual veio ela ao teu poder? — perguntou o Grande Sacerdote.

Horemseb baixou a cabeça e permaneceu obstinadamente silencioso.

Foram então introduzidas as testemunhas: parentes das jovens desaparecidas; Keniamun, que relatou as revelações de Neftis, o "complot" em que agiram em comum, e o encontro do corpo horrivelmente mutilado; Roma, que falou das suas descobertas; o rapazelho mudo, miraculosamente salvo da morte. Por fim, veio depor uma dama velada; mas, ao desnudar a fisionomia, Horemseb recuou, com uma surda exclamação de terror: reconhecera Ísis, que, ele próprio, havia apunhalado e atirado ao Nilo. Os mortos regressavam do túmulo para acusá-lo?...

Pálida, porém resoluta, a moça, depois de se inclinar ante os juízes, descreveu, em voz vibrante, a vida terrível no palácio de Mênfis, a mutilação dos servos, o luxo desenfreado, as orgias noturnas, a tortura lenta das vítimas, que eram envenenadas aos poucos, antes de assassinadas. Todos esses horrores, todos esses crimes como que reviveram ante o auditório na palavra colorida e atraente da narradora.

Quando ela terminou, Ranseneb voltou-se para o acusado.

— Vês — disse ele — que teus crimes estão amplamente provados, mesmo sem a tua confissão. Só nos resta saber o que concerne à planta venenosa e as circunstâncias extraordinárias que te puseram em relações com o feiticeiro hiteno, e fizeram de um príncipe do Egito um bebedor de sangue, um assassino, um inimigo dos deuses de seu povo. Fala, pois, e dize, sem restrições, o que sabes, se não desejas que te arranquemos a confissão pela tortura.

Um estremecimento agitou o corpo de Horemseb, e seus olhos lançaram flamas; mas, dominando-se, com esforço, respondeu, com a voz enrouquecida:

— Direi o que sei; meu silêncio, de resto, não teria mais objetivo. Foi meu pai quem trouxe Tadar, o sábio hiteno, ao Egito, e do modo seguinte o conheceu: durante a guerra vitoriosa do Faraó Tutmés I, no país vizinho do Eufrates, sangrenta batalha foi travada, não longe da cidade de Gergamich. Existia ali um templo no qual se refugiara uma parte dos guerreiros, que o defenderam tenazmente, fazendo-se preciso verdadeiro sítio para ser tomado. Quando, enfim, nossas tropas invadiram-no, a luta prosseguiu no interior do templo, e só terminou pelo massacre de todos os inimigos. Durante o terrível entrevero, meu pai fora separado do amigo e companheiro de armas, Rameri, e, não o vendo regressar, ficou inquieto, e, a despeito do extremo cansaço, deixou o leito e foi ao local do combate em busca do amigo, para lhe dar socorro, caso estivesse ferido. Recordando-se de que o perdera de vista nos terrenos do templo, para lá se encaminhou, e, enquanto errava por entre os escombros e cadáveres, de sombrio recanto surgiu um homem, de meia idade, que se dirigiu para ele, suplicando lhe poupasse a vida e prometendo, em recíproca, tesouros imensos e secreto poder de dominar forças da Natureza. Meu pai deixou-se tentar, pois a voz e o olhar daquele homem, que era o Grande Sacerdote do templo devastado, fascinava-o estranhamente, e jurou, solene, garantir a vida do hiteno, se este mantivesse as promessas.

"Então, o padre, por secreto caminho, conduziu-o a uma cripta onde se achavam amontoados, não somente os tesouros do templo, mas ainda as riquezas do rei e dos mais notáveis patriotas. Meu pai ficou deslumbrado: era um espólio mais do que régio. Ocultou, pois, Tadar, e, em seguida, trouxe-o para Tebas, tão secretamente quanto os tesouros, dos quais ninguém teve conhecimento. Durante a viagem, porém, o sábio hiteno havia adquirido sobre ele poder absoluto.

"Eu contava três lustros de idade quando meu genitor retornou a Mênfis e encetou, sob a direção de Tadar, a reconstrução do palácio. Cultivou-se a planta da qual o sábio trouxera a semente, e instituiu-se, em secreto, ali, o culto de Moloc. Apesar disso, meu pai não se confinou jamais, conforme eu fiz, e prosseguiu freqüentando a sociedade. Durante o triênio derradeiro de sua existência, esteve constantemente enfermo, pois o corpo não mais suportou os excessos a que se entregava.

"Aos dezessete anos de idade, viemos a Tebas, tomar nosso posto na Corte, e meu pai aqui morreu, então, e, antes de expirar, confiou-me a realidade. Tudo quanto me disse dos mistérios desse culto e da planta sagrada fascinou-me.

"Apressei-me em regressar a Mênfis, e fui inteiramente subjugado por Tadar. Concluí rapidamente as construções encetadas por meu genitor, e, a conselho do sábio, o palácio fechou-se para todos; meu serviço íntimo foi inteiramente separado e nele interditada a palavra, quando faltavam surdos-mudos. Pouco a pouco, habituei-me a essa vida encantada, de onde a realidade, com a sua nudez e misérias, estava banida; a claridade do dia tornou-se-me odiosa; somente na escuridão, debaixo das sombras dos meus jardins, eu me sentia feliz. Rodeado de perfumes sufocantes, embalado por maravilhosa música e cânticos celestes, que Tadar adorava e ensinava, ele próprio, esqueci tudo. Eu devia sacrificar a Moloc, o sábio assim o queria, e a sua vontade era a minha lei. Foi assim que se instituíram as orgias e festins noturnos, que haviam destruído a saúde e a vida de meu pai, que não soube fruí-las moderadamente. A mim ele deu uma bebida que gelava meu sangue, e me impôs uma existência rígida de jejum e abstinência que me dava a força de gozar pela vista sem entregar meu corpo à destruição.

"A primeira vez que bebi sangue, fui embriagado pelo sabor estranho dessa bebida que me devia dar a vida eterna, e, se pretendeis agora matar-me (e gargalhou roucamente), não o podereis, porque a morte não tem força sobre mim: na vida do meu ser se concentram todas as vidas que arrebatei dos corações palpitantes das mulheres sacrificadas. Eu me deslumbrei na contemplação dessas lindas mulheres que, desfalecidas de amor, morriam em meus braços: amar me era vedado, porque a alma devia dominar as paixões do corpo, mas, apesar disso, morriam ditosas. Uma delas traiu-me: eu tinha o direito de puni-la, e Neftis recebeu morte merecida. Nada mais tenho a dizer."

— E que fizeste da planta venenosa? — inquiriu Ranseneb, o qual, e assim todos os juízes, escutara silenciosamente a confissão do culpado.

— Queimamos — respondeu Horemseb, sem pestanejar.

— Por quê?

— O mestre assim o quis. Prevenido da vossa inquirição, desejei esconder os traços do culto de Moloc, porém o tempo faltou para tanto, e Tadar não quis que a sagrada planta caísse nas mãos dos seus inimigos, e a destruiu.

— E dos teus tesouros, que fizeste? Não foi encontrada a mor parte dos preciosos objetos descritos por Sargon.

— A dispendiosa vida que mantive absorveu grande parcela das minhas riquezas, e já me encontrava em embaraços. Quanto aos objetos de preço, baixelas, jóias, atirei-os ao Nilo. Aqui tudo estava findo, e esperávamos fugir do Egito.

— Mentes! — interrompeu, gravemente, Amenófis. Teu palácio foi doado aos deuses pelo Faraó, e será arrasado, para que no seu terreno se eleve um templo. Durante os trabalhos de demolição, já em início, encontrou-se uma adega cheia de objetos preciosos. Isto te digo, para provar quão baixo caíste, tu, a quem, nesta hora, não repugna enlodar-se em mentiras!

À notícia de que seu palácio estava em demolição, Horemseb estuou e seus punhos se contraíram, mas, não pôde dizer coisa alguma, porque os guardas retiraram-no da sala.

Após demorada deliberação dos juízes, o culpado foi de novo trazido, e Amenófis, levantando-se, pronunciou, solenemente:

— Teus espantosos crimes, Horemseb, mereceram um castigo proporcionado. Príncipe do Egito, renegaste os deuses do teu povo e assassinaste mulheres inocentes, das quais, por tua origem, devias ser protetor; pelos teus malefícios, semeaste a vergonha e a desgraça nas mais nobres famílias; aos teus servidores mutilaste e destruíste: todos esses delitos merecem amplamente a morte, a que te condenamos. Disseste, há pouco, que a morte não tem poder sobre ti: seja! É mais uma razão para seres seqüestrado, de modo que não possas mais maleficiar. Serás, pois, murado vivo, mesmo no perímetro deste templo; sobreexiste, pois, nessa estreita sepultura, até quando os deuses o permitam; mas, quando morreres, morrerás de alma e de corpo, visto que o embalsamamento não conservará teus restos, e teu *Ka* (duplo) errante não encontrará asilo terrestre, e será devorado pelos demônios do Amenti. Teu nome será esquecido, porque se proibirá a todo ser vivo, sob severas penas, pronunciá-lo, e em todos os lugares será riscado e apagado; a posteridade não saberá dos teus crimes, que espavoriram o Egito; serás triplicemente morto, destruído em tua alma e olvidado. À aurora do dia de depois de amanhã, esta sentença será executada.

Lívido, olhos dilatados, Horemseb escutara a terrível condenação. Não somente a carne se revoltava nele contra o horror da sorte que o esperava; ele era, apesar de tudo, suficientemente egípcio para deixar de tremer à idéia de não ser sepultado, não ter embalsamamento, além do nome votado ao esquecimento. Com rugido rouco, pegou a cabeça com as mãos, e, qual massa inconsciente, abateu-se no chão.

Enquanto esta emocionante cena se passava no templo de Amon-*Ra*, três personagens estavam reunidas em uma sala, quase escura, da casa de Abracro. Dois homens, com vestimenta de operários, estavam sentados sobre os calcanhares, numa esteira, a alguns passos de um tripé, cheio de carvão, do qual a dona da casa alimentava a queima, nele atirando, de tempo a tempo, um punhado de pó branco, que fazia jorrar viva chama, iluminando com a sua luz baça os traços de dois nossos velhos conhecidos, Tadar e Spazar, o solitário do vale dos mortos. Ambos estavam emagrecidos e pálidos. O rosto do sábio parecia petrificado pela fúria, misturada de angústia. Cada vez que a labareda se elevava crepitante, Abracro curvava-se, como que para estudar as fases desse fogo, que se consumia, serpenteando em linhas bizarras sobre o fundo negro dos carvões; depois, ela murmurou:

— A morte! Sempre a mesma resposta: todos os esforços em vão.

Desencorajada, abandonou o tripé, sentando-se, cabeça baixa, num tamborete. Houve longo silêncio.

— Quando Tiglat prometeu vir? — perguntou afinal Tadar.

— Logo que tivesse detalhes seguros sobre o julgamento; penso que não tardará muito — respondeu Abracro, suspirando.

Decorreu mais de uma hora ainda, em tristonha expectativa, quando, enfim, um tinido, leve e distante, fez-se ouvir: era o sinal convencionado. A velha levantou-se célere, e, sem demora, deu entrada a um homem, enrolado em escuro manto, que atirou sobre um escabelo. Era Tiglat.

— E então!... Que novas nos trazes? — indagou Tadar, erguendo-se e aproximando-se da mesa onde Abracro pusera uma lâmpada.

— Tristes, embora previstas, mestre! Condenaram Horemseb a ser murado vivo, e a execução far-se-á depois de amanhã, cedo. Ele nada acrescentou aos depoimentos feitos anteriormente. Quanto à nossa esperança de salvá-lo, é mister renunciar a ela, porque vão murá-lo em terreno do templo, e seria loucura tentar algo.

Nervoso espasmo contraiu os traços angulosos do velho sábio.

— Contudo, não posso abandoná-lo a tal morte atroz; devo atenuar-lhe a sorte, se não é possível salvá-lo — exclamou Tadar, energicamente. E voltando-se para a velha:

— Abracro, poderás, sem levantar suspeitas, chegar até Neith, e entregar-lhe uma caixinha?

— Creio que sim, mestre.

— Tu lhe desvendarás então a verdade; ela ama Horemseb, e, quanto humanamente seja possível, irá até junto dele e lhe dará o que lhe vou remeter, isto é, a salvação.

— Refletiste, venerável mestre, no perigo de semelhante tentativa? — perguntou Tiglat, preocupadamente. Um acaso pode trair Abracro, e acarretar tua própria prisão. Por milagre dos deuses, fugiste, até o dia de hoje, às perseguições dos inimigos; mas, escuta meu conselho: foge, sem demora, se não queres perder-te, perdendo também a todos nós.

— Dentro de três dias terei deixado Tebas, com Spazar; mas, não posso abandonar Horemseb. Abracro levará a Neith a caixeta que lhe vou confiar, e se chegar ao seu destino, o condenado beberá uma substância que lhe dará a aparência de morte, porém, em realidade, apenas um sono do qual poderei despertá-lo, num prazo mínimo de doze luas. Sabes onde será murado?

— Num pequeno pátio do norte, que está fechado desde quando ali se enforcou um padre.

— Não podia ser melhor. Dentro do prazo de um ano, poder-se-á achar momento azado para libertar o corpo. Estou persuadido de que os padres conservarão ali o detido; eu te deixarei, Tiglat, todas as necessárias instruções para despertares Horemseb, depois do que o encaminharás a encontrar-me em Kadesch, para onde conto ir. Agora, vou trazer o que disse, e tu, Abracro, prepara-te.

Saiu e voltou, sem tardança, com uma caixinha de cedro, em que se viam dois frascos de cristal, com tampos de prata, e um copo, ao fundo do qual depositou pequeno rolo de papiro. Fechada, entregou-a a Abracro, fazendo-lhe as derradeiras recomendações. Em seguida, a velha envolveu-se num manto escuro, cobriu a cabeça com espesso véu, e deixou a casa, por uma saída oculta.

Neith havia passado o dia em indescritível inquietude. Embora ignorasse as ocorrências do julgamento, jamais sofrera semelhante angústia, e, quando anoiteceu, estranho estado dela se assenhoreou: parecia-lhe ver Horemseb, falando-lhe, ainda que sem entender o sentido das suas palavras; vagas imagens, representando ora uma sala onde padres se alojavam, ora um muro na espessura do qual era aberto um nicho negro, e, por fim, um calabouço, no fundo do qual um homem acorrentado estava estendido no solo, deslizavam imprecisas ante seu obscurecido olhar. Esgotada, terminou por adormecer, num pesado e febricitante sono. Quando despertou, viu a fiel nutriz, que, dobrada sobre ela, lhe espreitava o primeiro abrir de olhos.

— Senhorazinha, está lá fora uma desconhecida, que te quer falar de assunto grave, esperando há uma hora.

— Quem é?

— Não sei; está com espesso véu, e recusa revelar o nome, afirmando somente que pensas noite e dia no que ela te vem dizer.

— Manda-a entrar, e retira-te, disse Neith, empalidecendo.

Uma voz íntima segredava-lhe que ia saber algo a respeito de Horemseb. Alguns instantes depois, Abracro foi introduzida, e, quando a jovem reconheceu a visitante, a suposição transformou-se em certeza.

— Vens falar-me a respeito dele? — indagou, em voz baixa.

— Sim, nobre mulher, trago-te notícias de teu esposo, e quero fazer apelo à tua coragem para poupar a esse infortunado homem torturas atrozes.

E, a meia voz, relatou o julgamento da véspera e a condenação do príncipe a ser murado vivo, na alvorada do dia seguinte. Neith, que a escutava lívida e palpitante, deu um abafado grito, e desmaiou. Abracro tirou do bolso uma garrafinha azul e fez a inconsciente respirar do conteúdo, ao mesmo tempo que lhe friccionava testa e têmporas. Quase instantaneamente, recobrou os sentidos, mas, a superexcitação era assustadora.

— Que posso fazer, deuses imortais, para subtraí-lo a esse inumano suplício? — exclamou, retorcendo as mãos.

— Vim indicar-te o caminho da salvação — murmurou Abracro. Vê esta caixeta: homem devotado a Horemseb ta envia. Se conseguires fazê-la chegar a ele, esta noite (mas deves incumbir-te tu mesma), nela achará um remédio que provavelmente lhe salvaguardará a vida, e, em qualquer caso, poupará o horror do suplício. Não te posso dizer mais do que isto, porém, se tiveres êxito, o teu esposo te bendirá, neste e no outro mundo. A meu ver, se te apossares do sinete ou anel da rainha, deixar-te-ão, sem dificuldade, penetrar na prisão.

— Eu o terei, Abracro, terei o sinete, e, esta noite, a caixinha será entregue a Horemseb, ou morrerei — exclamou Neith, com energia febril.

— Os deuses te protejam, nobre mulher; mas, deixa-me dar-te estas gotas, pois elas te trarão a serenidade indispensável para agir e não deixar perceber o que acabo de te transmitir.

— Dá-me, porque compreendo que jamais, quanto agora, tive necessidade de calma e de prudência.

Após haver feito a jovem beber o cordial, que lhe preparou num copo de vinho, Abracro retirou-se, deixando Neith tranqüila como que por encantamento.

Cheia de energia e fria resolução, fez-se vestir pelas camareiras, foi para o apartamento real e imediatamente introduzida junto de Hatasu, que terminava o frugal almoço. A despeito da palidez, Neith estava tão calma, tão senhora de si, que a rainha não desconfiou coisa alguma e acreditou que, em verdade, a insônia era a causadora do semblante desfeito. Conversou com benevolência, e, com indulgente sorriso, aquiesceu ao pedido de Neith de permanecer no gabinete de trabalho, até a hora do Conselho.

Anunciado Semnut, a rainha, seguida de Neith, passou ao gabinete, e bem depressa absorveu-se nos diversos assuntos que lhe eram expostos pelo fiel conselheiro: tratava-se de regularizar muitas contas e despesas imprevistas, suscitadas pelas construções que se faziam no templo de Amon. Hatasu assinou e apôs o sinete-selo imediatamente na ordem ao seu tesoureiro para entregar a Semnut as somas de que teria necessidade.

Até então, jamais Neith havia prestado a assuntos oficiais, tão pouco interessantes, uma atenção ininterrupta assim; febrilmente agitada, acompanhava cada movimento dos dois interlocutores; depois, o olhar parou no anel, de engaste móvel, de que a rainha se servira: era o seu sinete ou selo particular, conhecido de todos, e à vista do qual, se conseguisse dele apossar-se, a porta da prisão de Horemseb seria aberta sem dificuldade.

Como se a vontade superexcitada da jovem mulher houvesse atuado sobre a soberana, esta parecia ter esquecido o anel, coberto, casualmente, por uma folha de papiro. A rainha, com efeito, estava preocupada: a fisionomia alucinada de Neith inquietava-a. Depois, apressou-se, por estar sendo esperada no Conselho. Tendo dado as derradeiras ordens a Semnut, levantou-se, deixando os papéis esparsos sobre a mesa, recomendou a

Neith repousasse o resto do dia, e saiu. O reposteiro caíra apenas à retirada do Faraó, e Neith já pegara o anel e deixava o gabinete, onde ninguém tinha o direito de penetrar na ausência da rainha. Entretanto, a partida ainda não estava ganha, porque Hatasu podia lembrar do esquecido anel.

Assim não aconteceu. Após o Conselho, deixou o palácio para assistir a uma solenidade religiosa, e porque em seguida devia dirigir-se à cidade-dos-mortos, para sacrificar no túmulo dos parentes, Neith tranqüilizou-se, pois, na manhã seguinte, acharia fácil ocasião de repor o anel no lugar, e mesmo, se necessário, confessar o furto (que lhe importava!), uma vez que a preciosa caixeta estivesse, desde a véspera, em mão de Horemseb.

Logo que o cortejo deixou o palácio, Neith foi à sua casa, na borda do Nilo, onde estaria mais em liberdade. Nunca, porém, um dia lhe pareceu tão longo. E se, apesar de tudo, fosse notada a desaparição do anel, e viessem retomá-lo? Assim, a cada ruído, estremecia, e a mórbida superexcitação aumentava de hora em hora.

Afinal, anoiteceu, e chegou o momento de agir. Ordenou o aprestamento de uma liteira fechada, para quatro carregadores, e em seguida vestiu roupagem rica, envolveu-se em amplo véu de lã, em cujas dobras ocultou a preciosa caixeta. Com enorme pasmo da nutriz e do intendente, instalou-se sozinha na liteira, recusou os batedores e condutores de archotes, já preparados para acompanhá-la, e ordenou marchassem ao longo do Nilo; mas, distanciada do palácio, determinou aos condutores mudarem de direção e transportá-la ao templo de Amon.

O acesso ao sagrado local já estava fechado, mas o guardião da porta conhecia perfeitamente, de vista, a jovem favorita do Faraó, e não fez embaraço em deixar entrar a liteira, designando o caminho a seguir para chegar à parte das construções onde se encontrava o célebre prisioneiro.

Em pequeno pátio, ocupado por soldados, a liteira se deteve, e Neith pediu ao oficial, que se aproximou, conduzi-la junto de Horemseb, pois a rainha lhe permitira despedir-se do prisioneiro, em prova do que lhe estendeu o anel real. O jovem inclinou-se, mas declarou dever entender-se com o sacerdote incumbido da vigilância do condenado, e correu a encontrá-lo. Fremente de impaciência e temor, Neith esperava; porém, ao avistar o ancião que chegava, acompanhado pelo oficial, suspirou desafogada: conhecia o velho padre, por havê-lo encontrado em casa de Roant, e sabia-o amigo de Ranseneb.

— Venerável Amenefta, deixa-me entrar na prisão de meu esposo. Comovida por minhas lágrimas e súplicas, nossa gloriosa rainha permitiu dar-lhe o último adeus. Ranseneb sabe que eu esperava esta graça, e eis aqui o anel real que te confirmará minhas palavras.

O sacerdote pegou o anel e o examinou atentamente à luz de uma tocha.

— É o sinete do Faraó; desce, nobre mulher, e segue-me. O venerável profeta prevenira-me da possibilidade da tua vinda.

III

ÚLTIMAS HORAS DO CONDENADO

Na manhã do derradeiro dia que passaria entre os vivos, Horemseb fora transferido da prisão subterrânea para outra, próxima do local do suplício: uma câmara quadrangular, paredes nuas, e sem teto. Apenas um telhado de pranchas tapava-a quase pela metade, sob o qual havia mesa, cadeira de pedra, e um monte de palha. Durante o dia, ar e sol tinham penetrado livremente neste último refúgio do condenado; agora, o céu, refulgente de estrelas, desdobrava por cima da prisão o seu zimbório azul-escuro, e, no lado de sombra, uma lâmpada de bronze, fixada por cima da mesa, derramava luz embaciada e vacilante.

Horemseb estava sentado, cotovelos apoiados na mesa, o rosto coberto pelas mãos: algo de terrível lutava em sua alma, e a angústia que a dissolução do ser inspira a todo mortal fazia tremer todos os seus robustos membros. Saindo do longo esvaecimento, entrava em completa prostração, mas a benfazeja apatia prontamente se dissipara, para dar posto a desesperada superexcitação. Estava condenado à morte, e, no entanto, se o que ele acreditava fosse verdade, não poderia morrer, e essa imortalidade tão desejada, para obtenção da qual sacrificara tantas vidas inocentes, transformar-se-ia em indefinido suplício, em atroz ironia do destino. E cada hora aproximava-o do horrendo momento em que, murado num estreito nicho, privado de ar e alimento, separado do mundo vivo, definharia em uma agonia sem fim. Os dentes rangeram e gélido suor inundou-lhe o corpo. E se, nessas condições tão contra a Natura, morresse, apesar de tudo, que tortura aguardaria a alma, no envoltório carnal, privado de embalsamamento e de sepultura, cairia em poeira num antro imundo? A tal pensamento, o horror do nada assaltava-o, aquela incerteza que agita os homens de todos os tempos, porque os sentimentos humanos não mudam nunca.

Hodiernamente, e assim há centenas de séculos, o ódio e o amor, a cupidez e a ambição são as eternas alçapremas das nossas quedas; e o culpado de todas as épocas, ao aproximar da morte, sente-se esmagado em seu foro íntimo, o instinto da responsabilidade — que traz consigo desde a nascença — desperta no fundo da consciência adormecida, e o faz tremer ante o desconhecido abismo que o vai deglutir, onde não mais poderá pecar — tal qual o fazia na Terra — e onde não tem certeza de estar ao abrigo das conseqüências dos seus crimes.

Todo o dia decorrera para Horemseb nessa tortura moral, e quando as sombras noturnas espalharam a escuridão e o silêncio em seu derredor novo sentimento avassalou-o com apunhalante amargura: o do seu completo isolamento. Naquela hora terrível em que, reprovado, degradado, condenado, ia desaparecer do mundo, estava sozinho, ninguém o pranteava, nenhum pensamento de compaixão e de afeto vinha buscá-lo na sua prisão; naquele Egito, onde a sorte lhe doara tão formoso lugar, todos o abominavam, desejando-lhe morte; o desprezo e a maldição se aferravam ao seu nome detestado até quando fosse esquecido. Pela primeira vez, aquele sentimento de completa solitude como que lhe arrochava, com indizível martírio, o brônzeo coração, e, com um gemido rouco, apertou a fronte, como se lhe quisesse afundar os ossos.

Absorto em tão amargos pensamentos, não notou que a porta da prisão fora aberta e fechada, e que um vulto feminino detivera-se junto do limiar. Por um momento, Neith contemplou-o, em mudo desespero. Era mesmo Horemseb, o elegante, o perigoso e sedutor feiticeiro, aquele mísero encarcerado, abatido, ali, numa cadeira de pedra? Ante seu espírito perpassou, qual visão, o encantado palácio de Mênfis, e imensa piedade, uma onda de amor afogou-lhe o coração. Pousou no solo a caixeta, libertou-se do manto e do véu, e, avançando, de mãos estendidas, chamou Horemseb, com sufocada voz.

Ele estremeceu e se voltou. Avistando Neith, por instantes pareceu petrificado; depois, olhos brilhando, saltou para ela e a apertou de encontro ao peito. Nos primeiros momentos, permaneceram calados; mas, dominando-se primeiro, Horemseb conduziu-a para o banco de pedra, e, sentando-se a seu lado, murmurou:

— Neith, apenas tu me ficaste fiel, pobre criança que tanto atormentei. Tu me perdoaste o haver-te feito assim tão desditosa? Oh! se tivesse atendido à tua voz profética, prevenindo-me de que vergonha e infortúnio esvoaçavam sobre minha cabeça!...

A emoção tomou-lhe a voz. Pela primeira vez, quiçá, um sentimento de afeto e agradecimento aqueceu-lhe o gelado coração, e, quando Neith para ele elevou o olhar pleno de amor, e ele viu as lágrimas que inundavam as faces da sua vítima, cingiu-a ardentemente de encontro ao peito.

— Não poderia eu viver, para consagrar-me a ti e reparar meus erros? Mas, tudo terminou, e tu, Neith, reveste-te de coragem para suportar o golpe que, em algumas horas, te atingirá.

A jovem mulher estremeceu, e, imediatamente, lembrou-se da mensagem que trazia.

— Meu bem-amado, não desesperes; eu te trouxe a liberdade! — exclamou, correndo a apanhar a caixinha, que pousou na mesa. Vê! um amigo envia-te isso; essa caixeta contém a tua salvação!

Nervosamente agitado, o príncipe abriu a pequena caixa, examinou o conteúdo e, desenrolando o papiro, leu ávido a mensagem. Imediatamente, um rubor resplandecente invadiu-lhe o rosto e um abafado grito de júbilo e triunfo saiu-lhe dos lábios. Num transporte de brutal paixão, pegou Neith e a ergueu, qual pluma, acima da fronte.

— Salvadora da minha vida, mensageira divina que me trazes a liberdade! — murmurou ele, cobrindo-a de ardorosas carícias.

— Fugirás, Horemseb? — indagou ela, radiante — e levar-me-ás contigo, não é verdade?

— Sim, fugirei, mas de maneira diferente da que possas pensar, e quem sabe? talvez me seja dado possuir-te e pagar esta hora de devotamento, com uma vida de amor e gratidão. Mas, dize-me, mensageira de alegrias, como chegaste à minha prisão?

Neith relatou sucintamente quanto se passara, desde a separação até a vinda de Abracro, e o feliz acaso que lhe permitira apossar-se do anel da rainha.

— Mas, dize-me, recebeste todas as remessas de vinho, provisões, vestes, e outras coisas, que, diariamente, te fiz? — indagou ela, ao terminar.

— Recebi, durante minha enfermidade, vinho e mantimentos, e nada mais.

— Oh! os infames enganaram-me, até Ranseneb, depois das régias dádivas que fiz ao templo. Roubaram-te, a ti, o infortunado que eles destruíram! — balbuciou, lívida de indignação.

— Quiseram tranqüilizar-te, pela convicção de que eu seria confortado pelos teus cuidados; mas, deixa isso, minha bem-amada, e não te aflijas mais; eu lhes fugirei à ira, pela aparência de morte. Lá, diante de ti, adormecerei, porém não será a morte, e sim um sono povoado de sonhos tranqüilos e felizes. No momento, não te posso dizer mais do que isto, porque, pobre criança, tu poderias, sem querer, em sonho, revelar a verdade, e então eu estaria perdido. Agora, agir! O tempo apressa; a cada instante podem vir buscar-te.

— Não compreendo as tuas palavras — exclamou Neith, desesperada. Sei somente que te vou perder por muito tempo, para sempre talvez; que te querem fazer perecer (e premiu a cabeça de encontro ao peito de Horemseb). Oh! dize-me se é verdade que não me amas, e que o amor que tenho por ti é produto de um enfeitiçamento, e aplaca o incêndio que me devora...

O pranto impediu-a de prosseguir. Horemseb passou a mão pela fronte: sentimentos estranhos e multíplices agitavam-no, e, pela primeira vez também, arrependimento, piedade, gratidão para com aquela jovem criatura — a única — que lhe ficara fiel, despertaram em seu coração duro e frígido. Inclinou-se, e seu olhar imergiu, com indefinível expressão, nos olhos úmidos de Neith.

— O amor dos sentidos que te inspiro é enfeitiçamento; as lágrimas que vertes sobre mim é o sentimento puro e divino do amor — disse em voz baixa. O bruxedo pode dominar e entorpecer o corpo, porém, jamais, fazer sofrer o coração. O feitiço, minha Neith querida, não me defendeu do ódio, do ciúme feroz de Neftis e de Ísis; ambas beberam e olfataram o veneno, seus corpos fremiram sob meu olhar, e não o coração que me odiou e destruiu. Tu, porém, não sofrerás, nem arderás mais: qualquer que seja o futuro, quero guardar teu coração, teu puro afeto, sem o feitiço que te entorpece.

Aproximando-se da mesa, pegou um pano, molhou-o na água da bilha e com ele limpou as mãos e o rosto afogueado de Neith. Depois, retirou da caixeta um dos frascos e o copo, e reavistando o escrito, enviado pelo sábio, reduziu-o a pedacinhos mínimos. Nesse momento, a parte aberta da prisão foi inundada de luz tão suave, embora viva, que a claridade da lâmpada ficou ofuscada: era a Lua, elevando-se, o astro amado de Horemseb, e o avistá-la arrancou-lhe uma exclamação de alegria. Erguendo os dois braços para o argênteo globo, recitou, em voz cadenciada e com expressão de entusiasmo, uma invocação a Astarté. Ocupando-se de novo com a jovem, que ficara interdita, disse, jovialmente:

— Agora, agir! A rainha da noite ouviu minhas preces; compassiva e radiosa, veio calmar-me com seus doces raios, dar-me coragem, embalar-me no misterioso sono.

Respirou a plenos pulmões, passou as mãos pelos cabelos. Após isso, pegou o frasco e derramou no copo a metade do conteúdo, e com a outra metade friccionou a testa, as têmporas e o peito. Terminado, estendeu o copo a Neith, dizendo-lhe:

— Bebe!

— É a morte? — perguntou, estremecendo. Eu a prefiro, de resto, a viver sem ti.

— Não é a morte, e sim a calma, o repouso, a destruição do feitiço. Teu coração, eu o espero, permanecerá fiel — respondeu ele.

E seu olhar mergulhou, qual labareda, nos olhos de Neith, que levava o copo à boca. Apenas bebeu, desconhecida sensação, uma friagem glacial correu-lhe pelas veias. Presa de debilidade, vacilou, mas Horemseb fê-la sentar-se no banco, agora iluminado pela Lua. Em seguida, tirou da caixeta o segundo frasco e o esvaziou no copo. Vivificante e suave aroma embalsamou o ambiente. Sentando-se junto de Neith, deu-lhe a segurar o copo.

— De ti quero receber a bebida misteriosa que me promete vida e futuro, e, se morrer, liberto-me, ao menos, da vergonha e da satisfação cruel dos padres insolentes. Viver murado, seria tortura horrenda!

Tremente e desfeita, a jovem mulher aproximou o copo dos lábios do amado homem; mas, tão logo bebeu, ela o deixou desprender-se dos desfalecidos dedos, e o cristal caiu e se espatifou no solo.

— Agradecido! — murmurou Horemseb, e, atraindo Neith a ele, acrescentou: Fica assim; quero adormecer contemplando teu lindo rosto e teu afetuoso olhar.

Encostou-se ao muro e fixou o astro querido, ao qual parecia estar ligado por misterioso elo; era o pálido confidente de seus sonhos, o silencioso testemunho de seus crimes, das ignóbeis festas do palácio de Mênfis... E, naquela hora fatal em que, degradado e abandonado, nem mesmo sabia se vida ou morte o aguardava, o astro viera iluminar-lhe a prisão, e nos seus raios de luz impregnavam-se os tétricos e tumultuosos pensamentos do condenado. Essas impressões indeléveis a Lua as leva, de século em século, impassível, porém não esquecendo detalhe algum, identificando em todos os lugares, sob cada nova fisionomia, aquele que lhe confia suas dores e suas alegrias, reatando, silenciosamente assim, os misteriosos laços do passado.

O homem encarnado muda de aspecto, de cor, de posição; esquece onde, em que século, após que grave acontecimento, sob o peso de quais sentimentos viu ele aquela muda confidente vir visitá-lo no leito de morte ou no calabouço, testemunha única de obscuro crime ou de júbilos desconhecidos dos homens. Ele ignora em que horas de angústia seus perecíveis olhos fixaram, velados de pranto, esse argênteo globo; mas, este, sabe, e reencontra Horemseb sob os traços do rei infortunado, cujo fim trágico emocionou o mundo.

Não era sem motivo que Luís II tanto amava a noite e as quimeras à luz do luar, e se apenas vagamente compreendia o murmurar dos seus raios luminosos, falando-lhe de longínquo passado, de crimes esquecidos, de vida de sofrimento e de expiação, recebia o fascínio estranho de um elo misterioso, o atrito de incógnito sentimento que o atraía para o astro das noites que adorara outrora.

Mergulhado nos pensamentos, esquecera tudo que o rodeava, quando, repentinamente, Neith ergueu a cabeça, que lhe apoiara ao peito, e balbuciou, espavorida:

— Estão ali as mulheres terríveis. Oh! Horemseb, seremos separados.

— Que vês tu, Neith? — murmurou ele, estremecendo.

— Serás separado de mim, de nós todos, por muito tempo; somente teus inimigos ficarão contigo, e tu sofrerás, sentindo-te isolado, sempre vencido pelo destino. Desprezaste o verdadeiro amor, e só o feitiço permanecerá junto de ti; coração vazio, alma enferma, tu procurarás reaver a chama que aquece, porém só o conseguirás quando o amor florir em teu próprio peito e dominar as paixões e o ódio. Oh! aprende depressa a amar, para que nos reencontremos!

— Farei por isso — murmurou Horemseb, invadido por estranha e geral dormência, e maquinalmente apertando-a de encontro a ele.

Súbito, Neith repeliu-o, atirando-se para trás, olhos dilatados.

— Deixa-me. Em que te tornas? És tu, esta sangrenta borboleta, vermelha como se fosse de fogo? Deixa-me; tu me queimas e sufocas; tu vomitas sangue!

Debatendo-se feito louca, empurrou Horemseb; mas, as débeis pernas recusaram-lhe apoio, resvalou para o solo, e, com a cabeça retesada para trás, pousada nos joelhos do prisioneiro, perdeu os sentidos. Ele mui débil resistência pudera oferecer, porque profundo entorpecimento invadia-lhe o corpo; como que através de nuvem, viu Neith abater-se junto dele, e lhe pareceu que ele mesmo rodopiava, qual pluma, em um báratro negro. Depois, perdeu a consciência.

Mais ou menos quinze minutos decorridos, o oficial de serviço abriu a porta, e disse, respeitoso:

— Nobre senhora, é tempo de retirar-se.

Não obtendo resposta, entrou e estarreceu ao deparar com a jovem mulher abatida, como se estivesse morta. Crente de que a emoção a privara dos sentidos, aproximou-se vivamente, e, ao primeiro golpe de vista sobre os olhos vítreos do prisioneiro, ao contacto da mão gelada, soltou abafada exclamação e correu para fora.

No apartamento de Ranseneb ainda estava reunida uma dezena de sacerdotes, discorrendo sobre a execução da sentença, no dia seguinte, e sobre a contrariedade de não se haver obtido informações precisas a respeito da misteriosa planta do amor. Entre os interlocutores retardatários, encontravam-se Roma e Amenófis, ambos hóspedes de Ranseneb naquela noite.

A impetuosa entrada de Amenefta, acompanhado do oficial, interrompeu a conversação, e, quando o velho padre relatou, pálido e trêmulo, a visita de Neith e a descoberta feita pelo militar, todos se ergueram e encaminharam, quase a correr, no rumo da prisão.

Alguns minutos mais tarde, os sacerdotes rodeavam, sombrios e consternados, o estranho grupo; mas, Roma, trepidante de desespero e ciúme, arrancou a jovem mulher de junto do odiado rival, e, ajudado por um dos assistentes, tentou, infrutiferamente, reanimá-la.

Velho médico aproximou-se primeiramente de Horemseb, examinou-o e declarou estar morto. Quanto a Neith, vivia, apenas desmaiada, aconselhando retirá-la do nefasto local e ministrar-lhe os cuidados que indicou. Para cumprir esta prescrição, Roma transportou-a, ele mesmo, à liteira para conduzi-la ao palácio de Sargon, por isso que não desejava, em hora tão imprópria, levá-la ao da rainha.

Depois da saída de Roma, os sacerdotes reuniram-se de novo. Examinaram cuidadosamente a caixeta, os frascos vazios e os pedacinhos do papiro, mas esses objetos pouco lhes adiantaram.

— A insensata jovem evidentemente trouxe-lhe o desconhecido veneno que o matou, e também o escrito de um cúmplice. Mas, quem teria dado a ela esses objetos? — disse Ranseneb.

— Só podia ser talvez o miserável hiteno que, fora de dúvida, se esconde em Tebas, e possui esse veneno tão misterioso quanto a planta maldita — observou Amenófis, que, inclinando-se, tateou o morto. Estranho cadáver! Nenhum traço de sofrimentos; flacidez dos membros e, contudo, palor cadavérico, frio glacial, coração parado.

— Isso importa menos agora, do que a revoltante certeza de que o celerado fugiu a uma justa punição. E que decidiremos, à vista disto?

Após curto conciliábulo, ficou resolvido que se silenciaria sobre o ocorrido, de que poucos eram conhecedores, e seria consumada a execução da sentença como se coisa alguma houvesse acontecido. E, em virtude de tal deliberação, tudo se realizou conforme estava programado, em presença de todas as testemunhas designadas. O corpo de Horemseb, amparado por dois homens, como se o medo o tivesse aniquilado, foi conduzido ao pequeno pátio, onde alta e estreita cavidade estava aberta na espessa muralha. O corpo, ainda flácido, foi sentado num curto banco colocado ao fundo, junto do muro, e bem depressa os obreiros colocaram, céleres, os tijolos, fazendo desaparecer aos olhos dos assistentes o rosto do facinoroso enfeitiçador que tanto dera que falar.

Naquele estreito nicho, devia reduzir-se a pó o corpo tão ávido de luxo e de prazer, o cérebro orgulhoso, cruel, inventivo de voluptuosidade sanguinárias. Bem pronto foi a abertura totalmente fechada, e apenas a argila úmida assinalava o lugar onde estava sepultado o criminoso ilustre, acreditando-se ficarem todos desembaraçados dele para toda a eternidade, os sábios padres não suspeitando sequer que, por um mistério da Natureza, a sombra fatal do feiticeiro de Mênfis devia ressurgir, e, ainda uma vez, fazer tremer o Egito.

Ajudado por um sacerdote amigo, Roma conduzira Neith da prisão do nigromante ao palácio, sempre desacordada. Impondo silêncio à nutriz, que soltava gritos de susto e dor, fez deitar a jovem sobre o leito e lhe administrou os primeiros cuidados. Mas, enquanto executava, com auxílio de Beki, as instruções do chefe dos médicos do templo de Amon, o espírito de Roma trabalhava, combinando todas as particularidades do acontecimento que subtraíra Horemseb à punição. Apesar do enraivecido ciúme e do temor que o estado de Neith lhe inspirava, o jovem sacerdote vira a caixinha, os frascos, o copo estilhaçado e os fragmentos do papiro roto; escutara as observações dos outros padres sobre o desconhecido veneno que matara o condenado. Tal veneno somente Neith podia tê-lo conduzido; mas, de quem tivera ela a misteriosa caixeta? Quem lha levara? Dominado por este pensamento, ordenou a duas escravas friccionassem com essências os pés e as mãos da enferma, e levou a nutriz para a câmara contígua. Pegando-a pelo braço, perguntou, severamente:

— Quem contou à tua senhora a condenação do bruxo, e quem lhe deu a desconhecida caixinha, que ela conduziu, esta noite, ao sair? Confessa, mulher, sem restrição, e guarda-te de divulgar, a quem quer que seja, as perguntas que te fiz agora.

Toda assustada, a velha ajoelhou.

— Beki está inocente, nobre Roma; Beki não relatou coisa alguma à senhorazinha, e ninguém veio aqui, salvo uma velada mulher, que não disse o nome.

— Neith falou com essa mulher?

— Sim. Após ler um papiro que eu lhe trouxe, ordenou introduzir a desconhecida, e despediu-me. A mulher escondia um volume qualquer sob o manto, mas, se era caixeta, não sei. Em seguida, por não estar distante da porta, parece-me que a senhorazinha pronunciou: "Abracro"...

Súbita claridade fizera-se em seu espírito: Abracro, a hitena, mantinha sem dúvida relações com o maldito e escondido sábio; por instigação deste, ela viera instruir Neith sobre a sorte que aguardava Horemseb, e lhe trouxera a caixinha com o veneno e a missiva que a acompanhava. Sob o império da sua insânia, a jovem mulher tinha obtido ou furtado o anel real que lhe abrira as portas da prisão. Mil pensamentos, sanhudos e dolorosos, encontroavam-se no cérebro do moço sacerdote; sua alma, clemente e harmoniosa, estava ulcerada pelos zelos e temor que lhe inspirava o estado da mulher adorada. Destruir o miserável estrangeiro, que desencadeara tantas desgraças sobre o Egito, parecia-lhe obra santa. Assim, o chão como que lhe queimava os pés, porque, súbita lhe veio a idéia de que, se naquela mesma noite, se fizesse uma batida na casa de Abracro, ali seria talvez descoberto, se não Tadar, ao menos um fio condutor.

À chegada no palácio de Sargon, Roma expedira um mensageiro a Satati, rogando-lhe vir imediatamente, e o velho médico do templo, que já cuidara de Neith, prometera acorrer, logo que estivesse livre. Fiel à promessa, o velho chegou, munido de farmácia portátil, e, pouco depois, Satati, azafamada. Assim que entregou a enferma aos seus cuidados, Roma correu para o carro, que fizera atrelar, e, a toda a brida, rumou para o palácio real, onde sabia que, nessa noite, Chnumhotep estava de serviço.

Encontrou o chefe das guardas em conversação com Ranseneb, que acabara de chegar, trazendo o anel real para ser entregue a Hatasu, logo que despertasse, e lhe dar parte dos acontecimentos supervenientes. Ambos escutaram atentos as palavras de Roma, e Chnumhotep exclamou, com a natural vivacidade:

— Tem razão. É mister aprisionar imediatamente a feiticeira. Quem sabe? Talvez ponhamos a mão na raiz de todo o mal, no hiteno maldito. Os ímpios não contam ser tão depressa perseguidos, porque esta trama é obra de mais de um desses estrangeiros, que permanecem nossos inimigos, apesar de todos os favores com que sejam cumulados. Algum deles deve ter comunicado a Abracro a sentença pronunciada.

— Esse deve ser Tiglat, único dos hitenos que foi imediatamente informado — observou Ranseneb. De resto, Abracro deverá confessar quem a mandou junto à pobre Neith, cujo estado doentio a torna irresponsável. Mas, apressa-te, Chnumhotep: seria uma felicidade podermos anunciar à rainha que o culpado foi preso. A notícia, decerto, atenuar-lhe-ia a cólera.

Meia hora mais tarde, um destacamento de soldados, sob o comando de Antef, dirigiu-se silenciosamente rumo à casa de Abracro. Depois de cercada e vedadas todas as saídas, o oficial e uma esquadra nela penetraram. Roma não se equivocara: Tadar, surpreendido com Spazar e Abracro, foi preso, e o trio, acorrentado, conduzido à prisão.

Hatasu inteirou-se, com tanta surpresa quanto cólera, das ocorrências da noite. Um recado de Satati informara-a de que Neith reabrira os olhos, embora estivesse presa de febre violenta e delírio. Ao pensar que o miserável causador de tantos males à filha, e que com as impuras mãos quebrava tão jovem existência fugia ao castigo, o coração da rainha intumescia de impotente raiva. Assim, à notícia de que o verdadeiro instigador do mal estava detido, tudo quanto havia de crueza e sede de vingança no ânimo da orgulhosa soberana despertou, e implacável dureza coruscava-lhe vibrante na voz, quando, após curto silêncio, se voltou para Semnut e Ranseneb, que, humildes e silenciosos, aguardavam as ordens:

— De há muito, o impuro ídolo de Moloc empesta o Egito com a sua presença; mas, antes de ser destruído, acho conveniente oferecer ao deus um sacrifício digno dele: o do seu próprio sacerdote. Providenciarás, Semnut, para que, dentro de três dias, Tadar seja executado. Para esse réu, sedutor de príncipes egípcios, constitui ainda invejável morte o ser assado vivo entre os braços do seu deus. Quanto a Spazar, será enforcado, e bem assim Abracro, e também Tiglat se for provada a sua conivência com os outros dois, e seus corpos serão abandonados aos corvos, porque ambos abusaram da minha confiança e pagaram com ingratidão meus inumeráveis benefícios. A ti, venerável profeta, eu agradeço, e bem assim aos teus confrades, a prudência demonstrada nesta circunstância, e aprovo as vossas decisões. Quanto ao furto do anel-sinete, seja esquecido, porque a desditosa Neith está doente e irresponsável pelo que faz.

Dois dias depois deste diálogo, imensa multidão estava reunida em árido vale confinante com o deserto. Ao centro de um cordão de soldados, erigia-se o sombrio ídolo hiteno, já arroxeado pelo fogo que lhe roncava crepitante nas entranhas, e, a alguma distância, erguiam-se três patíbulos. Os prisioneiros haviam sido transportados sob a guarda de um destacamento, do comando de Antef, e, em atitudes bem diferentes, aguardavam a sua hora final. Sombrios, selváticos, porém resolutos, Tiglat e Spazar não demonstravam temor algum; Abracro, estupidificada, enlouquecida de terror, parecia haver perdido a compreensão das coisas; Tadar estava espantoso, horrendo de ver. Ao saber que destino o esperava, ódio e pavor tomaram-no: começava a duvidar da eficácia da sua ciência, e os sofrimentos faziam-lhe medo. Cômodo lhe fora fazer outros sofrerem... Apanhado de improviso, não pudera munir-se de um veneno que o subtraísse à tortura.

Ao avistar o seu deus incandescente, ficou como que dementado; rugindo, feito animal selvagem, olhos injetados de sangue, espuma na boca, rebolcava-se, fazendo soar as correntes e resistindo, com força sobre-humana, aos homens que o queriam pegar. Então, à ordem de um funcionário, foi trazido um gancho, com o qual o prenderam pela cintura, apesar de agarrar-se com fúria ao chão, suspendendo-o para lançá-lo na fornalha. Gritos, sem semelhança com a voz humana, sacudiram o eco das rochas, e fizeram recuar de horror a vultosa assistência aglomerada. Sob o peso de tal impressão, o enforcamento de Tiglat e seus companheiros passou quase despercebido.

Do criminoso sábio, que condenara ao sofrimento e à morte tantos inocentes, só restou dentro em pouco um punhado de cinzas; mas, essas cinzas deviam reviver, séculos mais tarde, sob o nome de Richard Wagner, para vazar, em melodias selvagens e inarmônicas, todo o caos fervilhante daquela alma; despertar e seduzir, também, pelo feitiço do passado, seu discípulo de outrora. Semelhante ao marulhar das ondas, essas melodias, tão depressa insinuantes e voluptuosas, tão logo selváticas, feriram o ouvido do rei, que havia sido Horemseb; do alto do trono, estendeu a mão ao maestro desconhecido, e lhe aplainou a estrada.

Luís II não se dava conta da potência daqueles sons que evocavam a lembrança do palácio de Mênfis, com as rosas rubras e suas vítimas sanguinolentas; mas, o inconsciente despertou no soberano, fazendo-o buscar o isolamento, a Lua e os perfumes entorpecentes: foi uma dessas esfinges indecifradas que a Ciência denomina um louco.

Os incrédulos, eu o sei, sorrirão desdenhosamente ao ler estas linhas, que imaginarão fruto de cérebro enfermo ou fantasista, mas, o porvir dar-me-á razão. Enquanto se obstinarem no seu orgulho e nas negações, os médicos serão impotentes ante as doenças da alma, tão inatingíveis e tão estranhas, e somente quando buscarem no passado a fonte do obscurecimento da alma do louco encontrarão a chave do enigma, e o mal poderá ser tratado na sua raiz, porque o presente é a continuação, a conseqüência do passado.

IV

O BRUXO REVIVE EM MENA

A execução do mago e dos dois hitenos, tão longamente protegidos pela rainha, causou, em Tebas, profunda satisfação, e isso por um duplo ponto de vista: a aversão inveterada dos egípcios contra todo estrangeiro estava afinal atendida, e desfeito o receio inspirado pelo perigoso sábio. Quem poderia adivinhar o que teria inventado, em sua sede de vingança? E milhares de peitos respiraram aliviados, à idéia de que ele estava morto.

A alegria geral, causada por aquele afastamento de sanguinoso pesadelo, não era partilhada pela rainha, porque Neith continuava flutuando entre a vida e a morte; os terríveis acontecimentos da sua estada em Mênfis, o veneno bebido e olfatado, as lutas e as angústias dos últimos tempos haviam já quebrantado sua saúde; mas, a derradeira entrevista com Horemseb, e a reação violenta operada pelo antídoto que ele lhe fizera ingerir, arrasaram definitivamente o débil organismo. Devorada por ardente febre, perseguida no delírio pelas visões de recente passado, a desventurada criatura descrevia as cenas horrendas a que assistira no palácio de Mênfis, e o nome de Horemseb não lhe deixava os lábios.

Tudo quanto Tebas contava em celebridades médicas reunia-se junto do leito da enferma, que Roant e Satati assistiam com absoluto devotamento, ajudadas pela nutriz fidelíssima, a qual não permitia a nenhuma outra serva tocar na adorada senhorazinha. Muitas vezes também a barca ou a liteira real parava no palácio de Sargon, e, olhar sombrio, fronte preocupada, a soberana se inclinava sobre a filha amada, cujo estado, quase desesperador, lhe penetrava o coração de amargura. Quando pensava naquele jovem rebento, tão ricamente dotado, que, descuidado e feliz, desabrochara para a vida qual flor orvalhadamente aberta, e que agora se encontrava em um estado pior do que a morte; quando via Neith destruída pelo criminoso divertimento de um homem a quem ela não fizera mal algum, e que, sabendo *a que personagem* atacava, havia, com as mãos sacrílegas e insolentes, enxovalhado e despedaçado aquela inocente vida; uma raiva sem classificação inflava-lhe o peito e fazia crispar os dedos. Desejaria torturar esse miserável, saciar-se dos seus sofrimentos, e ele havia achado meio de iludir o castigo, empregando por instrumento de salvação — suprema ironia — a própria vítima que ele cegara.

Mais de três semanas eram decorridas desde a morte de Horemseb. Numa tarde, o velho médico do templo de Amon-*Ra* veio visitar a doente, acompanhado de Roma, e ambos se curvaram ansiosamente sobre ela, que, exaurida e magra, repousava, olhos fechados, insensível a tudo.

— O fim se aproxima, e, salvo alguma imprevista reação, esse débil respirar cessará na aurora solar de amanhã — murmurou, tristemente, o velho.

Palor profundo cobriu o rosto do moço sacerdote, igualmente emagrecido. Em seu olhar, habitualmente tão doce e calmo, desenhava-se amargo desespero.

— Então, ficarei aqui até final e ministrar-lhe-ei as gotas que trouxeste — respondeu, com insegura voz.

— Está bem, fica; não a perturbes, porém, se o estado atual se mantiver. Dentro de duas horas voltarei, e então veremos.

Quando o velho médico saiu do aposento, Roma deixou-se cair numa cadeira, junto do leito, e seus olhos repararam por acaso na dedicada nutriz, acocorada à cabeceira, a cochilar de fadiga.

— Vai descansar por uma hora, Beki. Roant deve chegar, e até lá eu velarei pela doente, e direi as preces necessárias.

A escrava retirou-se docilmente. Feliz por encontrar-se a sós, naquela hora suprema, com o ente amado, e que ia perder, ajoelhou e apertou entre as suas a pequenina mão, úmida e gélida, estendida sobre a fina coberta de lã violeta. Neith parecia mergulhada numa espécie de letargia: olhos semifechados, boca entreaberta, respiração imperceptível, os traços fisionômicos já denotando qualquer coisa de rigidez da morte.

Olhos obscurecidos pelas lágrimas, o jovem sacerdote inclinou-se sobre ela; jamais lhe fora tão querida quanto naquele instante. Que importava, se, por indigno artifício, lhe tinham roubado o coração de Neith! Seu primeiro e puro amor pertencera-lhe. Oh! se pudesse prolongar aquela vida que se extinguia, fosse isso mesmo sem nenhuma esperança para ele! Os homens eram ineficientes, sem dúvida, mas, as divindades que ele adorava — elas — não tinham poder de afastar a morte? Apertando febrilmente a pequenina mão que retivera entre as suas, Roma ergueu os olhos para o azulado céu que se percebia pela varanda, e ardente prece subiu de seu atormentado coração rumo das forças do Bem. Qualquer que seja o nome que se lhe dê — Amon-*Ra* ou Deus, Ísis ou Virgem Maria, é sempre para o — princípio divino, a fonte pura e renovadora que retempera a alma e o corpo — que o homem abre caminho, implorando do Criador socorro para a sua criatura, lá onde a cega sabedoria humana, impotente, se detém.

Ardente qual labareda, porém pura e despida de egoísmo, subia a invocação de Roma; toda a sua alma parecia fundir-se em um único desejo: arrancar à destruição a mulher que ele amava mais do que a si mesmo. Ignorava ele que a torrente de vibrações que se exalavam do seu ser, unidas ao fluido divino, desciam em quentes e vivificantes eflúvios sobre o organismo enfermo, purificando-o, enchendo-o de novas forças, realizando aquele milagre de ressurreição que implorava.

Absorvido em sua fervorosa prece, não se apercebeu de que, por detrás dele, o reposteiro fora afastado e que Hatasu aproximara-se, sem ruído. Sombria e desesperada no fundo da alma, viera passar os derradeiros instantes junto da filha agonizante, pois os médicos lhe tinham dito não alimentar esperança alguma. A vista de um homem ajoelhado à cabeceira de Neith a surpreendera, mas, reconhecendo Roma e notando a sua concentração extática, compreendeu que ele orava, e, como se tão ardente invocação a contagiasse, foi tomada igualmente do desejo de orar.

A piedade humilde e confiante faltava totalmente à orgulhosa filha de Tutmés I, que se automirava por descendente dos deuses. Os desenganos e os sofrimentos que a haviam atingido durante a existência, despertaram-lhe cólera e rebelião; as vitórias pagara às divindades, com dádivas e sacrifícios dignos delas e dela. E para obter a cura de Neith oferecera sacrifícios em todos os templos de Tebas; mas, a idéia de orar — ela mesma — nunca lhe ocorrera.

No momento, à vista daquele fino rosto imobilizado, fiel imagem do único homem que amara, a alma cedeu, e ela se sentiu tão fraca e impotente quanto o mais pobre dos seus súditos. Junto daquele leito de morte, cessava o seu poder; contra a força incoercível que ia apossar-se do ser que ela amava, só lhe restava um recurso: a prece. Baixando a altaneira fronte, mãos juntas de encontro ao peito, Hatasu orou, pela primeira vez quiçá, do fundo da alma, aproximando-se, súplice, da divindade.

Enquanto os dois amorosos corações por ela assim rogavam, ligeiro rubor coloriu as faces diáfanas de Neith, sua respiração acentuou-se, as pálpebras fecharam e o torpor mudou-se em sono.

Erguendo a cabeça, a rainha notou, de imediato, essa transformação, estremeceu, aproximou-se vivamente e, cheia de nova esperança, inclinou-se sobre a doente. Tal movimento despertou Roma do êxtase; recuou rapidamente, para saudar Hatasu, segundo a etiqueta, mas esta, voltando-se para ele, com a maior benevolência, pousou--lhe a mão sobre o ombro, e disse:

— Tua prece, Roma, esclareceu-me, e juntei à tua a minha rogativa. Talvez os Imortais nos dêem o que recusaram às dádivas e sacrifícios e à ciência dos nossos médicos: a vida de Neith! Convenci-me também de que nenhum coração mais fiel do que o teu vibra por esta criança, que te amou de toda a alma, antes do veneno lhe perturbar a razão. Eu te prometo, pois, nesta hora solene, que, se Neith restabelecer-se e seu coração voltar a ti, farei dela tua esposa.

Fremente, sob a ação de múltiplos sentimentos, o moço sacerdote prosternou-se e agradeceu à rainha; depois, colou os lábios nos dedos mornos de Neith. E, quando, meia hora mais tarde, veio o médico, este constatou que a enferma dormia profundamente, o corpo inundado de abundante suor. E murmurou, com os olhos a brilhar:

— Filha de *Ra*, um grande milagre acaba de operar-se, pela vontade de teu divino pai: a princesa viverá!

Durante a convalescença de Neith, que com extrema lentidão retornava à vida e à saúde, uma outra vítima de Horemseb olvidava suas desventuras e sofrimentos, com a despreocupação da mocidade: Ísis, que, de dia para dia, recobrava as forças e beleza. Por outro lado, sua posição em Tebas era tão agradável, que contribuía consideravelmente para o restabelecimento moral e físico.

Tornara-se herdeira rica, graças à generosidade da rainha, que, aos haveres de Hartatef, juntara ainda a soberba moradia doada por Tutmés a Neftis e que ficara também sem dono. Além disso, a parte que tomara no sangrento drama do nigromante rodeara-a de romanesca auréola, e excitara geral interesse em seu favor. Nas mais aristocráticas casas, recebiam-na com agrado, e Roant tomara verdadeira amizade por ela. Ísis era, pois, freqüente visitante do lar do chefe das guardas, agora aumentado de uma sobrinha, filha de um irmão, da qual fora recentemente nomeado tutor. Asnath e Ísis simpatizaram-se rápida e mutuamente, e muitas vezes um círculo de adoradores e pretendentes reunia-se na hospitaleira mansão de Chnumhotep, em torno das duas moças.

Entre os mais freqüentes visitantes, e melhor acolhido, contava-se Keniamun, ao qual o chefe das guardas e esposa mostravam constante gratidão, pela auspiciosa interferência que lhes propiciara o casamento. Roant, principalmente, não podia pensar sem tremores na sorte amarga que lhe estaria reservada se se unisse a Mena, o libertino, egoísta e perdulário, e olhava Keniamun, que a prevenira tão oportunamente, como sendo o fundador da sua felicidade. As visitas, cada vez mais amiudadas, do oficial tinham, aliás, um determinado fim: desposar Ísis, agora bastante rica para lhe assegurar independência, e da qual apreciara o espírito, a honestidade e o denodo.

A jovem também se habituara a ele: a sua vida em comum em Mênfis, desde a conjura contra Horemseb, havia criado entre ambos uma intimidade e uma solidariedade excepcionais. Assim, acolhia favoravelmente as aproximações do moço oficial, que Roant protegia abertamente, persuadindo Ísis de que precisava de um protetor, e de que jamais encontraria esposo mais digno do que Keniamun.

Ísis deixou-se convencer sem muita dificuldade; o amor que lhe inspirara Sargon dormitava sempre no fundo do coração, mas, o príncipe estava morto, sem jamais haver correspondido, por um olhar sequer, ao seu tácito e fiel afeto. Keniamun era jovial, bom, amável, conhecia o seu antigo pendor amoroso, e a perdoava. Que poderia desejar de melhor? Em vista de tão boas disposições de ambos os lados, não demorou o noivado, e, quatro meses após a morte do bruxo, festejou-se o matrimônio de Ísis e Keniamun, na residência de Roant, que assim quis fazer-se de mãe da desposada.

Mais de um, entre os jovens, invejou a boa fortuna de Keniamun, porém, nenhum com o despeito de Mena, não que este pensasse em casar-se com Ísis, pois, em sua vaidade, considerava-a muito inferior pela origem, e sim porque toda a felicidade alheia o irritava. Em verdade, ele pretendia reparar sua situação por meio de casamento rico, mas, depois do fracasso com Roant, não tinha tido sorte, e muitos soberbos partidos lhe haviam fugido das mãos, e o pensar que Keniamun encontrara uma formosa e rica mulher, ofuscava-o, numa espécie de ofensa pessoal.

Apesar do seu patrimônio, dos subsídios de Neith e das consideráveis somas que houvera de Horemseb, estava sempre carente de dinheiro, e seu conceito, em Tebas, deixava muito a desejar. Nos últimos tempos, principalmente, perdera muito no jogo, e sua ligação com celebrada cortesã, dera bastante que falar em toda a cidade. Tal reputação de dissipador e libertino, afastava as mulheres ricas e sensatas; Mena, porém, disso não desconfiava, e, na sua fatuidade cega, considerava-se irresistível. Entretanto, a contrariedade que experimentara com o matrimônio do colega seria esquecida, quanto outras do mesmo gênero, se um fútil incidente não o tivesse impelido para uma nova pista.

Mena era assíduo freqüentador da casa de Tuaá: apreciava as festas originais, os banquetes soberbos que a viúva e sua filha organizavam, com refinado gosto, e eram ponto de encontro da "juventude dourada" de Tebas e de todas as belas mulheres que não faziam questão de prudência e virtude.

Em uma dessas reuniões, alguns dias depois do casamento de Keniamun, falava-se da festa que Roant dera por aquela ocasião.

— Sim, foi soberba, diverti-me maravilhosamente, e desejaria que semelhante festa se repetisse em breve — exclamou um oficial, que fizera entusiástica descrição da felicidade de Keniamun e da formosura da noiva. E acrescentou, a rir: Mena, tu bem podias ensejar essa oportunidade, casando-te. Asnath, a sobrinha de Chnumhotep, parece ter sido criada com endereço a ti: é encantadora e imensamente rica.

— O caso oferece apenas uma dificuldade: ele não freqüenta a casa do chefe das guardas, pois ali vê sempre, em Roant, o desdém que a fez colocar a coroa de noivado na cabeça do vizinho da esquerda, em vez do da direita — observou, maliciosamente, Nefert.

Mena enrubesceu vivamente, e respondeu, despeitado:

— Só posso felicitar-me de tal desdém, que me poupou de uma esposa ciumenta, coquete e passavelmente madura. Chnumhotep bastante se enciumava a esse tempo, e, à conta própria, mentiu muito a meu respeito, e, por suas intrigas, chupitou a viúva. Foi bem punido, porque não é ele, e sim a mulher, quem manda em casa.

— Toma cuidado, para que ele não te prejudique ainda uma vez, fazendo que a sobrinha saiba que és jogador, perdulário e caçador de mulheres — disse, chacoteando, a incorrigível Nefert.

— Seria duvidoso para ele vencer desta vez, se eu tentar a aventura; não sou daqueles que as mulheres recusem para marido — respondeu Mena, empertigando-se, com fatuidade.

Esta palestra, provocada por acaso, chamou a atenção de Mena para Asnath, e, por duplo motivo, lhe inspirou o desejo de desposá-la. Primeiramente, soube, de segura fonte, que os haveres da jovem eram dos mais consideráveis; depois, nele fervilhava a vontade de causar um dissabor a Roant e ao marido, forçando-os a conceder-lhe a sobrinha, malgrado a frieza e nenhuma estima que lhe testemunhavam, desde o caso da múmia penhorada.

Contudo, o projeto era de difícil execução, e, após algumas infrutíferas tentativas de aproximação, Mena, que se estimulara cada vez mais, resolveu empregar um meio extremo.

Mas, para boa compreensão do plano que forjou, durante uma noite de insônia, é mister retrogradar e referir alguns fatos supervenientes, desde a descoberta dos crimes de Horemseb. Quando da prisão do príncipe Tutmés, após o assassínio de Sargon, Mena estava de guarda nos apartamentos do prisioneiro, e foi colocado na porta da câmara onde o situaram. Tutmés, ao recobrar os sentidos, estava extremamente agitado, e encarava a sua situação sob as cores mais sombrias. Pensou, com secreta aflição, em que, se um inquérito descobrisse ser Neftis, a mulher que ele enriquecera, possuidora do formidoloso veneno do feiticeiro, isto constituiria perigosa arma contra ele. Atormentou o espírito para encontrar um meio de suprimir das mãos de Neftis o frasco vermelho, o delator testemunho. A presença de Mena, que julgava ser-lhe inteiramente dedicado, pareceu-lhe um favor dos deuses, e, aproveitando o primeiro momento propício, ordenou ao oficial dirigir-se secretamente à casa de Neftis, inabitada naquela ocasião, e procurar, entre as coisas domésticas da jovem ausente, um frasco que descreveu minuciosamente, pelo achado do qual prometeu régia recompensa.

Ao amanhecer, quando substituído, Mena executou a incumbência, sem êxito, porém, na busca, e só os falatórios nas ruas, a respeito dos sortilégios de Horemseb, abriram-lhe os olhos sobre o conteúdo do frasco desejado por Tutmés, e esclareceram para ele, com uma nova luz, o súbito favor do príncipe. Lamentou não ter encontrado o precioso vidro, mas, com a habitual duplicidade, resolveu prevenir Horemseb do perigo que o ameaçava. Já descrevi, em lugar próprio, a visita de Mena ao palácio de Mênfis, mas deixei de mencionar, que, tendo ouvido de Horemseb a notícia da morte de Neftis, dirigiu-se, ao sair do palácio, a casa desta, guiado pelas indicações do príncipe, e, lá penetrando sem dificuldade, atordoou com imprevista bordoada o pobre velho escravo que vigiava a porta. Desta vez, foi feliz, porque achou o frasco, pela metade com o perigoso líquido. Primeiramente, pensou em captar, com esse achado, as graças de Tutmés ou da própria rainha, conforme as circunstâncias, mas, regressando a Tebas, encontrou diferentes situações: o jovem vice-rei da Etiópia deixara a cidade nessa manhã, e, pelo rumo que tomava o processo, julgou mais prudente ocultar a viagem a Mênfis, e esconder o frasco.

Foi a esse meio infalível que Mena resolveu recorrer, para assegurar-se do amor e da mão de Asnath; mas conhecia todo o perigo do cometimento, e agia com tanta astúcia quanto prudência. Precisava principalmente precaver-se de Roma e Nèith, que poderiam identificar o perfume delator, isso porque, além do mais, escolhera a casa da irmã para principal teatro da sua maquinação. Asnath ia ali muitas vezes, sozinha ou acompanhada de Roant, e em nenhum lugar teria tanta facilidade de aproximar-se da jovem.

Cautelosamente, espreitando cada ocasião favorável, pôs em execução o projeto. Impregnara de perfume um precioso amuleto, que prendia ao colar, quando, sem ser observado, se encontrava com Asnath, e, então, buscava meio de fazê-la examinar a jóia, cujo aroma agia tão violentamente sobre a moça, que ela se sentia mal, sem suspeitar, como era natural, qual a origem da indisposição. Mena, ele mesmo, também sofria idênticas conseqüências, cada vez que usava o amuleto, isto porque ignorava qual a dosagem suficiente. Contudo, o projeto triunfou, Asnath cativou-se violentamente por ele, visitou Neith, cada vez mais, e terminou por declarar a sua paixão. À vista disso, Mena fez-lhe beber algumas gotas do líquido, para prendê-la definitivamente e tornar impossível um recuo.

Em conseqüência de tal ingestão, Asnath ficou gravemente indisposta, teve febre, e misturou o nome de Mena a todas as fases das divagações; porém, a jovem e robusta natureza venceu o veneno, restando apenas uma irritação excessiva e um cego amor pelo oficial.

Roant e o marido estavam desolados: o pensamento de dar a sobrinha ao libertino jogador, que tanto desprezavam, exasperava-os, e Asnath estava a tal ponto exaltada e rebelde a qualquer persuasão, que temiam um escândalo. De resto, nem por um instante sequer tiveram idéia de que esse amor tivesse causa oculta, e uma única pessoa disso teve desconfiança: Roma. O langor de Asnath mesclado de superexcitação, lembrava o estado de Neith, e muitas vezes surpreendera em Mena um olhar estranhamente inflamado e olhos perturbados, semelhantes aos de ébrio, embora sabendo que o oficial não podia embebedar-se assim subitaneamente, nada tendo bebido.

Em vão o moço sacerdote observou e fez perguntas à jovem: nada surpreendeu de decisivo, e as respostas de Asnath convenceram-no de que jamais lhe haviam sido oferecidas rosas vermelhas, e de que tal amor não evocava com elas qualquer fato particular.

Algum tempo depois, Mena fez o seu pedido, e, se bem que a contragosto, foi aceito e recebido, na qualidade de noivo, na casa do chefe das guardas, e o casamento marcado para três semanas a partir dessa data. Mena, no auge do triunfo, azafamou-se ativamente em preparar uma principesca residência para receber a linda esposa; ancho de orgulho, atirava ouro a mancheias e a arrogância não tinha limites; experimentava uma satisfação toda particular com a cólera, apenas disfarçada, de Chnumhotep e da esposa.

Sem embargo da brilhante vitória de todos os seus projetos, a vaidade superexcitada sonhava novos triunfos, e, querendo assinalar o matrimônio com algo de especial e grandioso, buscando alguma invenção adequada a esse fim, teve a desastrada idéia de fechar a sua vida de solteiro com várias conquistas fora do comum. Não possuía ele o irresistível meio de fazer-se amar? E que ciúmes despertaria a sua boa sorte, se as belas mulheres de Tebas se apaixonassem por ele, mesmo na véspera do casamento, e suspirassem a seus pés, abandonando traidoramente maridos e amantes!

Tal projeto arrebatou-o, positivamente, e, sem mesmo pensar nas possíveis conseqüências de tão infame abuso de confiança, dirigiu-se à casa de Tuaá, que havia escolhido, não para confidente, mas para instrumento de suas futuras conquistas amorosas.

Após amistosa conversação, Mena declarou à viúva ter ido solicitar-lhe o grande favor de organizar em sua casa uma grande festa, custeada por ele, e que ali reuniria uma vintena de mulheres designadas por ele.

— Quero, uma última vez, em plena liberdade, estar em festa, com pessoas amáveis, que sempre me testemunharam muita bondade, e oferecer a cada uma delas uma lembrança — disse, a rir. Não as posso convidar para minha casa, e mais tarde terei mesmo de manobrar com os ciúmes de Asnath, que são ferozes.

— Isso quer dizer que, por algum tempo, seremos privados da tua convivência, porque, sem dúvida, a tua futura nos detesta, tanto quanto essa delambida de Roant — respondeu Tuaá, alegremente. Não importa! Aquiesço ao teu pedido e reunirei minhas amigas, em tua honra, mas, a minhas expensas.

Mena protestou, e, após discutirem, ficou assentado que o oficial ofereceria as frutas e o vinho, e Tuaá o restante necessário para o festim, que foi marcado para a antevéspera do casamento.

No dia da reunião, Mena remeteu desde cedo as provisões combinadas, mas, fechado na sua câmara, preparou sozinho a bebida enfeitiçada que lhe devia proporcionar um triunfo, com o qual já se deleitava por antecipação. Decidira oferecer a Tuaá magnífica ânfora esmaltada, cujas alças, ornamentos e tampa (em forma de cabeça de bode) eram de ouro; às outras mulheres, em número de vinte duas, Nefert inclusive, copos ricamente incrustados. Fez encher a ânfora do mais caro vinho e nela despejou, sem pestanejar, uma quantidade do perigoso líquido que teria bastado para Horemseb gastar em suas orgias durante um mês. O vinho fervilhou por momentos, pareceu enegrecer, mas, ao termo de um minuto, retomou a primitiva coloração e aparência; o aroma, suave porém atordoante, que imediatamente se espalhara no ambiente e causara um rubor flamejante nas faces de Mena, evaporou-se rápido. Perfeitamente satisfeito, trauteando licenciosa canção, repôs o frasco, quase vazio, na caixinha onde o escondia.

Chegando à casa de Tuaá, encontrou todos reunidos. As frívolas e lindas criaturas, de reputação um tanto esfolada, freqüentadoras da viúva, formavam um enxame brilhante e enfeitado, que rodeou o herói da festa, duplamente herói, porque era o único homem presente.

Palestrou-se alegremente, e, depois, foram para a mesa. Ao meio do repasto, Mena voltou-se para a dona da casa e pediu desse entrada aos escravos que aguardavam fora com as dádivas destinadas aos convivas. À vista da admirável ânfora e dos copos magníficos, a própria Tuaá ficou maravilhada, e um verdadeiro coro de louvores elevou-se para gabar a generosidade do doador.

Mena recusou os agradecimentos, com amável modéstia, e, pegando a ânfora, fez ele mesmo o giro em torno da mesa, enchendo os copos, que as mulheres esvaziaram de uma vez, à sua saúde. Em seguida, voltou ao seu lugar e observou, com astuta curiosidade, o que ia acontecer.

Bem pronto, a jovialidade tomou estranho colorido de animação: rubores súbitos correram pelo rosto e pescoço das mulheres, olhares ardentes e apaixonados firmaram-se sobre o oficial, que, extremamente divertido e fingindo indiferença, aguardava o momento em que todas se prosternariam a seus pés. Saboreando de antemão esse triunfo, considerava-se um segundo Horemseb em seu palácio de Mênfis.

Apesar da astúcia e da duplicidade que desenvolvia por vezes, quando a sua rapacidade estava em causa, Mena era um homem curto e de inconcebível cegueira na vaidade. Sem dúvida, fosse ele homem de inteligência, não teria jogado imprudentemente com o terrível veneno, cujo emprego, quando não estritamente dosado, acarretava, infalíveis, a loucura ou a morte. Sem tal cegueira, ter-se-ia amedrontado ante a cor violácea que tingia as faces das vítimas, com o brilho sinistro dos olhos, com os tremores convulsivos que lhes sacudiam os corpos, com os olhares, ávidos e selvagens, que aquelas belas aleonadas firmavam sobre ele, curvadas sobre si mesmas, à maneira dos tigres quando se aprestam para saltar.

Mas, couraçado na sua orgulhosa estupidez, não enxergava, nem compreendia coisa alguma, quando, subitamente, dois braços fecharam-se sobre o seu pescoço, em um nó férreo, e um hálito de fogo queimou-lhe a face: era Nefert, que, olhos injetados de sangue, espumando na boca, se prensava contra ele. Tomado de assombro e de contrariedade, quis repeli-la, mas, como que hidrófoba, ela mais se agarrou e lhe ferrou os dentes no rosto. Mena gritou, debateu-se, quis fugir, porém já outros braços enlaçavam-lhe o talhe e as pernas; de todos os lados, corpos flexíveis comprimiam-no, semblantes horrendamente crispados, de bestial expressão, inclinavam-se para ele e lhe metiam as unhas na carne, com uivos de animal feroz. Mena era robusto, o terror decuplicava-lhe as forças e resistiu, por instantes, ao furioso ataque da matilha embravecida, que ele mesmo havia excitado.

Calcado de todos os lados, de pernas para cima, meio sem respiração, rolou por terra, retorcendo-se por entre gritos atrozes, no meio da pequena turba humana que rugia em seu redor.

Toda esta cena desenrolara-se tão rapidamente, que os escravos, petrificados, não sabiam que pensar. Afinal, alguns homens, dos mais corajosos, tentaram desprender Mena, mas, atacados por sua vez pelas loucas furiosas, tombaram cobertos de mordeduras, ou fugiram espavoridos. Gritos e alarido encheram todo o prédio, e, não sabendo mais que fazer, dois dos servos, desvairados, correram à casa de Roant, que era a mais próxima.

Roma estava precisamente palestrando com a irmã e Chnumhotep, que chegara do palácio real. À notícia do inexplicável acontecimento, os dois homens correram para o carro, ainda não desatrelado, do chefe das guardas, e, a toda a brida, rumaram para a residência de Tuaá. Compacta multidão já atravancava os acessos da morada nefasta, mas, avistando Chnumhotep e o jovem sacerdote, ambos conhecidos em Tebas, os circunstantes recuaram e abriram passagem aos recém-vindos.

Guiados pelo velho intendente, que, em voz entrecortada, referia o quanto soubera da catástrofe, Roma e seu companheiro penetraram na sala do festim, transformada tão inopinadamente em campo de carnagem.

Espetáculo horroroso e comovedor ofereceu-se a seus olhares: sobre o chão, juncado de cacos da louça, no meio de poças de vinho e sangue, retorciam-se, em atrozes dores ou convulsões de agonia, escravos e mulheres com as vestes despedaçadas, semblantes descompostos, enchendo o ar com gemidos. Junto da mesa, um monte de corpos movia-se fracamente.

Mudo de horror, Roma avizinhou-se de uma jovem que fora amiga de Noferura e estivera algumas vezes em sua casa. Agachada, olhos fora das órbitas, apertando a cabeça com ambas as mãos, a infortunada criatura vomitava jactos de sangue negro e espuma, mas, quando o jovem sacerdote se curvou para ela, cheio de piedade, no intuito de erguê-la, soltou uma exclamação, recuando: o terrível aroma tão conhecido; agora, porém, acre e nauseante como jamais conhecera, feriu-lhe o olfato.

— Água! Água! — gritou, correndo para a saída e arrastando Chnumhotep.

Imediatamente, expediu um recado ao templo de Amon, chamando os médicos, e um segundo mensageiro para vir força armada e cercar a casa.

Sob a direção de ambos, baldes de água foram derramados sobre os corpos em monte e as outras vítimas, e, graças a esse recurso, foi possível separar os infortunados, presos uns aos outros. Alguns jaziam mortos, outros moribundos, e, quanto a Mena, estava horrível de ver: o corpo coberto de ferimentos e mordeduras; o cadáver de Nefert permanecia aferrado a ele, à altura da face, com os dentes convulsivamente cerrados. Nenhuma das mulheres sobreviveu até chegarem os médicos, e os sete escravos mordidos expiraram algumas horas mais tarde, apresentando sintomas de hidrofobia: ao todo, trinta e uma vítimas, vinte e três mulheres e oito homens, sucumbidos no sinistro banquete, graças à incrível estupidez de Mena e cujo custo pagou com a própria vida.

O inquérito constatou que o vinho fornecido pelo oficial estava envenenado e que o tóxico era o mesmo de que se servia Horemseb; uma busca, levada a efeito no aposento de Mena, fez descobrir o frasco vermelho, que Ísis reconheceu, por haver pertencido ao príncipe.

Mas, por que acaso o veneno do nigromante de Mênfis caíra em poder do oficial? Isto ficou em mistério.

NOTA DO AUTOR — A evolução ascensional do Espírito faz-se lentamente. Arrastado pelos maus pendores, atordoado pelas inevitáveis conseqüências das suas faltas, permanece por vezes estacionário durante séculos, criando, por seu orgulho e egoísmo, nuvens de inimigos.

O Espírito Mena, do qual acabo de descrever o lastimável fim, está neste caso. Os que leram meus livros, publicados anteriormente, já o reencontraram: Radamés, o condutor do carro do Faraó Merneftah; Dafné, em **Herculanum**; Court de Rabenau, na **Abadia dos Beneditinos**, esclarecem suficientemente as fases que tem percorrido, e cujo resultado se resumirá na narrativa **O Judas Moderno**, que tenciono publicar. Neste será reencontrado Mena, em sua existência contemporânea, sob o nome de Alexandre Hasenfeldt. Inteligência estreita e mesquinha, coração ingrato e ávido, penosas lutas esperam-no no porvir, para torná-lo apto a subir a escalada do progresso espiritual.

V

A FESTA DO NILO

A morte de Mena e das vítimas de sua imprudência teve imensa repercussão em Tebas, e as mais diversas murmurações circularam sobre o acontecimento; mas a verdade verdadeira só foi conhecida de poucas pessoas, porque a rainha e os sacerdotes julgaram ser preciso pôr fim ao escândalo provocado por Horemseb, e não ressuscitar novamente a lembrança dos seus crimes.

Acreditou-se geralmente que o vinho ou os alimentos tinham sido envenenados em virtude de lamentável e inexplicado acidente. Depois, novos acontecimentos fizeram esquecer a lúgubre história.

Neith também conheceu esta última citada versão, e vale dizer que acolheu a notícia da morte do irmão com bastante calma, pois, desde o incidente da penhora da múmia paterna, Mena se lhe tornara antipático; desaprovava-lhe a conduta frívola, as dissipações, e viu naquela morte trágica como que uma punição merecida.

A jovem viúva de Sargon estava agora completamente restabelecida, ao menos no físico; recobrara o frescor, toda a elasticidade da juventude; seu sono e apetite não deixavam nada a desejar; mas, no moral, sofrera estranha metamorfose: tanto Neith fora impulsiva, teimosa, caprichosa e exaltada, quanto agora era dócil, apática e silenciosa. Durante horas, sonhava, estendida num leito de repouso: não estava triste, seu brilhante olhar não espelhava preocupação alguma; apenas, era indiferente a tudo, e parecia agir maquinalmente.

Roma visitava-a assiduamente, rodeando-a, tal qual outrora, de cuidados e de amor. A distraída benevolência que Neith lhe testemunhava não desencorajava o moço sacerdote: atribuía aos efeitos do veneno enfeitiçante aquela apatia moral, e porque jamais ela pronunciava o nome de Horemseb, nem dele pedia informações, Roma esperava que o tempo, o supremo remédio, apagaria as recordações nefastas, e que em seus braços Neith, finalmente, reconquistaria a felicidade.

Esta esperança era, no íntimo do coração, partilhada pela rainha, de início seriamente inquieta pela transformação de Neith; a união com o jovem e belo Roma, que tinha sido o primeiro e vero amor, devia constituir o melhor curativo para a sua alma dolorida; sob a égide de tão puro e fiel afeto, ela devia renascer para a total ventura.

Hatasu atribuía a miraculosa cura de Neith às preces fervorosas de Roma, e, desde o dia em que o surpreendera junto da agonizante, testemunhava-lhe especial benevolência. Recompensando os serviços prestados por ele, quando dos inconcebíveis envenenamentos produzidos em Tebas pelas rosas enfeitiçadas, concedeu-lhe elevado cargo no palácio, e distinguia-o em todas as ocasiões, pelo que ninguém duvidou de que estes favores evidentes do Faraó pressagiavam a Roma brilhante carreira.

Certo dia, aproximadamente oito meses depois da morte do feiticeiro, a rainha, regressando de uma cerimônia religiosa, retirou-se para os aposentos, a fim de repousar. Despediu todos, com exceção de Neith, e, quando ficaram a sós, abraçou-a e disse, afetuosamente:

— Desde há muito, minha querida filha, desejo falar-te seriamente: vejo-te restabelecida, formosa, com belas cores, tal qual outrora, e, apesar disso, teu coração parece deserto, tua jovialidade desapareceu. Creio que só um verdadeiro amor e novos deveres poderão dar força à tua fatigada alma.

— Queres que me case, mas com quem? — perguntou Neith, estremecendo e firmando, ansiosamente, os olhos no rosto da rainha.

— Sim, esse é meu desejo, porém, se consentires nisso e se teu coração aprovar minha escolha. Mas, ouve o que me inspirou esse pensamento: durante a tua recente enfermidade, acreditamos num fim fatal, pois foras considerada agonizante, e, tendo-me Amenefta prevenido disso, fui, com o desespero na alma, velar os teus derradeiros instantes. Ao entrar, vi um homem ajoelhado à cabeceira do teu leito: orava, como jamais eu havia visto orar. Semelhante invocação devia chegar ao trono dos Imortais, e a presença da divindade iluminava a fisionomia do suplicante; um sentimento desconhecido tocou-me e me fez compreender que os sacrifícios e as oferendas não são sempre dádivas suficientes, e que o nosso coração, sofredor e cheio de humildade, é o que devemos depor aos pés dos deuses, se queremos ser ouvidos... E, então, pela primeira vez, também eu atraí, súplice, a divindade, implorando-a. O homem que assim orava era Roma, e, quando ambos rogávamos a *Ra* conceder-te a vida, um milagre operou-se: o teu estado de agonia transformou-se em benfazejo sono, e, ao regressar, Amenefta declarou que estavas salva. Foi, então, que prometi ao jovem sacerdote que, se te restabelecesses e teu coração confirmasse minha palavra, eu te faria sua esposa.

Durante esta narrativa, um refulgente rubor inundara as faces de Neith, e seus olhos brilharam tal qual em outros tempos.

— Acreditas que Roma ainda me ama, e que, unindo-se a mim, será feliz?

— É minha convicção; seu afeto passou pelas mais duras provas, e quem seria mais digno de ti, do que o homem cujo amor te arrancou à inexorável morte? Contudo, minha querida, não te consideres, de modo algum, ligada pelas minhas palavras. Já uma vez errei meu alvo, pensando dar-te ventura: és livre, e somente se o amas, se desejas esta união, eu porei a tua mãozinha na mão de Roma.

Neith ficou pensativa por alguns momentos; depois, curvando-se para a mão da rainha, murmurou:

— Tua vontade é a do teu povo, tua sabedoria guia todo o Egito, desde o primeiro ao último; só tua filha buscaria uma outra autoridade? Seja feito como dizes: que a vida por ele salva a ele pertença!

*

Tal qual o dia em que começou a nossa narrativa, Tebas festejava a enchente do Nilo: com excepcional abundância, as benfazejas águas inundavam os campos e enchiam, até às bordas, os numerosos canais que cortavam em todos os sentidos a vasta capital. Aparentemente, nada, desde então, havia mudado: tal qual um qüinqüênio antes, uma alegre e enfeitada multidão atopetava as ruas e o cais, e, junto da larga escadaria de granito, a flotilha de aparato esperava, para conduzir ao templo a rainha e seu séquito.

Sem demora, apareceu o cortejo, e Hatasu tomou lugar em sua barca. Entre os portadores dos leques que a seguiam estava Roma, elevado a essa alta dignidade por ocasião do seu matrimônio com a favorita do Faraó.

Das embarcações mais notáveis que se juntaram à procissão real, notava-se uma ampla, magnificamente ornada, movida por possantes remeiros, ricamente vestidos, e ocupada por seis pessoas. Os lugares de honra foram reservados para Neith e Roant; "vis-à-vis" a elas, Keniamun e a esposa; depois, Asnath, recentemente noiva de Assa (o filho mais velho de Satati), ao lado deste. Todos conversavam alegremente; apenas Neith permanecia calada e, em sombrias miragens, olhava o rio coalhado de centenas de embarcações; em seus atavios, coberta de jóias, a jovem esposa de Roma estava admiravelmente formosa, mas de novo emagrecera e empalidecera, uma ruga dura e amarga vincava-lhe a pequenina boca, e, sob a fria calma dos traços e do olhar, parecia esconder surda irritação.

Neith pensava no passado, na solenidade, igual àquela, a que assistira um lustro antes: Hartatef, então, a perseguia com obstinado amor, enciumando Keniamun, que ela julgava amar; agora, Hartatef estava morto, Mena também, e tantos outros, um — principalmente — cujo nome nunca pronunciava e de quem ignorava o fim que tivera e que, sem dúvida, perecera por alguma afrontosa morte. Ela mesma quanto suportara, desde aquela festa do Nilo em que, descuidada, caprichosa e tagarela, havia desdenhado o tenaz adorador e sonhara desposar Keniamun, agora casado com outra! Parecia-lhe haver decorrido uma eternidade, que envelhecera e que quadros de longínquo passado estavam desfilando ali diante do seu espírito.

— Em que devaneias tu, Neith? — indagou Keniamun, vendo-a suspirar e inclinando-se, jovialmente, para ela.

A interrogada estremeceu e contestou, com um pálido sorriso:

— Pensava em todas as transformações verificadas desde a enchente do Nilo que festejamos há um qüinqüênio: recordava que, então, Hartatef nos conduzia em sua barca; nós te encontramos, Keniamun, e em seguida Tuaá e Nefert, que quase fizemos naufragar e carregarem Mena com elas. Todos quatro já desceram ao Amenti... Pois bem: eu meditava sobre o pouco tempo que é necessário para aniquilar tantas vidas, ou destruir uma, como aconteceu com a minha!

— Tu não pensas no que dizes, e no que pensaria Roma, se te ouvisse — comentou Roant, em tom de severa censura.

— Roma não ignora isto que penso; ele compreende que minha vida está destruída, e encara o caso com calma — respondeu, supercílios franzidos. Ele me condena a perder a paciência, e faz tão pouco caso de mim, que tenho razão de crer que lamenta seu casamento — concluiu, tão baixo, que só a amiga a ouviu.

Notando o curso que a conversação tomava, Keniamun voltara-se, entabulando álacre palestra com os outros companheiros; todavia, seu fino ouvido apanhou a resposta que murmurara Roant:

— Tu não crês no que dizes, Neith; tu própria repeles Roma, e, sem compaixão, o tornas infeliz. Mereceu isso pelo seu fiel amor? Por um homem do seu valor, não vale fazeres um esforço para te ergueres, para sacudir essa apatia, essa moleza de alma que te corrói? Tem um pouco de boa-vontade que seja, renuncia às quimeras malsãs e sem objetivo, busca convivência e distrações, e o passado se apagará. A existência não se mostra radiosa diante de ti? Recuperaste a saúde, teu esposo, cumulado de honrarias pelo Faraó, eleva-te a uma altura digna de ti, ele te ama... e tu recusas ventura e amor!

Neith voltou-se, sem responder, e, durante o resto do passeio, fechou-se num mutismo obstinado; mas, quando retomaram o caminho do lar, tornou à cunhada e disse-lhe, taciturna:

— Peço-te, Roant, que me conduzas à minha casa, sinto-me fatigada e ligeiramente indisposta; escusa-me por não tomar parte na festa que dás.

— De novo te distancias e foges dos teus — observou, descontente, a esposa do chefe das guardas. Que dirá Roma não te encontrando, ao regressar de palácio?

Os lábios de Neith tremeram nervosamente.

— Nada, e porque jamais diz nada, talvez nem se aperceba da minha ausência!

— Não compreendo coisa alguma do teu azedume, e não posso crer que te haja tratado com cólera — observou Roant, surpresa com o acerbo tom.

Não recebendo resposta, calou, e, quinze minutos mais tarde, a barca detinha-se junto da escadaria do palácio de Sargon. Neith desceu, ajudada por Keniamun, saudou a todos com aceno de mão, e rumou apressada para os seus aposentos.

Com impaciência nervosa, desembaraçou-se das jóias que a adornavam, da pesada vestimenta bordada, do "claft" que parecia apertar-lhe a testa, e, enfiando ligeiro vestido de linho, envolveu-se num véu de gaze, e voltou ao terraço, onde se estendeu num leito de repouso, abandonando-se a profundo devaneio.

Pela centésima vez, tentava, com dolorosa tenacidade, escrutar os seus próprios sentimentos, e julgar de sua situação. E, ainda uma repetida vez, pungente sensação de isolamento e de abandono fechou-lhe o coração e fez descer pelas faces algumas silenciosas lágrimas. Havia apenas seis meses que casara e já a felicidade lhe fugira. Mas, podia ela queixar-se? A consciência respondia: "não"! E, com profundo desgosto, dizia a si mesma que se comportava mal; estava, porém, aclimatada àquela negligência, àquela apatia, comprazia-se na indiferença. Acolhera com indolente frieza a apaixonada adoração do jovem esposo, suportava-lhe o amor como se fosse tributo obrigatório, retribuindo tudo com benevolência morna, até que Roma, profundamente melindrado, desistiu, abandonando-a a ela própria, não mais lhe impondo a convivência, nem a ternura.

Esse isolamento despertou-a; algo da antiga Neith nela se agitou; o espírito de oposição ergueu a grimpa, primeiramente, e depois lhe subiu ao cérebro; Roma, o dócil escravo, ousava revoltar-se, fugir-lhe, com desdém e indiferença! Subitamente, desejou o amor que menosprezara, mas, o bravo e desmesurado orgulho, que dominava todos os outros sentimentos, soprava-lhe:

— "Irás mendigar um amor que ele retira, e talvez extinto? Nunca!"

Com glacial frieza afastou o marido, cobrindo com triplo véu o vazio do coração, a necessidade de afeto que se reanimara... E, com verdadeira paixão, voltou a sonhar com Horemseb e com o tempo que passara junto dele. No entanto, não mais amava o príncipe, sua lembrança não despertava a perturbação entorpecente, não desejava vê-lo, e somente a incerteza quanto ao fim do bruxo por vezes lhe torturava a alma. Mas, à medida que o passado empalidecia e apagava, o primitivo amor pelo jovem sacerdote renascia, e a convicção de que perdera o afeto do marido, de que de novo o porvir estava destruído, tornava-lhe odiosa a vida.

Ao pensar no humilhante pouco caso com que o esposo a tratava, rubor e palidez alternavam-se nas faces de Neith. Ainda nesse mesmo dia, Roma não viera saber por que deixara ela de assistir à festa de Roant. Deixara-se ficar no banquete, quando ela podia estar doente, tendo até dito que se sentia indisposta. Com as narinas trepidando, ergueu-se, e mandou que lhe servissem uma refeição. Todavia, não comeu quase nada: cólera e orgulho ferido sufocavam-na. Regressando ao terraço, retomou a habitual distração: sonhar com Horemseb, procurando ressuscitar o momento em que, nesse mesmo terraço, ele viera, fascinara-a com o olhar e a levara em sua barca.

Um ruído de ramagem esvaneceu bruscamente todos esses quadros do passado, e, instantes após, firmes e ágeis passos subiram a escada, e a alta e esbelta estatura de Roma apareceu na entrada do terraço, iluminado pelo sol poente. Avistando a esposa, parou, e, depois de curta hesitação, aproximou-se, saudando-a num aceno de mão, e foi debruçar-se na balaustrada.

Neith correspondera por uma inclinação da cabeça. O silêncio fez-se. Roma contemplava o rio palhetado de rubis de luz espalhados pelo sol cadente; ela, deixando que o olhar passeasse pela pessoa do marido, cujo esplêndido traje de cerimônias realçava o belo semblante.

— Não te constrange a minha presença? — indagou ele, voltando-se para Neith, com sorriso ligeiramente irônico.

— Poderia dirigir-te igual pergunta, se não estivesse persuadida de que minha presença te é tão totalmente indiferente, que não a notas sequer. Nossa união foi um equívoco: eu não devia ter ligado minha existência destruída à tua vida cheia de vigor e de aspirações de futuro. Quanto a ti, teu amor de outrora degenerou em hábito; teu capricho, uma vez satisfeito, e meus olhos desiludidos, o abismo abriu-se entre ambos, e a convicção deste deplorável erro esmaga-nos.

Roma firmou-se e mirou a jovem mulher, com olhar severo e profundo:

— Sim, houve equívoco, mas apenas de minha parte: acreditei que, com a saúde do corpo, retornasse a da alma; tive por impossível que a memória abominável de um criminoso, que desprezou toda lei, escarneceu de todo sentimento humano, tornar-se-ia ídolo da tua alma. Existe algum ultraje que te não haja feito sofrer? Mulher de estirpe, que és, ele te seqüestrou e teve por escrava; com infame feitiço, inspirou-te uma paixão vil, que te desconsiderou ante todo o Egito; teu olhar, puro e virginal, ele o enlodou com a exibição de horrores que fariam tremer uma cortesã! E todas estas reminiscências não revoltam a tua dignidade feminina? Teu orgulho, tão sensível para comigo, emudece quando se trata dele, e não tens um pensamento de pesar ou de gratidão para Sargon, o infortunado homem que destruíste, e que, apesar disso, sacrificou a vida para libertar-te de vergonhosa escravidão. Sonda a tua consciência, Neith, antes de me acusares: enquanto estiveste doente, tive paciência e esperei, atribuindo ao efeito do veneno teu triste estado de alma; não posso, contudo, ser eternamente cego... Como devo interpretar esta indiferença, esses inacabados devaneios, a fuga a todas as distrações, às reuniões de família? Mesmo sofrendo o coração, minha dignidade de homem proíbe-me esmolar um amor que se vota obstinadamente a um ser desprezível; não posso suportar para sempre a humilhação de ser apenas tolerado junto de ti, e devo abandonar-te a ti mesma. O abismo de que falas é obra tua, mas o teu azedume é injusto; jamais faltei com os cuidados que te devo, e se não posso mais ser um terno esposo, permaneço teu amigo e protetor, sempre pronto a amparar-te, assistir, se enfermares, mesmo a distrair-te, se de tal sentires necessidade. Só não te posso impor a minha presença!

À medida que ele falava, mortal palor e depois vermelhidão ardente alternaram-se no móbil rosto de Neith: tudo quanto dissera o marido não era verdade? À sua lembrança vieram os tratamentos humilhantes que sofrera em Mênfis; recordou as ásperas recusas de Horemseb em levá-la em passeio pelo Nilo, a ordem de amarrá-la, como se fosse um animal, para forçá-la a olhar a abominável orgia à qual se negava assistir, e os isolamentos com que punia cada uma das tentativas de revolta, forçando-a, pelo veneno, a implorar, de joelhos, o perdão.

Toda a desesperada fúria que recalcara, acordou, naquele altaneiro orgulho da jovem mulher... Respirando a custo, como que crispou as mãos de encontro ao seio.

— Que tens, Neith? — perguntou Roma, que lhe notara, inquieto, a súbita transformação. Calma-te, pobre criança, e esquece minhas acres palavras, acrescentou, pondo-lhe a mão na fronte.

— Tuas palavras são verdadeiras, merecidas — murmurou ela, estremecendo. Mas, dize-me a verdade sobre um ponto obscuro para mim: pela tua honra, seja qual for essa verdade, eu te acreditarei. Que é feito dele?

— Ainda *ele*, sempre *ele* — disse Roma, voltando-se, com tristeza. Pois bem, fica sabendo, uma vez que o desejas: morreu, foi encontrado já frio, tendo posto fim à criminosa vida com um veneno que lhe havias levado. Tu estavas agonizante, pois, sem dúvida, ele quis matar-te igualmente, mas, por feliz acaso, foste salva da morte. Agora, tudo sabes, e, se me estimas, nunca pronuncies, diante de mim, o nome do maldito, que também destruiu a minha vida.

— Morto! Tudo terminou! Nunca mais reaparecerá! — balbuciou Neith, respirando a plenos pulmões. Oh! louvados sejam os deuses! Perdoa-me Roma, restitui-me teu amor — acrescentou, atirando-se impetuosa ao pescoço do marido. Quero apagar de meu coração todo esse passado, e amar-te, unicamente a ti, que jamais zombaste da minha fraqueza, cujo amor sempre me perdoou. Mas, podes crer-me ainda, Roma, e ajudar-me a encontrar a força de viver, de tornar-me digna do teu afeto?

Uma torrente de pranto impediu-a de prosseguir.

— Podes duvidar de que tudo perdoe e tudo esqueça, desde que tu me és restituída, e tua alma, liberta da sombra fatal que a obscurecia, minha querida esposa? — murmurou ele, abraçando-a com amor.

Sentaram-se no leito de repouso, e, em íntima conversação, expandiram os corações tão longamente separados. A noite chegara, depois o luar surgira, sem que os ditosos de tal se apercebessem. De repente, Neith estremeceu e retesou-se, tremente; seus olhos, dilatando-se, fixavam-se num ângulo do terraço.

— Que tens? — interrogou ele, pegando-lhe a mão.

— Não viste ali a sombra de um homem? Parecia rubro, da cor de sangue, e seus dedos estavam estendidos para mim.

— Assim te pareceu; porém, repara! No terraço não há ninguém.

Neith acolheu-se a ele.

— Oh! Roma, disseste que ele morreu, mas, ignoras que não pode morrer, porque tem com ele a vida eterna? Se viesse vingar-se de mim, vendo que o esqueci! Não sei por que, tenho medo!

Calma-te, querida, e olvida esses sonhos malsãos; ele está bem morto, e nada mais perturbará teu repouso. Agora, vem, é tempo de entrar em casa.

VI

O VAMPIRO

A noite estava esplêndida; no céu azul-escuro, a Lua refulgia, com brilho desconhecido no Ocidente, e sua argêntea luz inundava a Tebas adormecida após o trabalho do dia, e apenas alguns vagos rumores denotavam que a vida do colosso nunca se extinguia totalmente.

Nas imensas construções do templo de Amon-*Ra* reinava profundo silêncio, interrompido somente pelos "alerta" dos vigilantes. Os servidores do potente deus repousavam. Não deviam estar aprestados, desde os albores da aurora, para saudar a sua vitoriosa renascença do reino das sombras? Em um pequeno pátio, deserto e isolado, nos confins do sacro âmbito, os raios lunares desciam de cheio sobre alto e largo muro, pintado a cal. Súbito, nessa superfície de um branco prateado, apareceu uma grande nódoa cinzenta, depois negra e afinal vermelha. Essa exalação ou fumo condensou-se, e a forma distinta de um homem, de elevado talhe, pareceu ressumbrar do muro. Seus grandes olhos abertos eram ternos e fixos, terrificante a expressão do rosto, os lábios entreabertos, narinas dilatadas. O estranho ser, de transparência vaporosa, mas de palpável realidade, deslizou, sem tocar o solo, através do pátio, e desapareceu no interior do templo. Braços estendidos para a frente, como se procurasse algo, o fantasma passou rente pelos corredores, e, atravessando uma parede, penetrou numa sala onde dormiam muitas mulheres, sacerdotisas e cantoras do templo.

O vulto fantástico parou, movendo os lábios, as narinas abertas, aspirando avidamente, e seu vítreo olhar pousou em pequeno leito, iluminado por um raio da Lua, que se filtrava obliquamente da janela, e no qual repousava uma jovem, mergulhada em profundo sono. O fantasma deslizou para ela e pendeu a cabeça para o peito da adormecida, que se agitou, e, bruscamente desperta, tentou debater-se; mas, fascinada pelo terrível olhar que por um instante mergulhou no seu, recaiu imobilizada. O fantasma endireitou-se, parecendo atordoado e mais compacto, e sem olhar a vítima, tornada lívida, como se o sangue lhe houvesse, até a última gota, abandonado as veias, elevou-se pesadamente, pareceu escorregar no raio lunar para fora da janela, e, alguns momentos após, eclipsou-se, absorvido pelo muro de onde havia surgido.

NOTA DO AUTOR — O que vou escrever provocará, na mor parte dos meus leitores, um sorriso irônico. Aqueles que desejam apenas o enredo do romance passarão, sem ler, por esta dissertação: sei isso, porque falar seriamente em vampirismo, em nossa época positiva, não é fácil tarefa. A ciência oficial, que apenas quer conhecer o que o seu bisturi pode sondar, nega a existência dos vampiros, e os fatos indiscutíveis, ocorridos em diferentes países, têm sido vituperados, negados ou silenciados, e bem assim outros fenômenos não menos positivos, os quais, apesar disso, se impõem, pouco a pouco, à atenção dos sábios, porque o fato é um argumento brutal, que não se pode eternamente suprimir.

Dito isto, creio do meu dever explicar, o melhor que possa, aos meus leitores espíritas, o fenômeno do vampirismo, pouco aprofundado ainda, se bem que, sendo um fato natural, sempre existiu, tanto na época de Hatasu quanto nos tempos modernos.

Que o corpo evolui, se transforma e progride, e bem assim a alma, é fato conhecido. Nas diversas condições dos três reinos, e, enfim, na Humanidade, a alma desenvolve-se e progride; o perispírito, seu inseparável companheiro, adapta-se às diversas condições, conservando fielmente em si, até às mais finas nuanças, a marca de todas as transformações sofridas. Na composição química do perispírito são encontradas todas as substâncias, o reflexo de todos os instintos, qualidades e pendores do ser durante as inúmeras existências e transformações através do mineral, do vegetal, do animal e, enfim, do homem, o ser mais perfeito conhecido sobre a Terra. O átomo indestrutível, lançado pela força criadora no turbilhão do Espaço, e representando apenas um princípio vital, reveste-se imediatamente de um **duplo** etéreo, intermediário entre a centelha divina e a parte material —

o corpo. Esse intermediário é o agente principal que põe em vibração as funções da alma, isto é, a vida da alma produz-se pela vida material sobre esse tecido (invisível para vós) constituído por milhares de fios luminosos de indescritível tenuidade.

De igual modo que nas células da cera se condensa o mel, assim, sobre o perispírito condensam-se os elementos e suas substâncias compostas. "Alma vestida de ar", disse um grande sábio e poeta gentil, para indicar a composição do nosso corpo, o qual, desde que o Espírito dele se desprende, é presa da podridão e se decompõe em seus elementos primitivos. Uma regra, sem exceção, estipula que depois da alma vem o perispírito, depois do perispírito o corpo, isto é, as substâncias que podem, de acordo com imutável lei, aglomerar-se sobre o tecido fluídico.

Assim, o perispírito de um molusco só pode atrair, na sua condensação material, substâncias gelatinosas, e somente pelo trabalho da vida o ser adquire e se apropria de novas forças de calor elétrico, as quais, em próxima condensação, tornarão o perispírito do molusco de outrora apto a formar um corpo mais perfeito.

Falei no calor, esse grande e universal agente de toda a vida, ao qual quase se podia dar o nome de Deus, tão potente é a sua ação, e com o qual se depara em toda parte para onde se voltem os olhares. Em toda parte, efetivamente, onde o cérebro do sábio esquadrinha, ele encontra o calor, a fonte da vida: está posto nas entranhas da Terra e encoberto nas nuvens. O calor funde toda matéria, amalgama, solda de maneira indestrutível; o calor une a alma à matéria e dela a separa; esse elo é o traço luminoso visível pelos sonâmbulos clarividentes.

O grande calor queima tanto quanto o fogo e o frio intenso produz a mesma sensação de queimadura; quanto mais calor existe na cratera perispiritual, mais desenvolvidos a alma e o corpo. Tudo que é pesado, preguiçoso, carece de calor e pertence a um grau inferior de desenvolvimento; todo ser, e mesmo todo planeta, mais trabalhado pelo calor vivificante, distingue-se por um grau superior de atividade e de desenvolvimento intelectual. Enfim, a perfeição não se resume, em si, apenas na concepção de que o Espírito, desembaraçado de toda substância material, torna a ser faúlha pura e regressa ao foco de onde saiu, cego, para a ele tornar, inteligente, e servir ao Criador, que se separa de nós, porém jamais rompe o elo que nos liga a Ele e que, através de todos os sofrimentos e vicissitudes da depuração, deve conduzir-nos, cedo ou tarde, a esse centro divino.

Essa longa viagem, através dos três reinos, deixa profundos sinais nos gostos, necessidades e instintos do homem, ser imperfeito, ainda bem próximo dessa animalidade que ele, no entanto, despreza, a ponto de lhe negar uma alma, uma inteligência, um direito à sua proteção. É que o orgulho de possuir uma vontade menos restrita, um mais largo horizonte, mais amplitude para os vícios, sobe ao cérebro do homem e lhe faz esquecer que ele apenas subiu um degrau na escala social da Criação, que ele foi o que são agora esses irmãos inferiores, e que, na embriaguez e na satisfação de seu progresso, o homem, tão orgulhoso do seu livre-arbítrio e do dom da palavra, retrograda muitas vezes — pelos sentimentos — e pelos abusos, para mais baixo do que o bruto que ele menospreza. Sim, esquecido de todas as semelhanças de estrutura, de necessidade e de sentimentos que o ligam ainda e tão estreitamente ao animal, o homem considera-se senhor absoluto deste, soberano feroz dessas populações mudas e sem defesa, entregues à sua mercê; o homem abusa cruelmente dos seus imaginários direitos sobre esse irmão mais novo, por isso que a inteligência deste é mais limitada e seus instintos mais açaimados pelas leis da Natureza.

Tomemos alguns exemplos: a crueza, e assim a voracidade, do animal tem por meta a satisfação de uma necessidade ou a defesa; uma vez saciado ou ao abrigo de um ataque, ele não procura luta alguma. Mas, vede a que refinamentos esses dois sentimentos conduziram o homem! A tortura física e moral, a avidez insaciável, enquanto houver algo a pilhar em seu redor, são apanágio do homem; ele também imaginou a traição, a morte em massa e o assassínio, enquanto o animal luta corpo a corpo; enfim, se a palavra falta ao animal, para mentir e dissimular o pensamento, ele não tem muito que se queixar disso, e poucas virtudes existem sobre este mundo que o orgulhoso ser humano possa reclamar por distinção exclusiva.

Sem dúvida, o que venho de dizer se aplica à turba que, cega de orgulho, imagina ser o centro e o remate da Criação, e não às almas mais desenvolvidas, que reconhecem na animalidade uma fase do seu próprio passado e condenam severamente toda crueldade supérflua.

Voltando ao assunto que especialmente nos ocupa, lembrarei ao leitor a existência de um animal chamado vampiro, que, preferindo a noite ao dia, se atira às vacas, cavalos e também aos homens, **se os pode atingir**, e lhes suga o sangue.

Tendo em vista a tenacidade com que os instintos do animal se conservam no homem, este hábito, esta necessidade de sangue, permanece em estado latente na criatura, e **se a educação, as circunstâncias, a compreensão do mal não levarem o homem a dominar o instinto sangüinário, que ainda vibra no seu perispírito**, a necessidade bestial desponta e cria seres do gênero dos sugadores de sangue da Índia, os quais são muito conhecidos para que se possa negar a sua existência. Mas, ninguém tem procurado aprofundar o que pôde inspirar a essa seita o rito selvagem que ela acoberta com um motivo religioso, **quando tal origem tem raiz em um estado particular do perispírito, adquirido pelo ser em suas existências vegetais e animais.**

Em conseqüência de diferentes causas, tais o terror, comoção moral, certo veneno, asfixia, semelhantes seres caem em um estado particular de letargia, com todas as aparências da morte, e são enterrados como se houvessem falecido. Um despertar em condições normais não se produz para essas entidades especiais, e a mor parte perece; mas, às vezes, em condições favoráveis, tais cadáveres aparentes aguardam apenas o clarão da Lua para despertar, sob a influência da sua luz, para uma sinistra atividade. Todos aqueles cujo perispírito conserva alguma disposição ao vampirismo são lunáticos e, muitas vezes, sonâmbulos videntes; sob a potente influência da luz lunar, excepcional estado produz-se neles, mistura de **lunatismo** e de **sonambulismo vidente**, mas em grau bem mais extenso e mais elevado.

Todos os sentidos desses estranhos letárgicos são de uma acuidade extraordinária: ouvem, vêem, farejam a distâncias consideráveis, e porque o corpo, ainda preso ao perispírito, age numa certa medida e a intervalos mais ou menos longos, tem necessidade de se reabastecer, o vampiro entrega-se à pesquisa de uma vítima humana, cujo sangue quente, sobrecarregado de fluido vital, dar-lhe-á a nutrição indispensável às condições de existência, e ao mesmo tempo satisfará os velhos apetites.

O ataúde e as paredes não servem desgraçadamente de obstáculo para esse fantasma horrendo e perigoso, porque para ele a Lua é um auxiliar: ela absorve o peso do corpo e o desmaterializa até um grau de expansão que permite ao vampiro atravessar portas, muros e outras coisas compactas.

Meus leitores espíritas sabem, e numerosas sessões já provaram à evidência, que a passagem da matéria através da matéria é um fato: os transportes de frutas, de flores, de diversos objetos, e mesmo de animais, não são raros, e isso em todas as condições de fiscalização desejáveis. Mas, porque o elo indissolúvel liga os três reinos e o homem, também uma lei rege os fenômenos; o que é possível para a flor, o fruto ou o metal, é possível igualmente para o homem, e, nas condições desejadas, pode o seu corpo, tão bem quanto uma laranja ou uma charuteira, atravessar paredes.

Deixando, pois, o lugar onde está sepultado, o vampiro se dirige, com infalível precisão, aonde está a vítima escolhida, da qual, graças aos aguçados sentidos, identifica, a distância, a idade, o sexo e a constituição; jamais atacará velhos ou enfermos (salvo escassez absoluta de jovens e sãos). Chegado junto da presa, o vampiro se abate sobre ela, fascinando-a com o olhar, e, preferencialmente, procura atingir o coração para sugar o sangue na fonte; mas, se a vítima está vestida desvia-se para o pescoço, quase sempre descoberto, abre a artéria e sorve todo o sangue, a menos que seja impedido. Mas, se percebe aproximação de um vivo, foge (porque compreende perfeitamente que sua ação é criminosa) na direção de onde veio. Guiando-se e servindo do mesmo rastilho de luz, regressa ao lugar de onde saiu, tal qual o lunático retorna infalivelmente ao leito, se por nada for impedido. Então, se está suficientemente saciado, recai na imobilidade por um tempo mais ou menos longo, até que, em uma noite de plenilúnio, recomece a homicida peregrinação.

Os vampiros femininos são mais raros do que os masculinos, porque seus organismos, menos robustos, sucumbem mais freqüentemente; os vampiros homens escolhem de preferência para vítimas mulheres e crianças. Nos casos em que tais seres têm sido identificados, o instinto popular inspirou a idéia de desenterrar o morto incriminado e cortar-lhe a cabeça, ou espetar o inferior do corpo com um ferro em brasa. O processo é selvagem, igual a todo ato inspirado por paixões desenfreadas, mas, em princípio, atinge a meta, porque, uma vez avariado o corpo de modo irremediável, os laços que o prendiam ao perispírito são destruídos, a letargia cessa, e a alma, e assim o corpo, retomam as condições ordinárias. Se a violência não interrompe o estado letárgico, este pode prolongar-se por muito tempo, e o vampiro vegetará nessas condições até que um acidente qualquer venha a destruí-lo.

Nos países frios, o vampirismo ocorre muito raramente; nos mais aproximados do Equador, na Índia principalmente, tem sua verdadeira pátria, terra misteriosa e estranha da qual muito pouco se sondam os enigmas. Quem suspeita, por exemplo, de que existem ali muitos vivos que se alimentam, quase exclusivamente, da força vital de seres que subjugaram e dos quais toda a existência se escoa num êxtase embrutecido, dos quais todas as funções vitais e intelectuais são suspensas, porque um outro se nutre da força que as devia sustentar? Esses pobres entes são olhados com espanto e desdém, alvos de motejos, mas ninguém desconfia que sejam as vítimas dum vampirismo cultivado por uma categoria de homens, sábios, aliás.

Em todas as direções, o homem esbarra com mistérios, em meio dos quais peregrina, cego; toda a nossa existência é uma luta durante a qual buscamos, nas trevas, o porquê do passado, do presente e do porvir, e, entretanto, repelimos obstinadamente a chave do enigma que se nos oferece sob a forma de diversos fenômenos inexplicados.

Somente quando a muito orgulhosa Ciência se afastar do seu obstinado **non possumus**, quando abordar francamente o estudo das misteriosas forças da alma, das quais o magnetismo, a mediunidade, o hipnotismo são mínima parte, quando se desvendarem, pouco a pouco, as ocultas leis que regem o Universo, tudo se tornará claro, não haverá mais milagres, nem feitiçarias, e sim leis naturais e fatos delas decorrentes.

Antes de terminar esta nota sobre o vampirismo, direi ainda algumas palavras sobre os vampiros inconscientes, **não mui numerosos, porém menos raros do que estes últimos descritos.** Sua origem é a mesma, mas, nestes, o instinto voraz, motivado pela composição do seu perispírito, manifesta-se inconscientemente, por um fluido acre e devorante que exalam, e absorve as forças vitais dos que o cercam e, por assim dizer, os devora. Tais seres, habitualmente, são pequenos, secos, nervosos, de olhar penetrante, de atividade febril e incessante; em seu redor tudo se torna mesquinho, fraco, doentio, e apenas eles, vampiros, gozam saúde florescente; mas, não se lhes pode imputar a mal a destruição dos seus próximos, pois a força de que fazem uso é inconsciente.

Horemseb muito havia abusado do sangue humano para não superexcitar tudo quanto nele restava de instinto animal; o veneno com o qual voluntariamente mergulhara em letargia tinha impedido a ruptura dos laços do perispírito, e, por todas estas circunstâncias reunidas, tornara-se vampiro.

A estranha e inexplicável morte da jovem sacerdotisa excitou grande emoção no templo, e essa emoção transformou-se em terror quando, na noite seguinte ao do amanhã, houve nova vítima. Desta vez, fora a filha de um sacerdote, e a irmã desta, despertada pelo abafado grito que ouvira, enxergara o vulto de um homem resvalar para fora do aposento.

As mais severas medidas foram adotadas para apanhar o assassino, que assim ousava profanar o lugar sagrado, mas, a vigilância foi ineficaz, porque, ao termo de dois dias, uma criança de quatro anos de idade e uma jovem, pertencentes ambas a famílias de mercadores, domiciliados em bairro distante de Tebas, foram encontradas mortas, apresentando na altura do coração um ferimento, semelhante a mordedura, e sem gota de sangue nos lívidos corpos. Toda a cidade se comoveu, e a rainha, indignada, ordenou severo inquérito, o qual, entretanto, nada apurou: o criminoso continuou incógnito, supondo-se que houvesse fugido, porque os assassínios não se renovaram.

Apesar disso, os terrores não cederam; os pais e as mães tremiam por seus filhos, tenros ou adultos, e as mulheres acreditavam-se igualmente ameaçadas pelo misterioso malfeitor. Roant, principalmente, tinha o espírito atingido, e mal se animava a separar-se dos dois filhos, velando as noites junto deles, e nenhuma persuasão do marido e das pessoas amigas conseguia tranqüilizá-la. Uma noite, o chefe das guardas, que estava de serviço no palácio real, ajustava ao cinto as armas, aprestando-se para sair, e falava discretamente à esposa, que, pálida e inquieta, ajudava-o, repetindo:

— Oh! quanto detesto as noites que tens de passar fora. de casa! Sem ti, o perigo parece-me mais próximo, e não posso defender-me do pressentimento de que uma desgraça ameaça a nossa Nitétis!

— Minha querida mulher, sê razoável e não te atormentes com quimeras: há quase um mês que os atentados não se repetiram; sem dúvida, o facínora fugiu. Por que, de resto, procuraria precisamente Nitétis? Por que matou uma criança? Talvez o fizesse por mero acaso, e se deseja nova vítima contentar-se-á, por certo, com aquela que possa mais facilmente apanhar.

Chnumhotep afivelou a espada, pôs o capacete polido sobre os espessos cabelos, e, abraçando Roant, acrescentou:

— Se me amas, serás mais calma e repousarás. Pois que as crianças dormem junto de ti, que lhes poderá acontecer?

Após haver acompanhado o marido, tornou apressada ao quarto de dormir, que era grande peça, de chão forrado com esteiras, de paredes pintadas e incrustadas, simulando tapetes suspensos; alta e larga janela dava entrada ao frescor embalsamado do jardim, e a luz do plenilúnio inundava o aposento com a sua prateada claridade.

Junto do leito, sobre uma camazinha improvisada, dormiam placidamente um menino de aproximados quatro anos e uma filhinha de vinte e quatro meses. Acercando-se suavemente, a jovem mãe levantou o véu de gaze que os cobria e contemplou, amorosa, as graciosas e pequenas criaturas cujos corpos, rechonchudos e desnudos, porejavam saúde. Premiu os lábios nas aneladas cabeças dos dois inocentes e os recobriu com o transparente tecido. E, meio tranqüilizada, encaminhou-se para a janela, junto da qual ampla poltrona convidava ao descanso.

Não tendo sono, e estando soberba a noite, o silêncio também convidava a devaneios: sentou-se, apoiou os pés num escabelo, e, tirando uma flor de lótus de grande jarra esmaltada, posta no debruçador da janela, cheirou-a, abandonando-se aos pensamentos. Chnumhotep tinha razão: por que envenenar a sua existência tão venturosa, tão calma, com apreensões sem fundamento? E qual probabilidade para um criminoso, por mais audaz que fosse, atacar a família do poderoso chefe das guardas, em cuja casa formigavam escravos, que ao menor rumor estariam a postos? Insensivelmente, e sem que de tal se apercebesse, um pesadume plúmbeo invadiu-lhe os membros, seus pensamentos perturbaram-se e apoiou a cabeça fracamente no encosto da poltrona; tentou, primeiramente, libertar-se do torpor, para depois, preguiçosamente, desistir disso. Para quê? Queria repousar depois da canícula do dia...

Inopinadamente, no vão da janela, fartamente iluminada pela Lua, se alçou uma forma humana: um homem de alta estatura, cabeleira anelada, cujo rosto indistinto, desviado de Roant, despertou nesta uma recordação confusa. Com extrema flexibilidade, o desconhecido pareceu escorregar mais do que saltar, para o aposento; Roant quis detê-lo, gritar; mas, como que invadida por súbita paralisia, ficou imobilizada, incapaz de abrir a boca, e acompanhou apenas com os olhos o audaz intruso, que, sem ruído, atravessou o aposento, e, chegado à camazinha, se dobrou sobre as adormecidas crianças.

Um pensamento infernal, fulminante: "É o sugador de sangue!" — atravessou nesse instante o cérebro de Roant, e desesperada luta travou-se entre a vontade e o torpor que lhe chumbava os membros; o peito sufocava, como que sob enorme peso; a cabeça parecia prestes a estalar, mas os lábios continuavam mudos. Por fim, resvalou de joelhos, ergueu os desfalecidos braços e um grito rouco e destimbrado saiu-lhe da garganta contraída.

No mesmo instante, a sombra humana endireitou-se, passou junto de Roant, com vertiginosa rapidez, e desapareceu para fora da janela como se se houvesse fundido no clarão da Lua. Atraídos pelo grito da senhora, muitos escravos acorreram e bem assim a ama das crianças, trazendo uma lâmpada. Ergueram Roant, que, incapaz de falar, apontava a camazinha, por cima da qual a ama suspendia a luz. Todo esse movimento, e o ruído, acordara o pequeno Pentaur, mas Nitétis não se movia, e, ao primeiro olhar que a pobre mãe deitou sobre esta, compreendeu que o crime estava consumado. Sem uma queixa, caiu inanimada nos braços das mulheres.

Em poucos momentos, todos despertaram, e o velho intendente decidiu informar o senhor imediatamente, e, por outro lado, chamar os parentes e íntimos para junto de Roant. Chnumhotep não podia abandonar seu posto no palácio, e, por isto, enviou um escravo em busca de Roma e outro à casa de Ísis, cuja residência era mais vizinha.

O moço sacerdote e Neith aprestavam-se para dormir, quando ao palácio de Sargon chegou o mensageiro, todo esbaforido, e fez uma narrativa, meio embrulhada, do acontecido. Profundamente perturbado, o casal fez preparar uma liteira, e, enquanto oito vigorosos condutores a transportavam, em passo acelerado, à casa do chefe das guardas, Neith apoiou a cabeça ao ombro do marido, murmurando:

— Podes duvidar dos desígnios do malfeitor? Não te disse que *ele* não pode morrer e que a este apetece, tal qual a ele, sangue fresco de jovens?... Oh! meu sangue gela, ao pensar no que nos aguarda ainda!

Roma estremeceu, porém, não deu resposta, pois não tinha palavras para exprimir a surda angústia que lhe apertava o coração.

Já encontraram Ísis atarefada junto de Roant, que havia recuperado os sentidos, mas desesperada, parecendo enlouquecida. Com gritos e gemidos, arrancava os cabelos, esmurrava o peito e maldizia a incompreensível debilidade que a impedira de agarrar o miserável, e salvar a filha.

Somente depois de algumas horas os cuidados e consolações dos íntimos conseguiram acalmá-la suficientemente, para que pudesse responder às perguntas do irmão e fazer uma narrativa detalhada do acontecimento, descrevendo o talhe e a aparência do assassino, cuja fisionomia não identificara, embora a personalidade lhe parecesse conhecida.

Completamente esgotada, aquiesceu, afinal, em deitar-se, e adormeceu num sono febril e agitado. As duas amigas retiraram-se, então, para uma câmara contígua, também necessitadas de um pouco de repouso; Roma seguiu para palácio, a fim de falar ao cunhado. Ísis e Neith tinham intenção de dormir, porém o sono lhes fugia; Ísis, principalmente, parecia sobressaltada, e, erguendo-se, veio sentar-se junto da cadeira de Neith.

— Dize-me — começou ela, pegando a mão da amiga —, não tens desconfianças quanto à pessoa do misterioso assassino? Tive uma idéia que me torna positivamente louca. Olha! (e foi buscar de sobre a mesa um tecido dobrado). Este véu que oculta o cadáver de Nitétis e com o qual a ama cobrira ambas as crianças: exala um odor bem estranho!

Aproximou-o do rosto de Neith, mas esta recuou, com uma exclamação de espanto:

— O aroma fatal! Meu pressentimento não me enganou.

— Ah! Adivinhaste, tal qual me aconteceu, que nenhum outro podia ser assim infame? Desgraça para nós, então!

— Acreditas que desejará vingar-se? — perguntou Neith, arrepiando-se.

— Decerto! Se o carrasco de Neftis ainda possui o poder de matar, não deixará viver a audaciosa que o denunciou, e a mulher que o esqueceu — murmurou Ísis, com sombrio acabrunhamento.

A morte da pequena Nitétis e a de uma aguadeira, que pereceu na noite seguinte, provocaram em Tebas verdadeiro pânico: moça alguma, nenhuma criança, ao deitar-se, estava segura de ver o Sol no dia seguinte, e, apesar de tudo, o malfeitor continuava desaparecido. As suspeitas de Neith e Ísis haviam sido rebatidas pelos maridos, que as consideravam verdadeira impossibilidade, e não haviam transpirado para público.

Todavia, o sinistro pressentimento da esposa de Keniamun não se realizava; não somente o vampiro não a assaltava, nem a ela, nem a Neith; dir-se-ia haver desaparecido completamente. Três meses escoaram, e nenhum novo assassínio acusara de novo a sua presença. Todos, Neith inclusive, se tinham acalmado pouco a pouco; a vida, com os seus diversos interesses, desvanecera a assustadora impressão. Só Ísis continuava sombria, nervosa e inquieta: perdera o sono e o apetite, e, a todas as persuasões do marido, respondia:

— Que queres tu? Parece-me que uma desdita paira sobre mim; às vezes, de noite, desperto banhada em suor gelado, ou, então, sinto junto de mim a presença de um ser invisível; um hálito frio fustiga-me o rosto e uma ânsia sem nome aperta-me o coração.

Certa noite, a jovem mulher sentia-se mais oprimida ainda do que habitualmente, estando Keniamun em serviço, embora devesse regressar de um para outro momento. Triste e fatigada, deitou-se; mas, não querendo adormecer antes do retorno do esposo, ordenou a duas escravas ficassem junto dela.

— Pega o teu alaúde, Nesa, e toca; mas, guardai-vos bem de adormecer até a chegada do senhor.

As duas mulheres acocoraram-se perto do leito, e Nesa cantou, acompanhando-se, longa e monótona cantiga lamentosa. Ísis escutava-a distraidamente, e bem depressa se engolfou completamente em pensamentos. O passado visitava-a, incessantemente, apresentando-lhe à memória o palácio de Mênfis, as orgias noturnas, a descoberta da sua traição, e, enfim, a bela e selvagem figura do feiticeiro. Perdida na sua quimera, não percebeu que o canto cessara e que ambas as mulheres cochilavam. Súbito, estremeceu e retesou-se: uma baforada de enervante olor, bem conhecido, chegara-lhe ao rosto, fazendo-lhe palpitar o coração e oprimindo o fôlego.

Quis gritar, porém louco terror tolheu-lhe a voz e paralisou os membros: junto do leito, iluminado de pleno por um raio de luar, estava Horemseb. Os olhos haviam perdido a terna fixidez e miravam-na com a selvagem crueldade de um tigre; nos lábios entreabertos errava um sorriso de infernal maldade; o frio que se desprendia do espectro pesava sobre Ísis qual véu de chumbo.

Como que em sonho, viu a sinistra aparição inclinar-se para ela, sentiu os dentes enterrando-se na sua carne, e depois o sangue afluir à mordedura, abandonando as veias do corpo. Contudo, o horror e o medo da morte eram poderosos na jovem mulher, que, por esforço quase super-humano, tentou lutar: torcendo-se sob o monstro que a enlaçava, deu um surdo gemido. Ao mesmo tempo, uma voz gritou:

— Olá! Que se passa aqui?

Era Keniamun que regressava, e, ao clarão da Lua, avistara um homem curvado sobre o leito. Furioso, empunhou a machadinha presa ao cinturão, enquanto que as escravas, despertadas pelo duplo grito, se endireitavam, alarmadas; mas, antes mesmo que o oficial pudesse brandir a arma, o desconhecido passou junto dele, como se fosse um clarão, e desapareceu pela janela. Todavia, Keniamun julgou reconhecer o perfil e a estatura do nigromante, e, movido por novo pensamento, correu para junto da mulher, a qual, derribada, com um ferimento na garganta, parecia expirante.

— Ísis! — exclamou, soerguendo-a.

Imediatamente, ela abriu os olhos; aferrando-se com desfalecida mão ao colar do marido, meio que se firmou, lívida, olhar extinto, moveu os lábios por segundos, e depois gritou, com a voz rouca e irreconhecível:

— É *ele*, Horemseb, o sugador de sangue!

Esse esforço rompera o derradeiro elo: Ísis estava morta.

As últimas palavras de Ísis foram ouvidas pelas duas escravas, e, enquanto Keniamun, profundamente consternado, saía para tomar as indispensáveis providências, as duas mulheres correram para o interior, com gritos e lamentações, e instruíram a criadagem do acontecido.

Propagada pelos fâmulos de Keniamun e espalhada com a velocidade de uma corrente elétrica, a notícia de que Horemseb era o sugador de sangue expandiu-se em toda a Tebas. Ampliada ainda pelo terror, essa novidade tomou proporções gigantescas, e o dia que se seguiu à morte de Ísis ainda não findara, e as três quartas partes da Capital estavam convencidas de que o príncipe havia, por qualquer acaso, eximido-se da condenação; que se escondia na cidade e se vingava da sua degradação, praticando aquela série de mortes. A populaça, superexcitada, juntara-se em massa no templo de Amon, exprimindo em altas vozes suas dúvidas quanto à morte do bruxo, e, embora exortada pelos padres, retirara-se resmungando sobre o caso, para aglomerar-se, de novo, diante da residência real.

Com a habitual resolução, Hatasu apareceu numa janela, e, escutando as queixas da multidão, prometeu convocar o Conselho e adotar providências para esclarecer o tenebroso assunto, acrescentando que, no dia seguinte, seriam conhecidas as suas deliberações. Nessa mesma noite, reuniram-se os sacerdotes; mas, de todo convencidos de que o feiticeiro estava morto, tacharam de insânia os boatos populares, e Ranseneb declarou, com incrédulo sorriso, que os mortos não voltavam para comer os vivos, e que um vivo não podia passar através de paredes.

— Tens razão, profeta — observou a rainha —, o fato parece inverossímil; no entanto, o relatório que acabam de me fazer Keniamun e Chnumhotep consigna um estranho detalhe: os panos que tocaram os cadáveres de Ísis e da filha de Roant exalavam o aroma nefasto do veneno de que se servia Horemseb. Em qualquer caso, o povo necessita ser convencido de que o criminoso foi executado. Ordeno seja o corpo desmurado, em presença de delegados de todas as castas, dos quais fixareis o número, e de funcionários designados por mim.

Em cumprimento da real ordem, na tarde do dia seguinte, numerosa assembléia reuniu-se no último pátio do templo de Amon. Cada quarteirão de Tebas enviara deputados, pertencentes a todas as classes da população: nos primeiros lugares, estavam alguns sacerdotes de alta hierarquia e os delegados da rainha, o porta-leque Roma e o que modernamente se denominaria chefe de polícia e era o "ouvido do rei", assim chamado esse funcionário, ao tempo de Hatasu.

A parede, intacta, não conservava nenhum traço do nicho que ali fora aberto dezoito meses antes, mas os alviões dos pedreiros fizeram nela uma abertura, ao fundo da qual bem depressa apareceram dois pés.

— Vede! Os pés estão perfeitos e provam à evidência o absurdo dos boatos — observou um dos padres.

— Os pés não provam coisa alguma, porque todos os pés se assemelham, e o corpo pode ter sido mudado — respondeu um rico mercador.

Algumas vozes apoiaram essa opinião. Silenciosamente, o desmuramento continuou, e sem demora apareceu o corpo integral de Horemseb, perfeitamente reconhecível: a aparência cadavérica, os olhos abertos e vítreos não haviam sofrido qualquer alteração.

— Vede! Eis o corpo do criminoso — disse solenemente Ranseneb: privado das honras de sepultura, aguarda aqui sua destruição, mas a alma, lamentosa, repelida por Osíris, perambula, sem dúvida, ávida de crimes, tal qual outrora. Se, pois, Horemseb é culpado das mortes que afligem Tebas, é apenas sua alma que podeis acusar de tal: o corpo aqui encerrado não pode ter tido parte nisso. E agora, aproximai-vos todos, dois a dois. Haveis conhecido o príncipe: certificai-vos de que é mesmo ele quem se encontra neste nicho.

Terminado o lúgubre desfile, a abertura foi novamente fechada e os assistentes dispersaram-se, tristes e preocupados. Roma também regressou ao lar com o coração oprimido.

Ao ter conhecimento do fim de Ísis, Neith sentira-se mal, e suas primeiras palavras, ao tornar a si, foram:

— Agora é a minha vez; depois dela, é a mim que ele matará!

E, a despeito dos protestos do seu raciocínio, a sinistra predição tinha transformado a alma do jovem sacerdote: a possibilidade de perder tão miseravelmente sua esposa querida, afinal reconquistada, transbordava-o de desesperada ira.

Duas noites depois da verificação da presença do corpo de Horemseb, um par de novas mortes emocionou a Capital. Desta vez, haviam sido cometidas na residência real: uma criança de dois lustros de idade e uma tocadora de harpa, favorita da rainha, haviam perecido, e, por outro lado, três pessoas afirmavam ter reconhecido Horemseb nas galerias e corredores do palácio.

Nesta ocasião, o pânico chegou ao auge, inclusive entre os sacerdotes. Que significava tão inaudito caso? Habitualmente, a morte bastava para tornar inofensivo o mais perigoso celerado; neste caso, o Amenti parecia fechar suas portas e repelir para a Terra aquela alma enodoada e nefasta. O vampirismo era quase desconhecido no Egito, *uma vez que a mumificação dos corpos impedia a possibilidade de tal manifestação.*

Ranseneb, chamado a palácio, foi coberto de censuras pela rainha, indignada; ela acusou-o, e bem assim aos demais confrades, de culpada negligência, deixando em torno deles matar tantos inocentes, sem encontrarem na sua ciência, imensa decerto, um remédio a semelhante calamidade.

À tarde, um conselho secreto reuniu-se no templo de Amon. Cinco sacerdotes, dos mais sábios, a ele assistiam e também Amenófis, chegado dias antes de Mênfis, e Roma, admitido excepcionalmente, apesar de moço, não só em vista da importante ação que tivera em todo o assunto em causa, mas também na qualidade de esposo da mais ameaçada vítima. Após debates muito animados, disse Amenófis:

— Em vista da gravidade do caso e da necessidade de agir rapidamente, para preservar da destruição seres inocentes e sem defesa, proponho, meus irmãos, mergulhar uma das jovens do templo no sono sagrado; os olhos do seu espírito abrir-se-ão e ela verá o que nos está oculto; por sua boca, a divindade indicará como deveremos agir. Se adotardes meu alvitre, rogaremos a Ranseneb designar aquela das virgens consagradas mais apta a nos servir.

Após curto debate, todos se declararam de acordo, e Ranseneb mandou buscar a sacerdotisa por ele escolhida. Uma frágil e delicada jovem, de grandes e brilhantes olhos, apareceu sem tardança, e, intimidada pela grave assembléia, inclinou-se, de mãos cruzadas. Vestida de longa túnica branca, pesadas argolas rodeavam seus braços e tornozelos, e uma flor de lótus estava presa na testa por uma faixa incrustada.

— A divindade reclama teu serviço, Nekebet; ela nos manifestará, por teu intermédio, suas vontades — disse gravemente Ranseneb. Eleva tua alma, pela oração, e agradece aos Imortais o favor com que te honram.

A jovem ajoelhou um instante, e, com olhar extático, ergueu os olhos para o céu; depois, levantando-se, murmurou:

— Estou pronta.

Roma fora indicado para provocar o sagrado sono e obter, por sua ação, as preciosas indicações que os demais padres preparavam-se para escrever em suas tabuinhas. Aproximando-se com benevolência, conduziu a donzela para uma cadeira, pronunciou curta invocação, e, depois, firmou dominador olhar, elevando as duas mãos por cima da cabeça de Nekebet.

Quase imediato estremecimento agitou a moça, que empalideceu e fechou as pálpebras. Então, Roma lhe apoiou os dedos na testa, e, ao termo de rápido minuto, perguntou:

— Dormes?

— Sim.

— E vês?

— Vejo.

Roma voltou-se para os sacerdotes:

— Veneráveis padres, ela dorme o sagrado sono, e a luz de Osíris inunda-lhe e ilumina a alma. Que ordenais lhe pergunte?

— Que ela procure a alma do sugador de sangue e a encontre, ainda que seja no fundo do Amenti — respondeu Ranseneb. Para guiá-la, põe-lhe na mão este amuleto que pertenceu a Horemseb.

Roma pegou o escaravelho de madeira odorante e o encostou, primeiramente, na fronte da jovem, e, em seguida, lho deixou em uma das mãos, dizendo:

— Vai e descobre a alma do príncipe. Calma-te — acrescentou, notando que a adormecida se agitava e gemia — e segue a corrente que se desprende deste objeto.

Por momento reinou o mais absoluto silêncio; mas, subitamente, a sacerdotisa atirou-se para trás, com todos os sinais de horror e de medo.

— Não posso... sufoco... Oh! quanto sangue!... E, além disso, mulheres, empunhando rosas, repelem-me e impedem-me de passar.

— Que fazem essas mulheres e por que te embaraçam?

— Cercam um homem, sentado imóvel em um nicho; só seus olhos vivem e seu olhar é terrível; não posso aproximar-me.

E retorceu-se numa convulsão. As veias inflaram na fronte de Roma, e seus olhos lançaram flamas.

— Rechaça as mulheres, passa e identifica o homem.

— É Horemseb, e as mulheres as vítimas que ele sacrificou; o terrível veneno enche ainda suas atormentadas almas; têm ciúmes de mim.

— A alma está separada do corpo do criminoso? — indagou Ranseneb.

— Em uma palavra, está morto ou vivo? acrescentou Amenófis.

Roma transmitiu as duas perguntas.

— A alma ainda está ligada ao corpo — murmurou a clarividente. Ele vive uma vida à parte.

— Por que seu corpo, morto em aparência, privado desde há dezoito luas de ar e alimento, resiste à decomposição.

— Porque se nutre de sangue, e seu corpo...

A sacerdotisa parou de falar; sua fisionomia denotava pavor, e o corpo estremecia...

— Não posso; ele me proíbe de falar; seu terrível olhar prende minha língua.

— Fala, eu te ordeno! Que é necessário fazer para destruir o corpo do bruxo e atirar-lhe a alma para o Amenti?

A sonâmbula não respondeu: duas vontades contrárias, visivelmente, lutavam nela quase quebrando seu débil organismo. O peito de Nekebet ofegava, espuma subia-lhe aos lábios e seu frágil corpo torcia-se em convulsões de terror; mas, Roma lutava pela felicidade do seu viver, pela existência de inúmeros inocentes, e sua vontade, decuplicada, terminou por triunfar. Por breve tempo a adormecida pareceu tranqüilizar-se, para depois atirar-se para trás, como que alquebrada.

— Eu... eu não posso — disse murmurante, em tom quase ininteligível — mas, trazei ao templo a múmia de Sargon. Depois de sete dias de orações, e em presença de Neith, evocai sua alma: ele, o inimigo mortal de Horemseb, indicar-vos-á a salvação...

Nova crise interrompeu-a. Roma refez-se, e, enxugando o suor que lhe manava da testa, repetiu aos padres as palavras sussurradas por Nekebet. Como se esse instante de trégua houvesse libertado a jovem da influência contrária, um ardente rubor inundou imediatamente o contraído rosto; o sofrimento cedeu a uma extática felicidade, e, caindo de joelhos, estendeu as mãos juntas para invisível objeto.

— Ah! que suave aroma! — murmurou, olfatando avidamente. Não, não, Horemseb, nada temas, amo-te e não te trairei nunca, mesmo que isso me custe a vida!

— Vede — disse Ranseneb — o terrível veneno enfeitiça-lhe a alma; desperta-a, Roma, porém, antes, ordena-lhe abominar Horemseb.

O moço sacerdote concentrou toda a sua energia, e, impondo as mãos sobre a cabeça da sacerdotisa, disse com força:

— Ordeno-te detestar e temer a memória de Horemseb, esquecer o odor nefasto e calmar-te em seguida.

Brusca transformação operou-se no semblante da adormecida: espelhou primeiro medo e horror, depois calma profunda. Roma deu-lhe, a seguir, muitos passes, e afinal a despertou. A jovem não se recordava de coisa alguma, e estava visivelmente exaurida. Os padres fizeram-na beber um pouco de vinho, abençoaram-na e mandaram que fosse repousar.

A seguir, decidiram adotar a recomendação recebida, e encetar, nessa mesma noite, o jejum e as preces após as quais seria invocado o Espírito do príncipe hiteno, para dele obter o meio de destruir o vampiro. Roma foi incumbido de preparar a esposa e decidi-la a assistir à evocação.

Ao saber o que dela se pretendia, Neith foi presa de verdadeiro pavor: o só pensamento de rever a alma do infortunado esposo, cujo amor por ela o destruíra, fazia-a tremer; Roma, porém, persuadiu-a de que, se alguma coisa neste mundo podia abrandar a alma de Sargon, era o chamamento, a prece daquela por quem sacrificara a vida. Pelo seu próprio futuro, pela piedade para com os inocentes cotidianamente ameaçados, ela devia ser forte, e, dominando todo o pueril medo feminino, ajudar os sacerdotes na sua missão. Neith era de natureza viril e generosa, deixou-se convencer, e, nessa mesma tarde, recolheu-se ao templo, no intuito de preparar-se, durante os sete dias de jejum, abluções e preces, para a terrível entrevista com o finado marido.

Fixada a noite para a evocação, os cinco sacerdotes de Amon, Amenófis e Roma reuniram-se em uma cripta do templo. Sete lâmpadas, de cores diversas, suspensas ao alto de pequeno altar de pedra, iluminavam vagamente a sala, refletindo-se em fantásticos efeitos sobre os vasos de ouro, destinados às libações, e sobre as esplêndidas incrustações de uma caixa de múmia posta de pé em um nicho. Nessa arca funerária, pintada e dourada, estava o corpo preciosamente embalsamado de Sargon, trazido desde a véspera ao templo, e junto do qual houvera vigília e orações.

Agora, os padres, com as vestimentas brancas de cerimônia, adornados com as insígnias da sua hierarquia, ostentando a pena de abestruz, sinal de iniciação superior, estavam colocados em redor do nicho, braços solenemente levantados para a abóbada. Acabavam de pronunciar as conjurações, que chamavam pela alma do morto e intimavam-na a manifestar-se a eles.

Terminada essa preliminar cerimônia, foi introduzida Neith, que, pálida e faces inundadas de lágrimas, ajoelhou ante a múmia. Estava vestida de branco e com simplicidade, os longos cabelos soltos e uma pequena faixa de ouro prendia-lhe na testa uma flor de lótus.

— Ó Sargon, divino esposo tornado Osíris — disse ela, em tom súplice —, perdoa minha falta de amor por ti, o mal que te fiz, por imprudência infantil! Agora, que podes livremente ler em minha alma, deves ver meu verdadeiro arrependimento, as honras que presto à tua memória. Tem piedade de mim, a vítima designada pelo sugador de sangue; tem igualmente compaixão das mães e dos filhos ameaçados, e indica o meio de banir para o Amenti a alma do nigromante, pois que ele não deve permanecer entre os vivos.

Sua voz foi afogada pelo pranto; mas, tudo continuou em silêncio. Tomada de súbito desespero, suplicante, estendeu os braços para o nicho e exclamou, ardentemente:

— Sargon! Sargon! teu amor foi tão grande que sacrificaste a tua vida por mim: deixaste de me amar, para que fiques surdo às minhas lágrimas e às minhas orações?

Nesse instante, muitos golpes surdos e secos fizeram-se ouvir, parecendo vibrados contra a urna da múmia; um estranho crepitar sucedeu-se, e luzes fosforescentes apareceram no nicho.

A voz da mulher amada havia, em verdade, atingido a alma do moço hiteno, e ele vinha, do reino das sombras, salvá-la de Horemseb, por segunda vez, dar-lhe, do além-túmulo, essa prova suprema de afeição?

Todos cruzaram os braços, em respeitoso silêncio; Neith continuou ajoelhada, olhos voltados para a múmia, que parecia velar-se com um transparente vapor, que se condensou, ampliou, enchendo o nicho qual nuvem cintilante, sulcada de lampejos; em seguida, um jacto elétrico jorrou da massa nevoenta e encheu o nicho de suave luz, azulada e tão intensa que tudo esmaeceu junto dela, iluminando distintamente a cripta e os assistentes. Sobre esse fundo brilhante, desenhou-se então a forma esbelta de um homem, de pé, diante do nicho, a um passo de Neith, petrificada. Nenhuma dúvida podia haver quanto à personalidade do visitante surgido do reino das sombras: era bem o rosto pálido e característico, os olhos sombrios e sonhadores do príncipe hiteno, trazendo o "claft" e a túnica de linho, e as pedrarias que lhe ornavam o colar e os braceletes rutilavam como se estivessem sob a luz solar. O materializado ergueu a mão e pronunciou estas palavras, em voz distinta, porém como que velada pela distância:

— Vós me chamais para ajudar a consumar a libertação do Egito: seja! A súplica de Neith chegou ao meu coração, e venho dizer-vos que, ainda esta noite, antes que *Ra* se eleve, é mister desmurar o bruxo, e um de vós deve mergulhar-lhe na garganta a sagrada faca dos sacrifícios. Isso feito, Tebas estará livre do sugador de sangue: não mais atacará pessoa alguma. E tu, Neith, tu não me amaste nunca! (O espectro inclinou-se, com pálido sorriso, para a jovem, pousando-lhe a mão sobre a cabeça.) Não importa! Vive e sê feliz, a fim de que o sacrifício da minha vida não tenha sido em vão!

A luz extinguiu-se bruscamente, a visão desapareceu e de novo as lâmpadas jorraram a fraca e vacilante claridade sobre o nicho misterioso, remergulhado nas sombras, e sobre a alva vestimenta de Neith, abatida, sem sentidos, sobre as lajes.

Cheios de emoção e de júbilo, os sacerdotes combinaram e resolveram pôr em execução, sem perda de um minuto, o aviso que lhes viera por uma graça dos deuses. Munidos de tochas e de instrumentos apropriados, rumaram para o funesto local, e, por não quererem testemunhas supérfluas, desmuraram, eles mesmos, o nicho, no qual em breve apareceu, iluminado pela chama vermelha das tochas, a cabeça lívida, de olhos ternos, do feiticeiro de Mênfis, cujo corpo, inatacado pela decomposição, parecia uma estátua de basalto. Houve um momento de sinistro silêncio. Depois, Ranseneb, que, voluntariamente, de tal se incumbira, ergueu a faca dos sacrifícios, e, com um movimento seguro, enterrou a reluzente lâmina na garganta do cadáver.

Com o borbulhar semelhante ao jorro das torneiras, uma torrente de sangue vermelho saiu do ferimento, provocando em todos uma exclamação de pasmo. No mesmo instante Ranseneb recuou, com um estremecimento de terror: parecera-lhe que os olhos ternos do cadáver haviam-se iluminado com um raio de vida, voltando-se para ele com indizível expressão de angústia, de sofrimento e de ódio mortal. Talvez não passasse de ilusão, porque já o terrível olhar se extinguia e retomava a terna imobilidade; mas, o sangue prosseguia correndo ao longo do corpo.

Silenciosamente, foi retirada a faca do ferimento, fechado de novo o nicho e recolocados os ladrilhos, à pressa. Depois, disse Ranseneb, enxugando a fronte coberta de suor:

— Amanhã, meus irmãos, voltaremos para apagar os derradeiros vestígios da nossa passagem por aqui. Agora, regressai para repousar; vou dirigir-me ao Faraó, para lhe dizer de que forma o hiteno, que ela protegeu, veio pagar a sua dívida de gratidão, e pôs fim à calamidade que desolava o povo egípcio.

Roma encontrou Neith tornada a si, porém, alquebrada. Sem proferir palavra, deixou-se instalar na barca e também em silêncio fizeram o percurso, até quando a embarcação encostou junto da escadaria do palácio de

Sargon. Amparada pelo marido, subiu para o terraço, à entrada do qual ambos se detiveram. O crepúsculo esmaecia no horizonte, torrentes de ouro e de púrpura inundavam o céu, anunciando a aproximação do astro rei, que logo apareceu, enchendo a Terra com seus vivificantes raios.

Um suspiro de imenso desafogo alçou o peito de Neith: agora, a desgraça estava vencida, o bruxo não reapareceria mais, dissera-lhe Roma, a vida estendia-se diante dela, sem nuvens, e a aparição benfazeja do deus-sol, no momento desse regresso, pareceu-lhe feliz augúrio. Num impulso de entusiasmo, levantou os braços para o Sol:

— Vês, Roma, depois das trevas desta terrível noite, *Ra* saúda a nossa volta: é o presságio de que as aflições terminaram e de que a vida será, doravante, de luz e calor.

— Será o que os deuses ordenarem; nosso amor, porém, nos dará a paz da alma — respondeu ele, emocionado. Agora, minha querida, vem, e agradeçamos aos Imortais suas infinitas graças.

Pouco depois, o casal ajoelhava diante do pequeno altar florido de suas divindades domésticas, e sua ardente ação de graças elevou-se no rumo dessas forças do Bem, que, em todos os séculos, sob diversos nomes, protegem as frágeis criaturas humanas que a elas se dirigem, com fé e orações.

Quem verdadeiramente sabe orar, possui a chave do céu.

EPÍLOGO

Tão insensivelmente quanto a luz do dia desaparece nas trevas da noite, assim o Tempo devora tudo que foi criado; gigante insaciável, seu lema é destruição; nada lhe é sagrado, nem monumentos célebres, nem obras de arte, nem beleza, nem poder: ele passa insensível, imutável, e tudo se aniquila. *Tudo*, menos uma coisa, também tenaz, tão eterna quanto o próprio Tempo: a Alma, o princípio de vida, sempre renascente dos escombros do passado, criando através do tempo um labor interminável.

É noite. A exemplo de centenas de séculos antes, a Lua inunda com seus raios prateados uma planície da velha terra Egípcia, e se reflete nas águas do Nilo. O rio sagrado não sofreu transformação, mas sobre suas margens passou o gigante destruidor e delas fez um deserto. Por cima dos montículos de areia, dos templos derribados, das estátuas mutiladas, tristes restos de Tebas — a soberba, a cidade das cem portas, flutuava vacilante e esbranquiçada nuvem, desenhando, por momentos, uma silhueta humana, vaporosa e quase impalpável.

Essa nuvem era uma Inteligência, centelha divina e indestrutível, que pairava, pensativa e tristonha, sobre esses lugares onde tinha vivido, evocando, na reminiscência, a época longínqua em que essas ruínas eram esplêndidos monumentos, em que gerações, de há muito extintas, animavam, com a sua ruidosa vida, a orgulhosa Capital do velho mundo.

Junto da necrópole, o Espírito parou para examinar, suspirando, imensa e devastada construção, meio sepultada pela terra: ele havia visto de pé, em todo o seu primitivo esplendor, esse túmulo da rainha Hatasu, com seus pátios imensos, seus terraços, suas colunatas sem fim e suas pinturas de vistosas cores. O tempo destruíra o esplendor do monumento; nenhum traço restava da imensa avenida de esfinges pela qual marchavam noutros tempos as pomposas procissões que iam sacrificar aos manes dos soberanos.

As tumbas reais estavam vazias, as vicissitudes dos séculos dali enxotaram os corpos embalsamados dos belicosos Tutmés e da orgulhosa mulher criadora do original monumento, tão diferente de tudo que se construía no Egito, imperecível lembrança das conquistas de seu genitor nas margens do Eufrates e da sua própria vitória sobre os preconceitos dos seus contemporâneos.

Doloroso suspiro irrompeu do coração fluídico do Espírito: a vista de toda aquela destruição era-lhe penosa, e, apesar disso, as ruínas desse passado atraíam-no invencivelmente. Com a rapidez do pensamento, deixou os escombros de Tebas e penetrou, qual fugitivo raio, numa construção cujas salas estavam atravancadas com a reunião dos mais diferentes objetos. Tudo quanto ali se via provinha do Egito antigo, e que não se encontrava naquela miscelânea? Estátuas e objetos funerários, jóias e utensílios de toda espécie, desde as bugiarias pertencentes ao palácio do Faraó até os grosseiros petrechos de operários, e lá, numa das salas, as longas caixas, numeradas, sarcófagos de Faraós. Um raio de luar descia sobre a madeira enegrecida, sobre as pinturas desbotadas e sobre as faixas desenroladas que mostravam os rostos de alguns, daquela mesma lua, que iluminara com seu clarão aqueles mesmos homens, quando vivos, cheios de força e orgulho.

Dolorosa agitação trabalhava o invisível visitante do Museu Boulacq, enquanto olhava, para satisfazer a curiosidade, aquelas amontoadas coisas. Pensava nas mãos sacrílegas que haviam violado todas aquelas tumbas, arrancado do retiro, que supunham eterno, os pacíficos adormecidos, cujas cabeças estavam cingidas pelos séculos com uma nova e venerável coroa.

Pobres Faraós do Egito, átomos presunçosos, que imagináveis poder desafiar o futuro em vossos refúgios inacessíveis!... O tempo fez justiça ao vosso orgulho, não fostes despertados em vossos sepulcros enquanto os estrangeiros invadiam a pátria, devastavam vossas cidades, destruíam vossos impérios, só deixando de pé os indestrutíveis escombros dos templos, das pirâmides, que mesmo a sanha dos bárbaros não pôde dar cabo!

Como que por irrisão da sorte, o frágil despojo humano sobrevivera aos monumentos de granito, e eles, a quem eram rendidas honras divinas, aos quais se chegava com a face no chão, não passavam agora de objetos numerados, expostos à banal curiosidade de cada visitante.

Lá repousava agora o altaneiro Ramsés II, ainda enrolado em panos tecidos para ele pelas mãos dos súditos; seu rosto, enegrecido pelos séculos, refletia ainda o orgulho que o animava outrora, e os visitantes examinavam curiosamente aquelas mãos ossudas que brandiram a "hacha d'armas" nas batalhas contra o desaparecido povo dos hitenos, aquela boca, de lábios fechados, da qual uma palavra decidia da vida ou morte de milhares de homens.

Lá também se encontrava a múmia de Tutmés III. Mãos bárbaras quebraram o corpo do grande conquistador que subjugou a Ásia e construiu os maravilhosos templos que lhe imortalizaram o nome.

Também lá estava um desses tipos dos velhos soberanos do Nilo, tenazes e armipotentes, primeiros não só na vitória, mas na batalha, conseguindo triunfos, eletrizando seus guerreiros pelo exemplo, persuadidos de que os deuses protegiam as suas sagradas cabeças.

Tal geração de heróis morreu, extinguiu-se; os tempos e os usos modernos tudo mudaram; as bombas e a dinamite substituíram a machadinha e as flechas; a matança a distância substituiu as lutas corpo a corpo; os soberanos atuais, se vão à guerra, assistem do alto de uma colina, rodeados de brilhante estado-maior, ao massacre dos súditos, não combatem mais: condecoram com uma "cruz de ferro" os heróis melhor recomendados ao seu favor.

A cabeça fluídica do visitante inclinou-se pesadamente, à lembrança do glorioso passado daquela pátria, tão amada, pela qual muito pecara e muito trabalhara; também ele tivera a coroa mística dos soberanos do Nilo... E um invencível desejo lhe veio de rever, em todo o primitivo esplendor, os lugares onde vivera. Sem dúvida, para o olhar humano, Tebas, Mênfis, Tânis desapareceram do solo: o barbarismo dos homens deixaram-lhe apenas sobreexistir o nome; porém, nas camadas luminosas do passado, elas se conservam intactas e vivas; a mão piedosa da Criação empilha nos seus arquivos fluídicos e eternos o reflexo fiel de tudo que existiu, desde os continentes submersos, as civilizações desaparecidas, com os seus monumentos e costumes, até as figuras, atos e pensamentos dessas raças extintas. Lá, a destruição não existe, e basta uma potente vontade para fazer ressurgir a *Fata Morgana* (24) do mais longínquo passado.

Um tal impulso de vontade animava a vaporosa e pálida sombra, que planava no ar e despedia de si própria como que um fluxo de fogo, iluminando o espaço, arrastando o Espírito através das camadas fluídicas dos séculos escoados. Bem pronto surgiu de todas as partes, em torno do ser espiritual, maravilhosa cidade, cheia de movimentos e vida, tal qual na remota época; templos e palácios espelhavam-se nas águas do Nilo, coalhado de embarcações, porém, tudo diáfano, afogado em azulada claridade, suave, vacilante, e como que atravessado por essa luminosidade.

Com um esmaecido sorriso, o velho soberano do Nilo contemplou a soberba cidade evocada do abismo pela sua vontade, porque, se o Tempo domina nas ruínas do passado, acima dele reina o Pensamento, para o qual não existe nem tempo, nem destruição.

Era Mênfis (do tempo de Hatasu) que revivia aos olhos do Espírito que a evocara e contemplava aqueles lugares outrora tão conhecidos. Nada mudara: aquela alta e espessa muralha cinturava, tal qual no velho tempo, os jardins e o misterioso palácio do nigromante. O transparente visitante deslizou, pelas aléias sombreadas, para o silencioso e esplêndido edifício, que parecia envolver uma nuvem volatilizada de aroma suave e sufocante. Parou. A alguns passos, apoiado a uma coluna, estava um ser, também pertencente à população do passado, não a personalidade, e sim a sombra ou reflexo, cujos traços lembravam os de Horemseb, mas as insígnias reais que o adornavam eram de um monarca moderno.

— Mau príncipe do Egito, triste rei de Baviera, que malsãs quimeras, remotos e deletérios odores do passado, arrastaram ao abismo — murmurou o Faraó. É, pois, nos reflexos do passado que buscas olvidar os sofrimentos do presente, e não sozinho — acrescentou, prestando ouvido a estranhas harmonias, tão depressa suaves, tão pronto discordantes e selvagens, que faziam vibrar a atmosfera. O grande maestro, que protegeste, veio reencontrar-te aqui? Para calmar a alma inquieta, misturou suas criações atuais com os sons selváticos que acompanhavam os ritos sangrentos do padre Tadar!

Com expressão de tristeza, o visitante elevou a transparente mão, fazendo dela jorrar acre e devorante flama, que paralisou os sons daquela música pungente, a qual de pronto cessou.

— Por que nos vens perturbar e reprimendar o querer, com as recordações do passado, olvidar o presente? — dirão, com ira, Luís II e Richard Wagner. Não fizeste o mesmo, átomo impotente, despido do cetro e da coroa? Tua mão não mais empunha o chicote, não brande a "hacha d'armas", não travas mais batalhas: tua glória, e assim teu poderio, é poeira... E, fugindo ao triste presente, não vens, tal qual o fazemos, retemperar-te no reflexo da tua sepultada grandeza?

O Espírito refez-se e pareceu iluminar-se por inteiro com fulgente e doce luz.

— Enganai-vos, pobres companheiros do passado; não evito o presente, nem me fazem falta batalhas mais gloriosas do que as daqueles tempos; não mais me orno com a coroa do Egito, mas trago a do trabalho espiritual; manejo a afiada "hacha" do pensamento e a descarrego sobre as trevas que obscurecem a inteligência; meus prisioneiros são aqueles que arrasto para o progresso, para o arrependimento, para a fé; em vez do cetro, trago a luz que ilumina o verdadeiro alvo da Alma, e o látego que mostro aos homens — olha! (grande e luminosa cruz se lhe desenhou no peito) é o símbolo da eternidade, à qual ninguém foge, e que, por imutável lei, pune cada um pelo que haja pecado!

"A luta entre *Ra* e Moloc prossegue igualmente, e os celebrantes de Moloc não morreram convosco. É o Espiritismo, mensageiro de luz e de amor, que deve combater o moderno ocultismo, esta ciência que se envolve de trevas e teme a claridade, cujos sacerdotes não mais bebem o sangue das suas vítimas, porém, sobre um altar enlodado, devoram a vitalidade moral, matam o despertar da Alma, o impulso ao arrependimento e à renovação espiritual. Esses servidores do mistério desfiguram a Verdade por um egoísmo inaudito, praticam ritos impuros, e, apesar disso, prometem aos desmoralizados adeptos a união com a divindade, sabendo perfeitamente que tanta escuridão não pode unir-se à fonte luminosa de todas as coisas. Não se pode, por meio de orgias, abrir as portas do Invisível e evocar a divindade; não é dado aos que têm as mãos impuras soerguer o véu de Ísis, para firmar os olhos nos seus sublimes traços.

"Os sacerdotes e as sacerdotisas, ante o sacro altar, devem ser puros de alma e corpo, e abandonar, nos degraus do templo, todos os maus desejos; para invocar o Invisível, o homem deve espiritualizar-se, reaquecer a alma por uma prece isenta de todo interesse material. Se ao encontro do Invisível enviardes luz, a Luz vos responderá; seu mensageiro será puro quanto a vossa fé, vossa oração, vossos desejos; ele vos trará a saúde do corpo e a paz da alma, sem vos pedir coisa alguma — de material — por preço da sua presença. Mas, se viciosos sacerdotes, materialões, enviarem trevas por mensageiras aos habitantes do mundo invisível, um Espírito das trevas aparecerá e fará pagar, pela sua vinda, um tributo material.

"Torno a vós, meus irmãos: que buscais nesse passado que só vos deu sofrimento? Quisestes gozo, sem amor, e só haveis recolhido dor e vazio da alma: sacudi o erro e o egoísmo, dominai a matéria, para que ela não vos arraste ao abismo das trevas, no seio das quais não mais vereis a claridade. A vós e a todos aqueles cuja alma está obscurecida, quisera gritar:

— Fazei um esforço para o Bem, e tudo se tornará luminoso em redor de vós, e não mais buscareis o vício para esteio da existência, que vos parece vazia sem ele!"

Uma deslumbrante luz se havia concentrado pouco a pouco em torno do Espírito; a miragem da cidade dos Faraós esmaecera e se fundira sob a abóbada azulada e vaporosa que esta própria rasgara, descobrindo um horizonte sem limites, cheio de esplêndidos luzeiros. Os pobres Espíritos sofredores acompanharam, com atristado olhar, o audacioso e célere vôo daquele que lhes havia falado, e que não estava só, nesse oceano de luminosidade.

Numerosa falange de combatentes pelo progresso e pela perfeição descia para espançar as trevas da Terra, e ao seu encontro surgiam, de todos os recantos, inteligências, ávidas de repouso, de saber e de fé, dispostas a conduzir o archote do progresso ao ambiente onde deviam agir. E todas essas almas quebrantadas, fatigadas das trevas da matéria, murmuravam, através das esferas: *Fiat Lux! Faça-se a Luz!*

NOTAS DO TRADUTOR

(1) HYKSOS — ou reis pastores, chefes de tribos nômades de árabes ou fenícios, cananeus, migrantes que habitaram as margens do grande rio Eufrates, invadiram o Egito, no ano 2310 antes do Cristo, e fundaram a 17ª dinastia. Satatis, primeiro dos soberanos Hyksos, estabeleceu-se em Mênfis, onde reinou cerca de dois decênios. Seus sucessores mantiveram-se no poder por período além de dois séculos, mas foram afinal rechaçados pelos Faraós tebanos, no ano 2050 antes do Cristo, aproximadamente, que se apossaram de Pelúsio, a praça de armas dos expulsos. Eram chamados impuros pelos egípcios (epíteto que se estendia aos hitenos, que, segundo a complicada História do velho Egito, estiveram, entre a gente da Ásia Menor, estabelecidos no Eufrates, à época em que Tutmés I ali fez vitoriosas campanhas, em conseqüência das quais houve prisioneiros que influíram poderosamente em alguns dos importantes acontecimentos do reinado da rainha Hatasu).

Releva notar que os historiadores eruditos não simplificaram para Hatasu o nome deste Faraó feminino, pois o verdadeiro é bem mais complicado: Hatshopsuitu (Maspero) Ha'tchepsut (Oncken), Hat-shepsut (Ad. Erman), etc. Cesar Cantu (tradução portuguesa) é quem registra a simplificação Hatasu. Os Hyksos, no seu domínio, infligiram aos egípcios espantosos massacres, pilharam e destruíram quanto lhes foi possível, inclusive templos, impondo aos conquistados bárbaro regimen de opressões e violências.

(2) NEITH — deusa egípcia, de intricada ligação e iconografia. Filha e mulher de Kneff e mãe de Fta, também comumente considerada mulher e mãe de Fré, e algumas vezes confundida com Bouto; pintavam-na ora com cabeça de leão e ovelha, ora humana, e outras vezes com asas, calcando aos pés a serpente Apof. Tinham-na por deusa da sabedoria e protetora das artes. Julga-se que da Neith dos egípcios os gregos fizeram a sua Minerva. Era a deusa de Sais, Baixo-Egito, onde tinha templo (e assim também em Bubastis e outros centros), e personificava o princípio feminino da Natureza. Inscrições davam -lhe a denominação de mãe. Há muitas outras e várias apresentações dos típicos desta deusa. Muitos dos nomes de que se

serviu Rochester têm raízes históricas, religiosas ou não: Satatis, Sargon, Antef, Neftis, Horemseb (Hor'em'heb), e outros, usados pelo autor, foram nomes de reis, príncipes, deuses (de templos ou domésticos), etc. Seria longo explicar a origem de cada um, por muito numerosos e entrelaçados com outros. (Ad. Erman, **La Religion des Egyptiens**, ed. Payot, Paris, 1937, págs. 53 e passim.)

(3) TUTMÉS II — era irmão e esposo de Hatasu. Na família dos reis era muito comum tal costume de casar irmãos, a fim de melhor conservar o "sangue divino" do soberano; e nas famílias também se admitia essa instituição, quase consuetudinária.

Na **Civilisation Égyptienne**, de Erman — Ranke, pode ler-se: "O casamento entre irmão e irmã era, por assim dizer, a regra no Egito dos Ptolomeus e dos romanos... e sob o imperador Commodus, dois terços dos cidadãos da cidade de Arsínoe estavam nesse caso." (Ed. Payot, 1952, pág. 209.)

(4) PUNA ou PUANIT — A expedição foi levada a efeito, segundo refere Maspero, na **História antiga dos povos do Oriente**. (Ed. Hachette, 1917, pág. 232.)

(5) TYPHON — monstruoso deus egípcio, que, sendo considerado o princípio do mal e da esterilidade, bem merecia ter a devoção das mulheres de viver disfarçadamente dissoluto, do tipo de Nefert.

(6) DOIS ANÉIS DE PRATA — dado o desconhecimento da significação de alguns vocábulos usados nas transações, é difícil explicar o mecanismo dos pagamentos na desaparecida Tebas. Não havia sistema, propriamente dito, monetário. A aquisição de utilidades e o pagamento de serviços eram feitos com determinadas quantidades de metal, mas também mediante permuta de objetos, comestíveis e coisas úteis. Ao que parece, só as classes elevadas dispunham de ouro, prata e objetos preciosos, para remunerar e adquirir. Para o povo, a unidade-base, fixadora do preço, era uma peça de cobre, chamada **Deben**, pesando 91 gramas. Uma rês valia 120 debens, um jumento 40; mas, o pagamento desses 120 debens fazia-se, por exemplo, assim: 25 representados por um bastão com incrustações; 10 por outra bengala mais simples; 10 por 11 quartas (bilhas ou cântaros) de azeite, etc., inclusive papiros e outros pertences para escrever, calculados em debens. Uma pele, não trabalhada, 2 debens; curtida, para servir de escudo no peito, 5 debens. Nas vendas em público (espécie de feiras), havia o arbítrio das permutas: um bolo doce — pago com um colar e um par de sandálias; um vendedor de legumes aceitava por moeda dois colares; por uma porção de cebolas, que lhe serviria de refeição, um cliente oferecia um abano e pequeno cesto. Ao que se presume, os anéis eram uma forma de fundir os metais em pequenas porções, constituindo um equivalente do que chamaríamos "moeda divisionária", para módicos pagamentos, e de formato cômodo de conduzir, enfiados em hastes ou cordéis. (**Civilisation Égyptienne**, op. cit., pág. 662.)

(7) LEITO DE REPOUSO — Pequena cama, estreita, muito baixa, não servindo para dormir.

(8) HITENOS — Tutmés ou Tutmósis I, genitor de Hatasu, excursionou guerreiramente ao longo do Eufrates e submeteu ao domínio muitos dos povos da Ásia Menor, ali estabelecidos, cuja identidade — minuciosa e exata — os historiadores jamais conseguiram firmar. Parece fora de dúvida, porém, que entre essa gente estavam os hitites (Khati Kheta), mescla de vários ramos semíticos, mais ou menos nômades (de **Sem**, filho de **Noé** — "Gênese", cap. X, 21-31). Daí vieram prisioneiros Sargon, Tadar, Abracro e outras personagens do romance. No seu depoimento, ante os juízes, Horemseb aponta a cidade de Gargamish, como tendo sido teatro da batalha final contra os hitenos. Esta grande cidade era praticamente uma capital.

(9) "Uma lei, de que fala Heródoto, autorizava o egípcio a obter empréstimos, dando em penhor a múmia do genitor. O credor ficava dono do túmulo sem direito de remoção. Se o devedor não satisfazia a dívida, ficava privado de sepultura, e os filhos, herdeiros do débito, incidiam na mesma penalidade, caso não saldassem o penhor. A importância e honra que os egípcios davam à sepultura levavam os devedores aos maiores sacrifícios para não incorrerem nessa espécie de maldição eterna." (Martin, **Les Civilisations Primitives en Orient**, ed. Didier, Paris, 1861, pág. 505.)

(10) 10 TALENTOS DA BABILÔNIA — Os "talentos" de que fala a Bíblia, desde o seu livro inicial, "Gênese", com escalas por Crônicas, Juízes, Zacarias, Esdras, Ester até o Novo Testamento, Evangelho de Mateus, e bem assim os do Egito, Babilônia e Grécia, mais ou menos contemporâneos, variavam na sua expressão quantitativa, pois, não tendo valor monetário específico, oscilavam no peso do respectivo metal. O **Dicionário da Bíblia**, de W. W. Rand, vocáb. — **Talento**, menciona que o ático comum equivalia a 82 esterlinos; o judeu correspondendo a 3.000 siclos e estes a 50 centavos cada, orçava por 1.500 pesos americanos (?). Heródoto, nos **Nove Livros da História**, indicando as subdivisões equivalentes, dá, no livro I, ao talento-de-ouro, ático, o peso aproximado de 26 quilos, e no livro III, ao talento babilônico, o valor aproximado de 1.200 cruzeiros cada um. Essa cifra (12.000 cruzeiros), para a época, devia ser enorme.

(11) JOGO DA MORA — Por incrível que pareça, esse jogo é o mesmo de nossos dias, típico, por assim dizer, dos italianos. Os parceiros estiram um determinado número de dedos, e ganha o que tiver acertado com o total exato dos dedos enristados.

(12) Foi nesta campanha que Hatasu conheceu Naromath, de cujos secretos amores nasceu Neith.

(13) Segundo o "direito divino" da época, o Faraó era descendente do deus-sol (**Ra**).

(14) Neste arruinado túmulo, certo excursionista viu as inscrições referentes à rainha Hatshepsut, cuja múmia supõe seja uma das que ali se encontram ainda. (Olbued, **Diário de un viaje a Egipto**, Paris, 1928, págs. 129-30.)

(15) No Código Penal da época, o crime de infidelidade conjugal era punido, no homem, com um milheiro de chicotadas; na mulher, cortando-se-lhe o nariz. (Martin, op. cit., pág. 508.)

(16) URÆUS — Serpente naja, temido ofídio venenosíssimo, usado, em reprodução em ouro sobre a frente do diadema real, como sendo símbolo sagrado do temor ou respeito que devem ter os súditos do seu soberano.

(17) 42 JUÍZES — Após a morte, o Espírito seguia para o mundo inferior, para submeter-se, no **Amenti**, a julgamento, sob a presidência de Osíris, o Espírito do Bem, rodeado de quarenta e dois Espíritos dessa "outra Terra", um para cada pecado capital, ornados com penas de avestruz, emblemas da Verdade e da Justiça. A sombra, duplo (**Ka**) ou Espírito começava por dar as razões pelas quais rogava ser acolhido por Osíris, mencionando todos os pecados não cometidos por ele, suplicante, no decurso da vida corporal. O julgamento se fazia, pesando a sinceridade das declarações e preces do Espírito. Num dos pratos da balança era colocado o coração do **Ka**, e no outro, servindo de peso compensador de equilíbrio uma pena de avestruz. Se o resultado fosse favorável, o Espírito seguia para as campinas de **Ra**, o deus-sol; se desfavorável, o condenado era expedido para o Inferno, região dividida em 75 distritos, guardados por demônios providos de gládios, onde sofria torturas inauditas (Letourneau, **La Evolution Religieuse**, ed. Vigot, Paris, 1898, páginas 313 e seguintes, narrando o curioso júri e suas conseqüentes penalidades.

(18) NÃO TENHO HERDEIROS — Apesar do muito que nos merece o rutilante Espírito de Rochester, esta particularidade esbarra em afirmativa contrária, feita por Arthur Weigall, "antigo inspetor das antigüidades do governo egípcio". À página 108 da sua **História do Egito Antigo**, afirma que, pouco depois do matrimônio com Tutmés II, houve Hatasu uma primeira filha, a quem deu o nome de Nefrourê, e mais tarde, depois de animosidade surgida no casal, reconciliado, uma segunda filha, que recebeu o nome de Hatshepsut-Meritrê. Do próprio Tutmés II, segundo dito autor, ficou um filho bastardo, havido com uma criatura sem qualquer hierarquia social.

(19) Este episódio, na reencarnação de Cambises, é histórico e mencionado por vários autores. Esse rei persa (529-522 a.C.), que dominou o Egito (em 525), fundou a XXVIIª dinastia. Médium, instrumento de Espíritos terríveis, era, segundo Maspero (Op. cit., pág. 694): "desde a infância acometido de crises de epilepsia, durante as quais tornava-se furioso e sem consciência de suas ações", doença que (conforme esclarece Heródoto, livro III, 33) então era denominada "gota coral" ou, segundo outros, "morbo sagrado". Furioso por insucessos na África, entrou, derrotado, em Mênfis, na ocasião em que os padres celebravam em festa a entronização do boi Ápis. Cambises, supondo que o júbilo popular era regozijo pelos seus reveses guerreiros, supliciou os sacerdotes e matou o pseudodeus simbólico, o boi Ápis. Cambises morreu de modo mais ou menos misterioso, admitindo-se que se haja suicidado.

(20) Em todos os semitas bárbaros, os infanticídios, principalmente de meninas, não eram raros. Enfim, no culto de Moloc, comum a todos os semitas, em dado momento de sua existência,

os sacrifícios de crianças eram de regra, queimadas vivas sob as narinas do ídolo. Na Bíblia, Levítico, XVIII-21 e XX-2, estão expressamente condenados tais sacrifícios, e Amós, V-26, alude aos falsos deuses conduzidos pelos israelitas ao deserto, (Letourneau, **La Psychologie Ethnique**, edição Schleicher Frères, Paris, 1901, pág. 326 e Martin **Les Civilisations Primitives en Orient**, ed. Didier, 1861, pág. 432):

"O mais monstruoso desses ídolos era Moloc, o mesmo descrito por Diodoro, falando de Saturno dos cartagineses: "Uma estátua de bronze representando Kronos (Saturno), tendo as mãos estendidas e inclinadas para a terra, de modo que as crianças que lhe eram depostas nas mãos caíam, rolando, em um sorvedouro de fogo. Jeremias, XXXII-35, verbera esse culto: "Edificaram os altos de Baal, que estão no vale do filho de Hinnom, para fazerem que seus filhos e suas filhas passassem pelo fogo a Moloc."

(21) PARASHITE — Na classe dos embalsamadores profissionais, aquele que, no preparo das múmias, era o encarregado de dar o corte lateral, no cadáver, para retirada das vísceras.

(22) PIRÂMIDE DO REI KHEOPS — (Queops) — Este soberano teria arruinado o Egito durante meio século, fazendo construir a grande Pirâmide, famosa pelos requintes que lhe são característicos e que, para os nossos tempos, parecem exagerados e até incríveis. Na obra trabalhavam milhares de homens, revezáveis trimestralmente, durante 4 lustros; a pedra era cortada no monte da Arábia e transportada, inclusive em travessia de rio, pelos caminhos especialmente abertos para esse fim (e que exigiram um decênio para sua conclusão); a pedra menor era de cerca de 10 metros (30 pés). A obra, não destruída pelo tempo, consumiu quantias fabulosas, inclusive para sustento e vestimenta dos trabalhadores forçados. (Heródoto — **Los Nueve Libros de la História**, vol II, ed. J. Gil, Buenos Aires, 1948, págs. 124-7.)

(23) CINCO TALENTOS DE PRATA — Valendo cada um 1/10 do de ouro, corresponde ao total de 600 cruzeiros.

(24) FATA MORGANA — Esta expressão, predileta de Rochester, está empregada em vários de seus romances, e corresponde — em rigor — a miragem, o curioso fenômeno óptico do deserto. Mas, em verdade, é uma assimilação de antiga e selvagem deusa belicosa, irlandesa (que figurou nos romances medievais, do gênero "cavalaria andante", que inspiraram o D. Quixote), cuja ilusória influência era tão perigosa quanto a ficção do oásis. (Veja-se **Mitologia Universal**, de Alex. Hagg. Krape, ed. Payot, Paris, 1930, pág. 229.) Esse fenômeno era conhecido no Egito, dadas as suas condições atmosféricas.

Livros da Federação Espírita Brasileira

J. W. Rochester

SINAL DA VITÓRIA

Nesta obra, uma das mais belas do Autor, encontraremos a descrição dos fatos ocorridos no começo do século IV, em Roma, com toda a sorte de perseguições aos cristãos, até à época da conversão do imperador Constantino, através da visão da cruz.

A VINGANÇA DO JUDEU

Nesta obra, que bem se pode classificar de portentosa, o Autor apresenta-nos, em cores vivas, o quadro enigmático e bisonho da sociedade européia daquela recuada época, com a chaga dolorosa da sua civilização de preconceitos de raça, de classe ou de fortuna.

O CHANCELER DE FERRO

Encantador romance histórico, que relata a vida de José, no antigo Egito, vida que "A Gênese" sintetizou em certo número de capítulos. O leitor fica de tal maneira satisfeito com o enredo que sente o desejo de o reler várias vezes.

J. W. Rochester

HERCULANUM

Recebido através da mediunidade de W. Krijanowsky, este romance nos conduz ao cenário das belas e risonhas cidades Herculanum e Pompéia, no primeiro século da era cristã.

Página a página, uma história dramática toma corpo e movimento, em que os atores se enredam nas paixões humanas, caindo nos abismos da dor e do desencanto, rumo a conquistas no terreno da Solidariedade e do Amor.

Assistimos ao ocaso de Júpiter e à penetração do Cristianismo nos lares romanos. Ódios e vinganças tremendas perpassam por toda a obra numa história real de há quase dois mil anos, em que sobressaem a nobre figura de Semprônius e seu filho Cáius, que não é senão o próprio Conde de Rochester posteriormente reencarnado.

Exemplos edificantes de renúncia, de perdão e amor descerram para o leitor o verdadeiro caminho da felicidade.